# 西アジア・シルクロード サーベイ紀行

――かつて東京大学イラン・イラク遺跡調査団と
共に中近東一帯を走破したときジャーナリストが
残した当時の映像と記録

鵜飼宏明

22世紀アート

太陽と砂との対話に耳をかたむけながら　パルミュラの遺跡を歩むチャドルの女たち

※パウラ・マウラヤ夫妻像　石灰岩　パルミュラ　ターイ家の墓出土（2世紀）

アッシュールのジッグラト

アラジア・ヒュユーク トルコ中央部 典型的ヒッタイト彫刻の一例

バビロンの遺跡イシュタール門 中メソポタミア　新バビロニア時代

粘土板文書と刻画、アッシリア時代

＊彩文壺 土器16・5×4・5cm（前3000年頃）

※クテシフォン王宮跡　ササン朝　イラク

洞窟内教会の天井に画かれたフレスコ宗教画
トルコ・アナトリア高原

青釉リュトン 陶器19・0×22・5cm アケネメス朝（前500年頃）

アナザルブスの遺跡 かつてアルメニア王国の首都だったこともある トルコ東南部

→代表的アッシリア彫刻 人頭獣身門柱像（部分）

↑獅子小像象牙5・0×4・2×13・0㎝ 後期アッシリア時代（前七〇〇年頃）

※有髯男子69.0×21.5×19.0cm及び婦人立像58.0×18.0×10.7cm 大理石 テル・アスマル出土 初期王朝時代（前2600年頃）

# 序　文

江上波夫

本書は一九六五年六月から翌六六年三月にかけて行われた東京大学第五次のイラク・イラン遺跡調査団に参加された東京放送の文化映画製作監督の鵜飼宏明氏によるイラク北部テル・サラサートにおける調査団の発掘生活から、それにつゞく西アジア諸国の遺跡巡りの概観調査《ゼネラルサーヴェイ》の記録で、『太陽と砂との対話―西アジアにみるシルクロード』という本書の書名はよくその全体を現わしている。

近年、西アジアやシルクロードに関する書物は書店に氾濫しているが、その大部分は書斎の所産や通り一っぺんの名所旧蹟の見聞記といったもので、迫力はもとより、新鮮さにも、風味にも乏しい。それに対して、本書の鵜飼氏の遺跡調査生活・遺跡巡りの記録は、氏自身にとっては初めての経験ですべてに強烈な印象を受けながら、しかもすでに西アジア調査歴十年近い団員達の経験を背景・支柱として書かれたものだけに、日本では例の少い読みごたえのある考古記録となっている。欧米では、発掘調査に、夫人や子供が同伴し、男女のヴォランティアが加わり、映画班、新聞記者が同行することも珍らしくなく、調査団員よりも、それらの人たちによって大変独創的な、同時に学術的にも貴重な記録が書物となって、世界的に広い読者を得た例も少くないのである。しかし日本ではそのような例は極めて珍らしく、鵜飼氏の考古記録は、さきに同じように一九六四年度の東大イラク・イラン遺跡調査団に加わって、大変ユニークな考古記録をものされた、同じ東京放送の文化映画監督の野田裕氏の『幻の瑠璃碗を求めて』と並んで、姉妹篇をなすものとみられ、シルクロード発掘調査の実態と、異国での遺跡めぐりで遭遇した様々な場面が、文化映画専門の監督の眼を通して把握され、書物というスクリーンの上に映写されることになったのは、おそらく日本では曾て例のないことで、このことは東京大学イラク・イラン遺跡調査団にとっても、部外者からの客観的な記録を遺していたゞいたことになり、大変有意義なことと考えられる。

私はかつての東大イラク・イラン遺跡調査団の団長として、本書の出版を心から歓迎するものであり、また東京放送文化映画班の現地における労苦と友情に対し、改めて感謝の念を捧げるものである。

（東京大学名誉教授、人間博物館リトル・ワールド館長、
日本オリエント学会会長、古代オリエント博物館館長）

目次

# 西アジア・シルクロード　サーベイ紀行

# はじめに—現代と六千年の美の歴史をたずねて

本稿は一九六五年六月から翌六六年三月にわたる東京大学第五次イラン・イラク遺跡調査の期間中、テル・サラサート丘発掘作業に続いて実施された西アジア一帯を対象とした概括調査行、すなわちいわゆるジェネラル・サーベイに随行した放送記者の体験を紀行風にまとめたものである。ジープ二台、ランドクルーザー一台を連ねて調査団一行が走破した近隣諸国はイラク、ヨルダン、シリア、レバノン、トルコの五ケ国にまたがり、その走行距離はほぼ一万キロに近い規模のものであった。

巡行の目的は考古的基礎学問の視点に立脚した遺跡の見聞にあったが、特にこのコースにおいて興味深いのは、本来メソポタミアを中心とするこの地方が、紀元前四千年前後にすでに存在したシュメール文化を濫觴とする農耕文明の発祥地であるだけでなく、その自然地理的特性を背景に、殆んど半地球的規模におけるユーラシア大陸の十字路として、あらゆる民族と文明の通過を体験していることにある。そのためその歴史的文化的意義の多層性（シュメール——アッカド——バビロニア——ヒッタイト——アッシリア——ペルシャ——マケドニア——パルタイ——ローマン——サラセン——トルコ）と多様性（オリエント対ヘレニスム、キリスト対イスラム、モンゴロイド対セム・ハム、ヨーロッパ対アラブなど）は他に類を見ない特性と密度をそなえていて、斯界の学究・学徒はもちろん、一般好事家にとっても殆んど垂涎の研究対象ですらある。

本稿の大梗は、ジェネラル・サーベイ取材の結果が、フィルムによる教養美術番組としてテレビで放映されたあと、視聴メディアでは伝え切れなかった当時のメモをもとに、その後の社会・政治的変革を念頭におきつゝ、現在ではもはや通用し得ぬ表現や資料の一部に手を入れ、一方、記録としての事実とデータを毀損せぬよう細心の留意を払いながら加筆照合してまとめ上げたものである。

この時のジェネラル・サーベイの正式な調査報告は既に学界にも報告され、その体験と研究の成果はすでにそれなりの実を結んでいるといっていい。しかし一方それとは別に選ばれて取材の任にあたり、貴重な体験を持つ一ジャーナリストが、一般教養レベルでの知識を基礎に、まだまだ日本人にはなじみのうすいと思われるこれら西アジア一帯の人々、自然、風土、その生活や宗教の実際を記録にとどめたドキュメントを披露することは、別の視点から見て決して意義のないものではあるまい。それらへの理解の必要は、特に石油ショック、アラブ対イスラエルの宿命的闘争、パレスチナ難民、はたまたイラン革命など相次ぐ事件によって、いわばポスト・ベトナム問題としての中近東が近年急速にわれわれ日本人にとって大きな関心の対象となりつゝある今日、特にその感を深くするものである。

調査団が訪れた当時、聖地エルサレムは第一次パレスチナ戦争の結果として、ヨルダン、イスラエルの両国によって分割統治され、ヨルダン西岸はハシミテ王国に所属していた。またベイルートの街角は観楽と奢侈の香ただよう中東のパリの名に恥じなかったし、史蹟シドンは十字軍の城が青い地中海に浮んで白波にあらわれる平和そのものの一閑村であった。それが今では例えばベカ高原にはソ連をうしろ立てとするシリア軍が迫り、事実上南北に分裂を強いられたレバノン共和国の首都ベイルートからは、血なまぐさい虐殺や爆撃の報が絶えない。行きずまりのキャンプデービッド会談のあとをうけて、レーガン政権は果してどこまでイスラエルと折り合いをつけられるか、ＰＬＯの残党はいまどこにいるのか。イラン、イラク紛争の行方や如何等々—誰ひとり明日の中近東を予想することは出来ない逼迫した情勢である。

だが幸いわれわれ一行の巡行目的は、あわただしくかつ不安定な現実の波や消長には関係のない、考古というわば人類永代のいとなみと晋辺の探究にあった。そのため何ケ所かにわたって散見されるデーターや描写の、今日と比較した場合の落差は、かえって別の意味で調査取材時の正確な記録として得難いモニュメントとなっているとも言えるのではあるまいか。

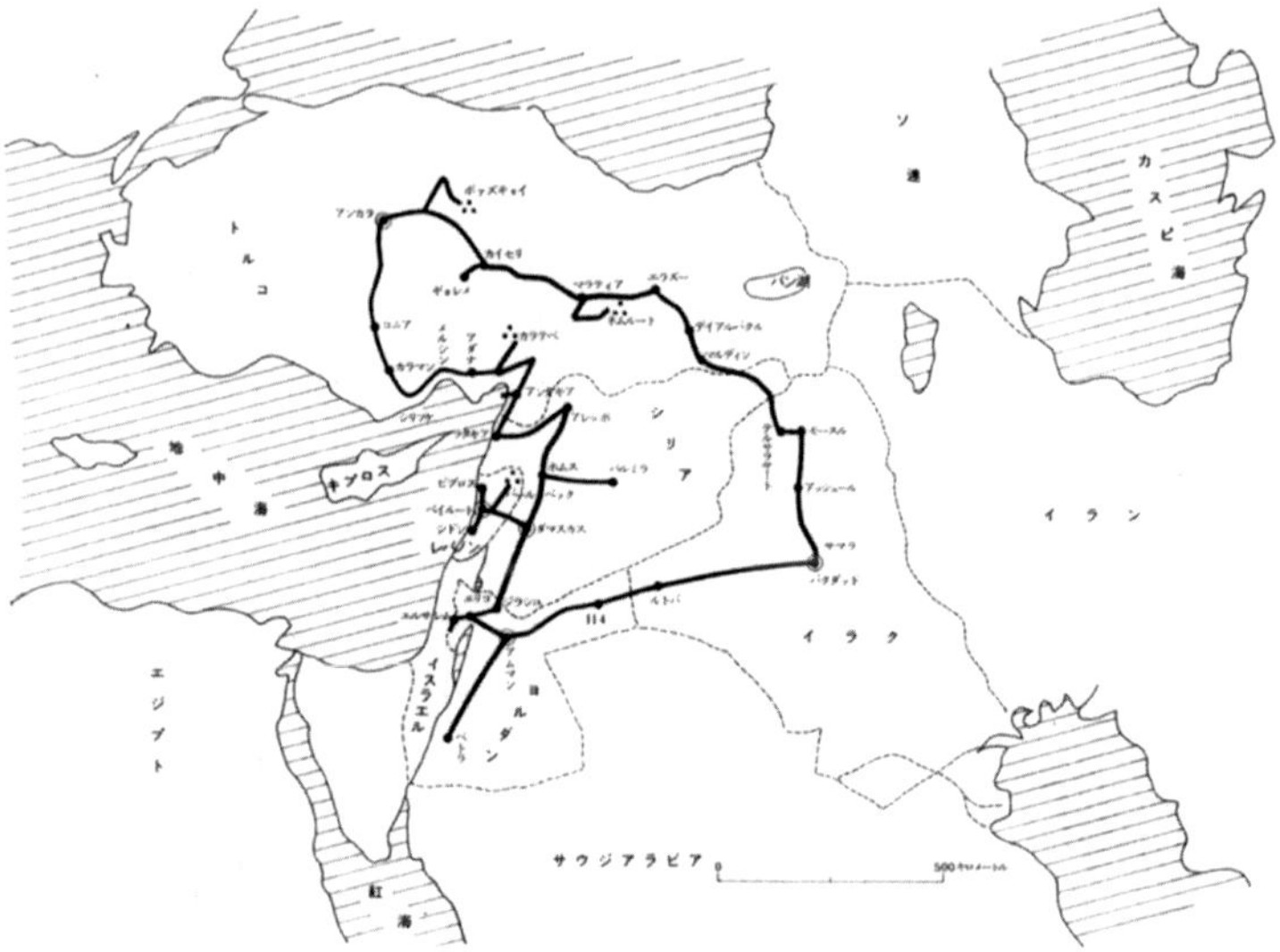


調査団がゼネラル・サーヴェイで通過した全行程

# 第一章　テル・サラサートの生活

テルとはアラブ語で〝丘〟を意味する。サラサートは〝三つの〟ということ。つまりテル・サラサート（正しくはテル・エル・サラサート）とは〝三つの丘〟の謂で、メソポタミア北部の広大な平地にポツンともり上っている三つの丘を指す。東京大学イラク・イラン遺跡調査団が、ミタンニ族※の生態研究のため、テルの発掘に従事した場所である。調査団にやとわれていた十数名のアラブ人たちは、唯一絶対の神アラーを熱烈に信仰し、一日五度の礼拝はたとえ雨が降っても風が吹いても、またそれが仕事の途中であっても決して欠かしたことがない。その反面かれらはおそろしくおしゃべり好きでなまけものだ。わたしの中東に対する理解は、ここで旬日にわたるテント生活を共にしたこれらアラブ人たちとしたしく接することから始まった。ボスのサレハ、長老のハッジ、洗濯係りのアリーなど。ところで到着早々の夜、わたしはテントの中で雷のような大いびきをかいて眠ったことから、期せずして彼らの間にて〝ムステル・ウカイ〟の名を広めてしまう。

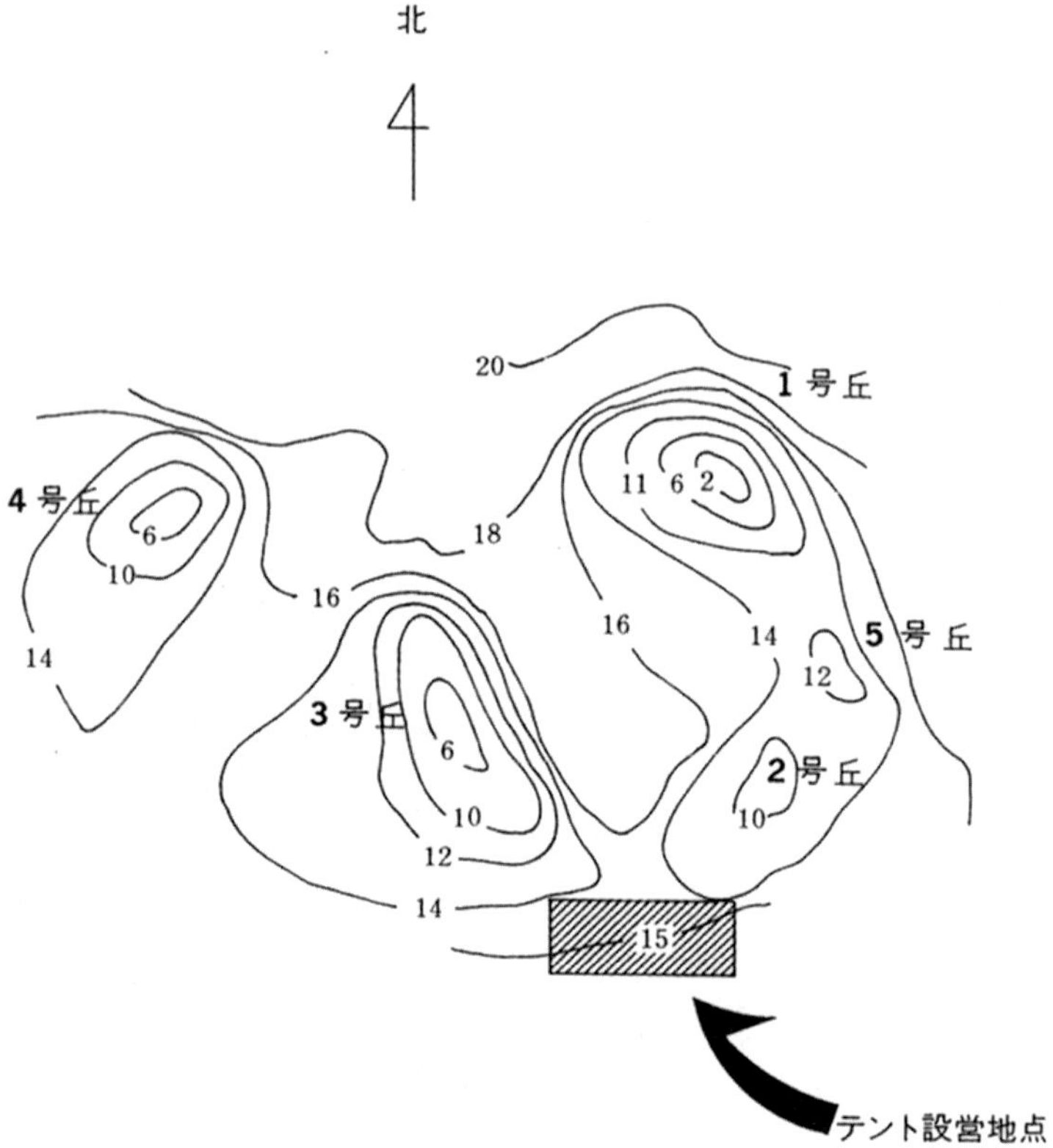


テル・サラサー1～5号丘平面図

# テント村での歓迎第一夜

さわやかな一月の朝である。ひややかな大気が肌に痛い。

「サラーマレイコム」

覚えたばかりのアラブ語のあいさつを口にしながら、私は食堂用の大テントにはいった。すでに調査団の深井さん、松谷君、それにイラク人のインスペクターであるワヒダ氏がおきていてテーブルのまわりに集まっている。食事係りのアリーが配膳にいそがしい。

気がつくと、深井さんが例のちょっといじわるそうな笑いをうかべて私の顔をみていた。

「どうかしたんですか？」

と私がいぶかると
「鵜飼さん、あなたは昨夜ひとばんでアラブ人たちにも一ぺんに有名になりましたよ」

と髭づらの中央で白い歯がニヤッと笑う。

〝はてな、早々ともう失敗をやらかしたかな〟

私はあらためて、昨日からの私の行動を思い返してみた。

私は昨日、こゝメソポタミア平野の北部、イラクのテル・サラサートに着いたばかりだ。東京の羽田から、首都バクダッドまで飛行機で二十時間、こゝで一泊して、翌日正午発のバクダッド鉄道※でモスルまで七時間、ここでまた駅前ホテルで一泊して、翌朝テル・サラサートからの調査団の迎えのジープに乗っかり、とうとう東京大学イラク・イラン遺跡調査団※の発掘地へとやって来た。

〝テル・サラサート〟とは、アラブ語で「三つの丘」という意味である。調査団の人たちは、慣用的にここを「テルサラ村」などと呼んでいるが、とてもとても村などと言えた場所ではない。広漠たるメソポタミア平野の一角に、ポツンと三つの丘があるっきり。いや正確に言えば三つというのは正しくない。五つある。そして発掘の便宜上一号丘から五号丘まで順に名前がつけられている。しかし、これらの丘を遠くから見ると、ちょうど東京のオバケ煙突のように、どうも三つの丘にしか見えないのである。だからこの名がついた。

団長の江上先生をはじめ、調査団の方々にあいさつを交わし、その夜は私を歓迎するということで、シシカバーブのごちそうにあずかった。

シシカバーブとは、羊の肉の串焼きバーベキューである。昼間、団員の古山君が六十キロも離れているモスル（Mosul）のバザール（市場）までわざわざ買い出しに出かけた。その羊肉をおだんごのような形に切り、一尺ぐらいの金串に刺して火焼きにするのである。イスラム圏なので牛肉がなく、文字どおりこれがこの地方でのスキヤキだ。

羊肉のスキ焼き。団員にとって食事は最高のたのしみ。
左端杉山二郎氏　右端深井副団長。

食べ方は、匂いを消すためニンニクをふりかけ、油でつけやきにするか、もしくは塩味にするかのどちらかである。ちょうどやき鳥と同じだが、量と味についてはこちらのほうが断然一級品だ。

日本から持って来たウイスキーの角びんを二本もあけた。旅疲れと空腹ですっかりいい気持ちになって、八時ごろテントに引き上げた。――とここまではハッキリ覚えている。すると、あれから私はぐっすりねむり込んで――はたと私は気がついた。ははーん、これはきっと私の〝イビキ〟のことだなと思いながら、

「すごかったでしょう」

と、こちらから先手を打つと、やにわに松谷君もいっしょになってアハハハと哄笑が起こった。

「じゃ鵜飼さんのは昔から有名なんですね。」

「とにかく、ひどかったよ。最初は地震かと思ったぐらいだ。」

とこれはまたオーバーな深井さん。ふつう夕食後調査団はその日の発掘の記録や仕事の整理のため、九時半ごろまで研究室用のもう一つの大テントの中で仕事をする。ゆうべ一同が食堂を引き上げ研究室にこもっ

ていると、どこからともなく、異様な音が断続的に聞こえてきた。最初は何だかわからなかったが、そのうちに個人テントのN０３から流れてくることがわかった。つまり私の寝イビキだったというしだいである。

「いやあ、どうもそれは失礼しました。」

「いやいや、最初はねむれないのが普通なのに、おおらかでたいへん結構です。」

と深井さんから妙なほめられ方をしてしまった。以前から、かなり有名な私のイビキだが、あたりが静かなばっかりによほどばかでかく響いたものらしい。

## 世界各国の遺跡調査団

さて、東京大学イラク・イラン遺跡調査団※は、考古学の権威である江上波夫氏を団長として、このころすでに十年以上前からオリエントの遺跡発掘に従事していた。周知のように、オリエントは人類最古の文明発祥地、そこで、この地方で発掘を行なった例は世界各国でこれまでにおびたゞしい数にのぼる。ちょっと記録を調べてみただけでも、一八四二年〜五五年ニネヴェ※(フランス)、一八四五年〜八〇年ニムルド※(イギリス)、一八八八年〜継続中のニップル※(アメリカ)、一八九九年〜一九一七年バビロン※(ドイツ)、一九三三年カクズー※(イタリア)など枚挙にいとまがない。ところが見てわかるとおり、世界各国といっても全部ヨーロッパとアメリカばかりだ。シュメール文化やアッシリア文明などオリエントの古代史は、全部西欧人の手によってもう一度陽の目を見たのである。しかも彼らのやり方は、当初ははなはだ非紳士的であった。掘りおこしたものは当然おのれの権利とばかりに、泥棒同然の手口でどんどん自分たちの国へ持って帰ってしまった。だから、今日ではオリエントの重要な美術品や歴史的記念物は、みなヨーロッパの博物館にある。

たとえばバビロンの遺跡へ行ってみるがいい。有名な〝イシュタル門※〟跡には、けばけばしい色彩で模造のゲートが何やら場違いの感じでぬっと立っているが、本物はベルリン博物館にある。人面有翼のみごとな牡牛の彫像や、アッシリア芸術の数々の壁画、浮彫の傑作なども、ほとんどがルーブルや大英博物館にあるといった具合で、その他、個人の手に帰したものも数知れない。

しかし、第二次大戦後はかなり事情が変わった。せっかく自分たちの住んでいる土地に祖先が残した文化遺跡を、むざむざと西欧人の好き勝手にさせておく手はない。そこでたとえばイラクでは、イラク人自身の手による調査発掘隊が組織され、彼ら独自の発掘が開始された。一九四〇年～四二年のウカイル※、一九四六年～四九年のエリドゥ※などの遺跡がそうである。

こうした状況の中で、本国のイラク隊は別として同じアジアの国から調査発掘のためにオリエントまでやって来ているのは、実にこの地からもっとも遠隔の国極東日本だけである。これは名誉としていい事だ。

## テル・サラサートでの生活

テル・サラサートの一日は、午前七時にアラブ人の当番がふれ回るドラの音によってはじまる。いやドラというのは少し言いすぎだ。不用になった石油カンを、木の切れ端でガンガンとたたきながらテントの周辺を走り回るのである。そのリズムが傑作だ。最初の朝、危うく私は附近の村から気のふれた男でも迷い込んだのかと思ったくらいだ。何と言おうか、まるでヤケくそでたたいているような感じである。かといってデタラメというのでもない。シンコペイトした破調の打法に一種ユーモアがある。きっとかれらはわれわれ日本人にはわからないある種のリズム感を持っているのかもしれない。

テントは個人用のが団員の数だけ九つとイラクのインスペクター用に一つ、他に食堂用と研究室の大テントが一つずつ、みんなはこの二つのテントのことを大チャドルと呼んだ。チャドルとはアラブの婦人が頭からかぶる例の黒装束のことで、女っけのないテント生活で、せめて名前だけでも母性愛にくるまれたいという願いをこめたものなのか。それからもう一つ、最近新らしく基地の中央に十坪ぐらいの小さな小屋が建った。仕事のあい間をみながらアラブ人を動員して、今回の発掘期間中にやっと作り上げたものだ。草ぶきの、土でかためた粗末なものだが、調査団は十年たってようやく基地に冬を越す施設――固定の家屋――を持つことができたわけである。

テル・サラサートに調査団が陣どった基地の全景。

復元されたイシュタル門。ほんものはベルリン国立博物館に移転展示されている。

　さて、テルサラ村特製のドラの音で目がさめると今度はテントの外へ出て洗顔だ。小水のほうはテントのサークルから「二十歩外へ！」という条件付きで天下御免だが、大きいほうの、かがんだ恰好などはあまりみっともよくないから、これ用の小テントが三十メートルほど離れて、特別にひとつ張ってある。張ってあるだけで、中は何ということはない。穴を掘ってその上に木が二本渡してあり、この上にかがんで用をたすのである。しかし、団員十名に対してテントは一つだから、朝はどうしてもラッシュになりやすい。そこで用心のいいのは、ドラのなる少し前にその時間だけ見込んで早おきするか、または夜中専門。七時だともう明かるいがもちろん夜中はまっくらだ。テントの中に、「ブルーボーイ」というちょっと変な名前のついた外国製のランプがおいてある。これを持って外へ出るのだが、ときどきつい面倒だから手さぐりで行くこともある。ソロリソロリと星あかりをたよりに、目標物であるそのテントを夜空にすかしながらやっとたどりついて手をかけた途端、「キャーッ出た！　お化けだ！」と思ったら、もう一人仲間が先用であったなどという笑い話もある。

　洗顔用の水は、テントで囲んだ基地のまん中に、ドラムカンに形ばかりの蛇口をとりつけて二つ置かれてあった。水は二、三日おきにテル・アファルという三十キロほど離れた町の水道からもらって来る。ジープのうしろにタンク車を引っ張って団員が交代で行くのだが、なかなか運転がむつかしく、一度スピードを出しすぎて畑の中へ引っくり返ったことがあった。

先に述べた大テントの一つで食事が始まる。主食は例の大型パン、ホブスというやつで近所のミズラ村というところから毎朝焼いて持って来る。二十人ほどいる雇ったアラブ人のうち、食堂係りと洗濯専用係りが二人いた。ホブスというのは、小麦粉を直径三十センチぐらいのセンベイ型にこねて、これをカマドの壁面にぴたりとくっつけて焼く。朝食のときは、焼いてまだ間がないのでいつもほんのりとあったか味が残っている。しかし、この焼き上がりにもやはり優劣があるらしく、深井副団長あたりはよく、

「こんなのが食えるか！」

とどなりながらポイと投げ出し、食事係りのアラブ人にとりかえを要求していた。もちろんセンベイのように一面にきれいに焼けるのではなく、凹凸があるからまだらの斑点状に色がつく。こげすぎていても生やきでもだめで、一般にこんがりと狐色かあるいは紅茶色に上がっているのがよろしいようだ。これを手でちぎりちぎり食べるのである。

深井氏のこの種の行為は、味覚にきびしいというよりいつもある種の政治的意味合いを含んでいた。いつもテーブルの上にくばられるのを文句も言わずに食べていると、そのうちにアラブ人はきっと手をぬくからというのである。一般に、アラブの雇傭人に接する氏の態度は常にそういうふうで首尾一貫していた。油断をするな、なめられるな、でないと彼らはいつ盗みを働きいつなまけるかわからない、おそらく、よく怒鳴るムステル・フカイ（彼らはわれわれをムステル何々と呼ぶ）は彼らにとっていちばんおっかない存在だっ

たろう。

さて朝食は右に述べたホブスと、たいていはオムレツ（要するに二個分の卵巻き）、それにチャイと中味は決まっていた。チャイというのはお茶である。煮しめたような濃い紅茶にたっぷりとお砂糖を入れて飲む。これは何べんおかわりをしても無尽蔵にある。

「チャイ！」

とひとこと言うと、係りのアラブ人がとんで来てウイスキーグラスの少し大きいくらいのコップについでくれる。しかしあまり濃いので何杯もおかわりをすると胃をこわすそうだ。だが反対に馴れっこになると一種の中毒になるのか数杯ぐらいは平気――というより数杯おかわりをしなければ飲んだ気がしない大のチャイ党もできあがる。曽野副団長がそうであった。

私もチャイは大へん好きであった。少なくとも時々ぶつかるコーヒーよりもこちらを選んだ。コーヒーのほうはドロドロしたいわゆるトルココーヒー※で、そのほかにアラブコーヒーがあるが、前者のほうが一般的である。アラブコーヒーというのは、まるで煎じ薬のようでとても飲めたものではない。

こうして七時から八時の間に、アラブ人にかしずかれながら思い思いの食事を終えると、それぞれの仕事の分担に従い、テペ（丘）へ登って作業にかかる。

## 調査団のメンバー

あらためて調査団のメンバーを紹介すると、江上波夫団長（考古学）、曽野寿彦副団長（考古学）、深井晋二副団長（美術史）、堀内清治（建築）、杉山二郎（美術史）、古山学（考古学）、松谷敏雄（文化人類学）、千代延恵正（考古学）以上八名である。そのほかにＴＢＳからカメラマン田中明と番組制作者として私が参加している。

これに対して、雇われている現地人はボスのサレハを筆頭として発掘の十数名、そのほか先に述べた食事兼洗濯係りの二名とガードのハッジ※（彼はただ一人聖地メッカへの巡礼を終えたモスレムとしてこの名がある）。発掘作業には二種類あって、単なる土運びと技術を持っていて発掘にたずさわる人夫に分けることができる。一般にこの種の技術の所有者をシャルガーティと呼んでいる（シャルガート村出身者の意）。

一日、わたしはカメラマンとこのシャルガート村へ立ち寄ったことがある。二十世紀の現代にありながら、土と泥だけでこねあげたシュメール時代ほとんどそのままの家屋構造をのこす村落で、古代研究にはもってこいの場所だが、ここが有名になったのは例のアッシュールの遺跡発掘の時以来である。

アッシュールはそのむかし初期アッシリア帝国の首都だったところで、現代のシャルガート村は、そのふもとにチグリス河をまたいで拡がっている。

この遺跡は一九〇三年から十四年にかけてドイツオリエント学会※のW・アンドレー※が発掘した。その時彼は発掘人夫としてこの土地の住民を採用し、終ってから彼らに今後の仕事の際の身分保証として「特殊技能保有者」なる証明書を与えたのだった。以来、発掘人夫は一般にシャルガーティの別名で呼ばれるようになった。

現在のシャルガート村の中心は右岸バクダッド鉄道「シャルガート駅」の附近にある。ただし駅といってもだだっ広い平野のまん中にわずかにレンガ造りの家屋が一つ建っているだけで、そのそばを鉄道線路が走っている。その線路わきの砂地にチャドルをつけた女たちが二、三人ペチャンと坐って汽車を待っている風景をよく見かけた。駅の近くに茶店（チャイハナ）が一軒あって、金を払うとシシカバーブがたべられる。われわれはその日、昼食をかねその店の中で食事をしているアラブ人たちを撮影した。口をモグモグさせ、ホブスをパクついている自然なスナップを撮ろうと思うのだが、いざカメラを向けるととたんに立ち上って直立不動の姿勢をとられるのには参った。写真機以外ムービーという文明の利器についぞお目にかかったことがないのである。それでも何とかごまかして撮影していると、住民たちの中の初老の男が、「お前たちはテル・サラサートの日本人か」とたずねてきた。

「そうだ」

「それではサレハという男を知っているな」

「もちろん」とわたしは答えた。「彼は発掘人夫たちのボスだ」

「うむ」そのゴマシオひげのアラブ人は満足そうにうなずくと、「彼はまことに有能なシャルガーティだ。このすぐ近くに住んでいる」と言う。なるほどそうだった。ここまで来てサレハを訪ねない方法はない。それにかねてから彼の家にはアンドレー※の発行した例の特殊技能保有者の証明書が伝わっていると聞いていた。是非カメラに収めてみたいところだ。

「彼の家の所在地を教えてもらいたい」と言うと

「お前たちがその気ならこれから喜んで案内してあげよう」と立ち上った。ここでわれわれ日本人のように

「いやお忙しいでしょうから、場所だけ教えてもらえば結構です」

などと遠慮する必要は全くない。何故なら悠々と人生を生きるアラブ人たちは、むしろ今日一日のこれからの行動の目的が出来たことを、そして人に親切をつくせる（これをアラブ人特有のもてなし、すなわちアラビックホスピタリティという）機会にめぐまれたことをアラーの神に感謝しているであろうからだ。

シャルガート村の住民たち。

テル・サラサート一号丘のフカン図。仕事に余念のない団員たち。

街頭の菓子屋、やたらに甘い。テル・アファールにて。

## アラブ人気質

ところがそれからがたいへんだった。〝すぐ近く〟という彼の家はチグリス河の向う側(東岸)にあった。まず茶店から河岸までジープで十五分、そこに粗末な船付場があって人と車をはこぶ小さなフェリーボートが待っている。客が集まると随時出すようだが、ここで発船まで約一時間ほど待たされた。これが出来るまではどうして渡ったのであろうか。やっとジープもろとも船上の人となると、濁々たるチグリス河を横ぎること二〇分、ようやく向う岸につく。すると陸地がたいへんなぬかるみなのだ。ゴトゴトとまるで人力車なみの速度で要心深く進んで行くと、行く手にアラブ人の大きなトラックがエンコしている姿が目についた。タイヤが泥地にめり込んでしまったらしい。これを見すてて行くことは彼らが生活上最も大切な信条としている〝アラビックホスピタリティ〟に反する背徳行為であり、また日本人の名誉にもかかわる重大事だ。直ちに近づいてロープをわたし、六気筒のジープの力で見事にこれを引きあげたのはよいが、おかげでここでまた一時間ほどの時間をついやしてしまった。

チグリス河中流域の渡し船、フェリーボートのかわりを果している。

こうしてアッシュールの遺跡近く、サレハの家へたどりついたのは、午後四時ごろ、同じ村の中にありながらアラブ人の〝すぐ近く〟は何と三時間半を必要としたのである。

あいにくサレハは所用で出かけていて留守だったが、われわれの歓待されようはたいへんなものだった。彼の親戚縁者がたちまち十数人ばかりも集まって来て、下へもおかぬ大もてなし。いつもサレハがお世話になっているからというわけだ。このへんの感覚はちょっと日本人の義理人情や一宿一飯の考え方と似かよっているふしがある。よくアラブ人はあいつとおれとは〝サディーク（友達）〟だと言って、両手の人差指をこすりあわせる表現をするが、これはこの両者が終生たすけあい、お互にうらぎることの出来ない絶対の仲間だということである。だから役所の窓口や手続き上のことなどで問題がこじれたとき、誰かそこに関係のあるアラブ人を知っていて、彼とわたしはサディークだといって人差指をこすりあわせると、まるでアラジンの魔法のランプのようにスーッと事態が解決してしまうことがある。ただそのために関係のない第三者が迷惑を蒙ったり困ったりすることはなく、この点アラビックホスピタリティのスケールは日本人の場合よりよほど大きいようだ。われわれは土の上にじかに絨氈を敷いた穴ぐらのような家屋の上座に坐らされ、かけつけ三杯ならぬチャイ（茶）の応酬、そして日本人が大好きだからと、彼らにとっては貴重な米飯（テンメン）と鶏肉の御馳走をふるまわれた。時間もないしあまりお腹もへっていないからとはじめは辞退したが、それならばここにゆっくりしていればそのうち腹がへってくるはずだとまことに筋のとおった論法である。日のあるうちに帰らねば大へんなことになるから、いや少しはへっているんだと片言手まねであわてて否定したら、うれしそうに準備にとりかかった。因みに客の接待や茶菓の出し入れはすべて男性の仕事で、女子供は絶対他人の前へ姿を見せない。また部屋は天井に渡した小枝を除いてはすべて土レンガをつみ上げた二間四方ぐらいの簡素な方形の穴ぐらのようなところで、絨氈のほかには何の室内装飾もない、わずかに食事に用いられるアルミ製の容器が近代をしのばせるのみである。こうして二時間後われわれは大きなお腹をかかえながらやっとのことで彼らの家を辞した。大ぜいがゾロゾロと土塀の入口まで見送りに出て来てくれる。ただひとつ、残念なことはサレハが陽のあるうちに帰って来なかったので、「特殊技能保有者」の証明書がどこにしまってあるのかついにわからずじまいだったことであった。

## アラブ語イロハ

テペの上のアラブ人の仕事は、ボスのサレハがピリピリとならす笛の音によって一切が仕切られている。八時にはじまって十時に小休止がある。

彼はいつもそれを首から笛をぶら下げて、後生大事に持ち歩いている。別に十時だからと団員が告げるわけではない。彼は金ピカの腕時計を持っていてそれで時間を見る。セイコー製だった。いつか団員からもらうか、買ったかしたのであろう、毎年彼は日本調査団にボスとして雇われてきたから。

サレハが笛を吹くときの顔は、実に誇らしげである。十数人の仲間をおのれが統御し、保護している実感をしみじみと味わう一瞬だ。同時に、三十秒とおくれず十時かっきりに笛を忘れないのは、人を使う身の細心というものであろう。自分より上の階層はすべて日本人である。同じ仲間であるアラブ人の信頼と同情を失っては、一人浮き上がっておのれの職業も危い。楽なようでむつかしい立場である。

十五分間の休憩はたいがいテペを下り、食堂用のテントにはいってチャイを飲む。けさの状況やそれにもとずく今後の方針、引き上げ準備のことなどを話すためほとんどの団員が顔をそろえる。インスペクターのワヒダ氏もいっしょである。ワヒダ氏が同席しているせいか、よく会話にアラブ語が交じってくる。調査団は今回だけでももう半年以上いっしょだからごく自然に使うのだが、私は最初のうちはさっぱりわからず、いちいち今のは何という意味だと若い連中をつついて横から尋ねたりしながらしだいに覚えていった。よく使われるおもしろいのを列記してみよう。

発掘隊のチーフ、サレハと並ぶ筆者。

ラバは貴重なアラブ人の交通機関である。

チャイ――お茶。これは先に述べたが今回旅行した西アジアは、アラブ圏以外もスペルが違うだけでやっぱり〝チャイ〟だった。ヨーロッパでの〝ティー〟、〝テ〟など日本の〝チャ〟とともに世界共通語なのであろうか。

アンタ――二人称のあなたのこと。日本語と同じなのですぐにおぼえられた。ただし女の場合はアンティと言う。

アニ――アンタに対してこれは一人称。〝私〟である。たとえ自分が弟でも兄とはこれいかに。

ゼン――良いということ。善。おいしいとか、ＯＫという場合に調査団の仲間同志でよくクルシゼンと言った。クルシは〝大へん〟の意。

ムゼン――反対に良くないということ。無善とあて字をしてみると、善、無善とまるでアラブ人は「西田哲学」を勉強したのかと思いたくなる。

フイーマンラ――さようなら。調査が終わって引き上げるとき、調査団もアラブ人もお互いにこの言葉を絶叫した。

マイ――水のこと。食事は毎日なので必要以上に早く覚えた。湯はマイ・ハル（熱い水）という。

ナーム――yes. ベリーとも言う。

ラ――No. のこと。
ベイシュ――いくら。How much.
ウエン――どこ？　When でなく Where.
バクシーシ――いくらかということだが転意してティップ。〝その下〟の意。金をくれと言うとき手をさし出して〝バクシーシ〟と言う。ただしこれはテル・サラサートを引き上げてから覚えた。
バチュラ――「明日」。何かややこしくて難解だったり面倒だとアラブ人はすぐこの言葉を使う。特にお役所ではそうである。
サラマレーコム――よく使うあいさつだが、最初覚えにくいので「サラー私の（マ）霊魂！」というふうに勝手に意味をつけて覚えた。略して「サラーム」でもよい。
マクソル――こわれた。broken.
ハマム――風呂。公衆浴場。町へ出てハマムにはいるのが週一回のよろこび。
タール――「来る」。アラブ人を呼ぶとき〝タール、タール〟と言う。
ハラス――終了。何か命じた仕事が終わると「ハラス」と報告に来る。
ルー――行くの意。〝よろしい、行け〟というとき使えばよい。
ヒナ――ここへ置けというときよく用いた。ここ Here の意。

ワラク——紙のこと。わらばん紙と覚える。
シュクラン——ありがとう。物を命じて果たされたときは必ず言うべきである。どこの言葉であれ感謝の表明は気持ちのいいもの。
ミヌ——誰。Who. 誰だがよくわからない人は「見ぬ」と覚えればよい。
最初の数日で覚えたのはまずこれくらいのものであった。他にこれはどこでもそうだが、一から十ぐらいの数字だけはどうしても必要になってくる。
ワヘド（1） イスネン（2） サラサ（3） アルバ（4） ハムサ（5） シタ（6） サバ（7） スマニヤ（8） ティサ（9） アシュラ（10）
ただし、アラブ語は地方によってかなり違うから注意しなければならない。一般にカイロを中心としたエジプト・アラビックとアルジェリア中心のアフリカ・アラビックの二種類に分けて考えられている。

## イスラム教の戒律

宗教はベイルートのような特異なところもあるが、よほどのインテリか外国育ちのごく一部をのぞいては、一〇人が一〇人ともイスラム教徒だと思えばまずまちがいない。無宗教というのは全くありえない。ヨルダンでだったと思うが、おまえの宗教は何かと尋ねられて、「宗教をもたない」と言ったら、まるで極悪非道の反逆人に対するような顔つきをされた。以後そんな場合私は「仏教徒」だと答えることにしたが、宗教はわれわれ日本人から比べると、よほど彼らの生活に浸み込んでいるようだ。

もちろんシャルガーティは全部が全部イスラム教徒である。唯一絶対の神アラーに対する彼らの帰依はそれはもう大へんなものである。どんなときでも一日五回定時の礼拝を欠かしたことはない。時間さえ守れば、どこにいてもいいわけだから、テルの上であろうが沿道であろうが、ひざまずいてメッカの方向に祈りをささげている光景をしばしば見かけたものだ。

もう一つラマダンというのがある。正確にはラマザーンというらしいが、イスラム暦の九月の名称であり、この月の間三十日は、日の出から日没時までいっさいの飲食を絶つ。イスラム暦は、われわれの使用している太陽暦に比べて一年が十一日ずつ短い。だから、このラマザーンの月は真夏に当たることもあれば、冬のまっ最中に当たることもある。ちょうど私の到着したときはそのラマザーンの終りのほうに当たっていた。別に見たところふだんと変わりはないが絶対に戒律を守って日の高いうちは食事を口にしない。「ラマダンにはいったからアラブ人の仕事の能率が落ちて困る」と調査団の人がよくこぼしているのを聞いた。やはり疲れるのであろう。

ある日の夕方、ボスのサレハとジープに同乗して、モスルからテルサラ村へ帰ったことがあった。途中一、二回うっかりしてタバコをすゝめたら、そのたびにきっぱりと断わられた。彼はモスルで買った夕食用のサンドウイッチをしっかりと両手に握りしめ、ジープの前席の私の横にいた。ちょうど西へ向かいつつあるので、おりしも地平線に沈み行く太陽に向かって車は進んでいた。彼のまなこはまるで獲物をねらう獣のごとく、行く手の地平線をじっとにらみつけている。太陽がすっかり沈むのを待っているのである。地平線には雲がかゝっていた。

太陽がその雲の中に隠れ、夕やけがしだいに赤味を失ってくる。私も気になるので「もういいだろう。食べたら？」と何回かすゝめるのだが、なかなか首をたてにふらない。「もう沈んだよ。完全に」と言っても、なお用心に用心を重ねて、まだ食べようとしないのである。雲に隠れて太陽がよく見えないので、万一まだ地平線の上にちょっとでも残っていたら大へんなことになるらしい。

ほとんどうすくらやみになったとき、何やら口の中でブツブツと言ったかと思うと突然彼の手が激しく動き出して、とうとうサレハはサンドウイッチをぱくつき出した。まことに猛烈な食欲であった。

## 恵みの雨

十二時から一時までの一時間が昼休み。

一時から再び発掘が開始される。三時になると、ちょうど十時の場合と同じ小休止がある。たとえ季節は冬だといっても、日中はむしろ暑いぐらいである。特に空気が乾燥しているから、直射光がまばゆくきつい。そのかわり日蔭にはいるとよほど楽である。

冬でもこんな具合だから、真夏だったらとても仕事にならないだろう。だから発掘は大体、真夏か雨季の一月から三月を避けた期間に計画されるのが普通である。今度の場合もイラク政府との契約は、十月中旬から一月中旬までの三か月であった。ただし、実際にはイランからの仕事の後始末などが長びいて、十月二十一日にクワ入れ式を行なっている。だから、雨さえ大丈夫なら一月二十日まで持って行けるわけである。

ところで、その雨と気候だが、行く前の予想と実際とではやはりだいぶ違いがあった。一般にアラブというと酷暑の炎天をイメージとして描き、寒い季節などないと思っている人が多いようだ。その点私はかなりの予備知識を仕入れて、防寒の用意だけはして行った。ところが実際に行ってみるとやはり思っていたより暖かかった。特に日中はそうである。これは降雨量と大いに関係があって、テル・サラサートに近いモスルなどでは、雨が少ないところから、宣伝観光のパンフレットを見ると「年に二度春の来る都市（The city with two veneral seasons）」というキャッチフレーズがついている。しかし雨が降ったときと、夕方から夜はさすがに冷える。内陸だけに日中との温度差が相当大きいといえよう。テントの中には前に述べた石油ランプのほかに、やはり小型の石油コンロを一台ずつ入れて暖をとった。体温の時間による調節をうまくしないと、きっとかぜをひく。事実私も風邪がもとで鼻腔の毛細管を切りひどい目にあった。

さて冒頭に述べたようにこの年は雨の来るのが大へんおそかった。おかげで発掘は期限ぎりぎりまで続けられ、大いにはかどったが、この雨というものに対するアラブ人とわれわれ日本人の反応はものすごく違う。日本でも時には夏に水がたりなくなったり、あんまり日照りの日が続くと、雨が降らないかなあと待ちあぐね、久しぶりに来たときにはやれやれといった気持ちになることがある。しかし、それはあくまでも〝やれやれ〟なのである。ところがアラブ人の雨を待つ気持ちはそれこそ切実以上である。一年を通じて、雨といえるほどの雨が降るのは一月から三月にかけてだけである。降るべきときに雨が降らないと、それはとりもなおさず死を意味する。せっかくの作物が全部だめになるからである。

ようやく雨がやって来たのは、発掘作業がすんだ直後、引揚げ準備にはいった日であった。後日、バクダッドで雨にあったときもそうであったが、われわれはいつも何らかの仕事の予定があるので、たいてい「困ったな」あるいは「いやだな」と思う。ところがアラブ人は文字どおり〝万才!〟を叫んで踊り上がるのである。それこそ口々に、

「クルシ　ゼーン（vary good）！」

と大よろこびである。バクダッドでもそうだった。

ある雨の日アラブ人にあいさつをすると、

「クルシ　ゼーン！」

何か感違いをしているのかと思えばさにあらず、「good rain!」と雨の降ったことを喜んでいるのである。

〝これで草木はよみがえり、羊は生気をとりもどすだろう〟。うっかり渋顔をして天候のあいさつをするとかえって礼に反するというものである。

## アラブ人の家族

午後四時半になると一応発掘作業は終了する。あとかたづけなどをして五時、シャルガーティは三々五々去って行く。ラバに乗って帰るのもいれば徒歩もいる。妻子の待つ近くのミズラ村やアブマリア村のわが家へと急ぐのである（サレハなどのシャルガート村出身者はテントで宿泊する）。給料日などは一層足どりも軽やかだ。

妻子といったが、イスラム圏ではコーランにより、夫多妻制度が許されている。これは事実だが、しかしシャルガーティたちの階級では、そんな経済的余裕はないから、ほとんどが一夫一婦である。子どもは三人ぐらいが多い。

いったいに女と子どもは大へんよく働く。仕事は食事の買出し、水汲み、育児、洗濯物運びなど生活上の雑用が多く、おもてだった仕事はすべて男のものだが、明らかに男性より働きもので、いつも裸足でまめまめしくこまねずみのように動き回っている。これに反して男たちは何となく悠然としている。テル・アファールの町などへ出かけてみると、町の中心部の路上では昼間からおびただしい数の男どもが（女の姿は全く見かけない）、何となくブラブラとしている。お互いに顔を合わせると、

「サラーマレイコム（こんにちは！）」

と言って握手をしてはベラベラとおしゃべりの立ち話である。日がな一日軒下にズラリとすわり込んでタバコを吸いながら日なたぼっこの連中もいる。一種の社交場、情報交換場なのであろう。そういうおしゃべりの間にも、少しずつ商談のようなものが成立しているのかもしれない。しかし、頭にターバンを巻き、すその長いアラブ服をヒラヒラさせながら逍遙する姿は、むしろ王者の貫禄さえ感じさせる。これに対して女性の姿を見たいと思えば町の洗濯場に行かねばならない。だいたいアラブは水の少ないところであるから、町は古来どこか一か所に泉の湧き出している場所に発達している。逆に言えば町の一か所に必ず洗濯場として使用される水のたまり場があるのである。そこへ町中（あるいは村中）の女たちが、日々の洗濯物を持って集まって来る。よく井戸端会議などというが、たしかにおしゃべりもするが、彼女らの手が休んでいるのを見たことがない。水音や金具の音がするだけで、日本での路上のあのザワザワから比べたらむしろ静かな

くらいである。おとなだけでなく、子どものほうも女の子は実によく働く。村で見かける女の子はおおかた幼児のおもりをさせられている。ひきあげのころだんだん暖かくなってテル・サラサートのまだ手をつけていない三号丘や四号丘にやわらかしい草の芽が出はじめた。これを食用に供するため草つみに来たのは全部いたいけな女の子である。これに対して男の子はすでに一人前の顔をしてラバにまたがって町中を闊歩したりしている。テル・アファールの路上に悠然たるアラブ人の立ち姿を見て、この中でえらそうなやつほど、働き手の女を二人三人とかかえ、その上にどっしりとあぐらをかいているのだろうと思った。

六時からはじまる食事までの一時間は、個人用のテントに帰って身のまわりを整理する。空気が乾燥していて、朝出した洗濯物もたいてい乾いているから、これを洗濯係りのアラブ人から受けとってとりかたづけたりする。

ちょうどその頃は落日の光景が美しい。西の方の地平線に、まっ赤な太陽が最後まで威厳を失なうことなく堂々と沈んで行く。かつてポリネシアの海辺で、椰子の木のシルエット越しの夕影を見て、その哀感とめくるめく美しさに打たれたことがあるが、このテル・サラサートのはもっと野性味にあふれている。何だか、今にも地球全体がたそがれの断崖に落ちて行くような感じさえする。メソポタミア平野が見わたす限り色ずいて、マナスル色のわれわれ調査団のテントもはげしく燃えているかのようだ。

気温が下がってくるのが、手にとるようにわかる。次いで追っかけるように急速に闇が降りて来る。同時に中空にするどい月が姿を現わすのである。

## 夜の生活とたのしみ方

何といっても食事は調査団の生活にとって唯一の楽しみだ。一週間に一度ぐらいモスルまで出かけて、バザールで買い出した品物をもとに、代わり映えのしない材料をいかにして目先の変わった料理に仕立て上げるか、これが調理番の苦心の種である。一週間交代で担当した。大体日本にいるとき、いわゆるジンギスカンなべはどちらかというと私の好物で、渋谷や高円寺に時々食べに行ったものである。ところが、実をいうと今度の西アジア旅行を機会に、私は羊肉がきらいになってしまった。匂いがたまらないのである。こちらで経験してから気がついたのであるが、東京で食べさせるのはまず肉をうすく切ってある。おまけにニンニクの〝たれ〟で匂いもほとんど消えている。ところがあちらのはそうではない。肉塊ふうに丸く切って、羊独特の匂いを強調するところに逆に良さがあるらしい。

有名な〝シシカバーブ〟というのは、挽き肉をだんご型に数個焼いてこれをホブスにくるんで食べる。近頃、日本でもチラホラ現われた。挽き肉ではなく、ちょうどやき鳥のように小さな肉塊のまま焼いたのが〝ティッカ〟。〝クッバ〟というのは挽き肉を野球のボール大の球型にして煮て、これに香料をまぜる。また、〝ガス〟と言って羊肉にカンナをかけたようにうすくけずりとった料理もある。料理というより、羊肉の裁断の仕方の違いみたいなものだ。右のうち〝ガス〟や〝クッバ〟は比較的匂いが弱いようだ。とにかく肉は羊しかないのだから仕方がない。イスラムの戒律で豚肉、牛肉は食べないのである。ただしモスルやバクダッドのバザールに行くと、たまに牛肉が売られていることがある。数少ないクリスチャン用だろうが実にかたくてまずい。ただし豚肉だけは絶対にない。それから飲酒というのもイスラムでは法度とされており、アフガニスタンのように国禁となっている所さえある。

墓地の近くへ食用の草つみにやって来た子供たち。

毎日の調査団の仕事は夕食後もまだ続く。だいたい九時から九時半頃まではその日の発掘の記録、発掘品の実測や、以前からのデーターの整理、写真撮影などを研究室用の大テントで終えなければ個人用テントへ帰ることができない。九時半以後就寝までが、彼らの心が故国の身内へと帰って行く唯一の自由時間である。調査団員は一人を除き、全部妻帯者である。妻や子どもへ手紙を書き、またモスル博物館気付で受取った日本からの便りを、もう一度とり出して何回も読み直してみる。バクダッドの日本大使館でもらった月おくれの雑誌や新聞のグラビア、さし絵などに一日の疲れをいやされるのもこんなときである。あたりはしんと静まり返って物音一つない。だまって、テントからはい出て夜空を見上げる。〝降るような〟という形容は、きっとこんな光景のためにあるのだろう。三日月を中空に抱いて、キラキラと無数の星くずが——まさに日本で見る空の数倍はあろうかと思われる無数の星くずが、まばゆいばかりにきらめいている。これこそ本当のアラビアン・ナイトだ。夜の寒気は、まだまだきびしい。数分するうちにからだが氷のように冷えてくる。再び個人用テントに帰り、そっと二枚折りの毛布の中へもぐり込む。こうしてテル・サラサートの一日は終わりを告げるのである。

村の洗濯場は女たちの社交場。テル・アファールにて。

# 第二章　メソポタミア平野を下る

発掘の期限が来て、ジープでメソポタミア平野をバグダッドへと南下した。途中モスルというイラク第二の都会に立寄る。ここで二週間ぶりに風呂へ入った。いわば本場のトルコ風呂である。〝ハマム〟といって一回百円ぐらいの公衆浴場だが、日本のような女っ気は全然ない。代りに毛むくじゃらのプロレスラーのような大男があらわれる。そしてグローブのような麻袋（あかとり）を手の先にはめて力いっぱい客の体をこすり出すのだ。痛いのなんのってありゃしない。それでも長い間入浴していないのでおのれのアカがまるで何本ものマッチ棒ぐらいの太さになってコロリコロリと出てくるのを眺めながら我慢する。あがると一杯のチャイ（お茶）、またはトルココーヒーがふるまわれる。これも入浴料金のうちだ。腰まきを体に巻きつけてゴロリと横になる。アラブ人にとって入浴はせいぜい一週間か十日に一度入るか入らないかの大変なぜいたくであり楽しみなのである。

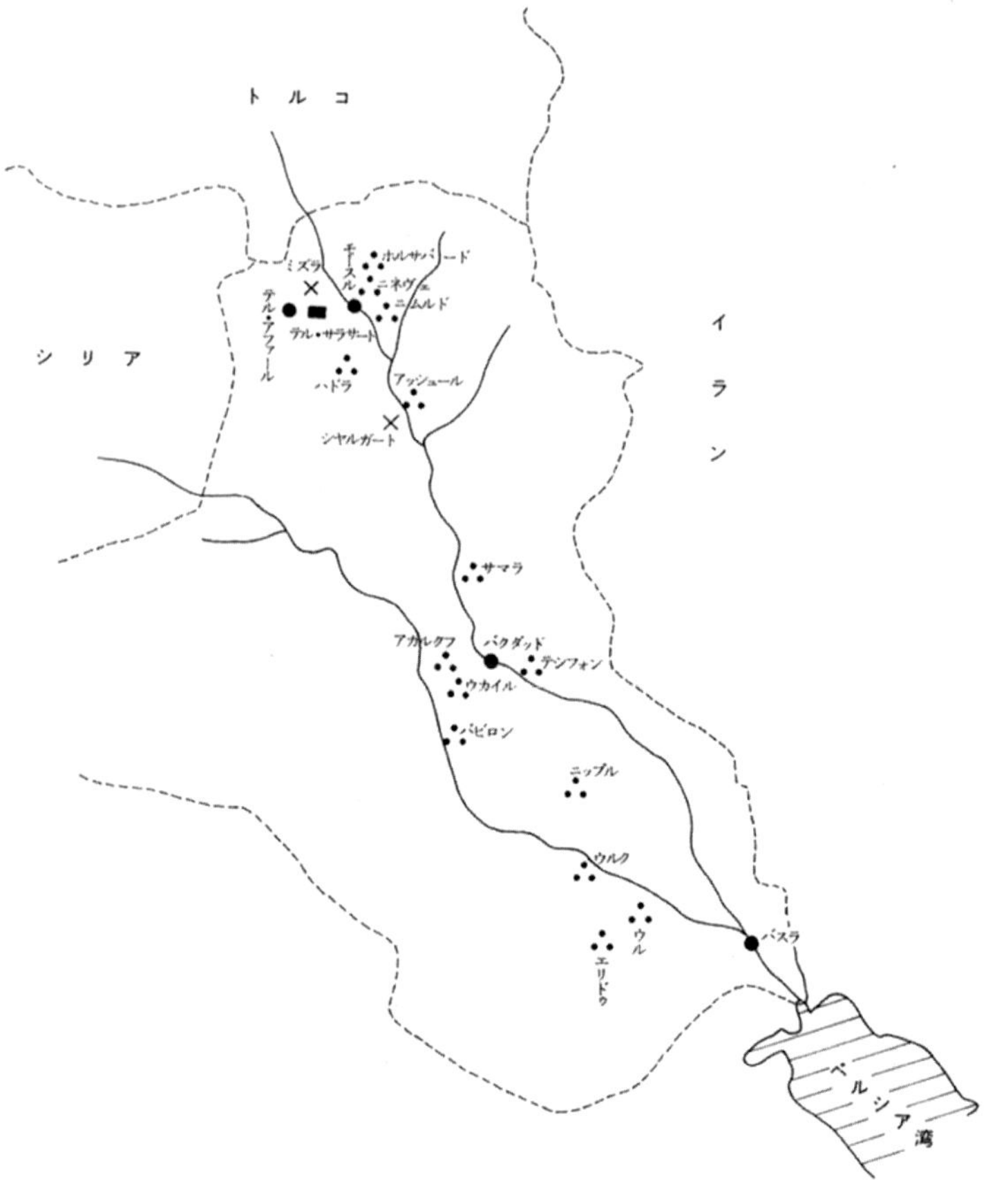


メソポタミア平野古跡一覧

## 夜半来の風雨騒動

夜半、たたきつけるような雨の音で目がさめる。午前五時である。昨日一日どんよりと曇った天候だったが、とうとうやって来た。

ものすごく寒い。テントにひびく雨の音で目がさめたのか、寒さでそうなったのか。思わず二つ折りの毛布の中へもぐり込む。耳をすましていると、雨はどうやら氷雨をまじえているようだ。結局タバコを吸ったりベルボーイ（石油コンロの名）のシンを引っぱり出して、少しでもテントの中を暖かくしようと苦労しているうちに夜が明けてしまった。

しだいに風が強くなる。バタバタとテントのすそがはためいて、今にもふっとばされやしないかと思うほどだ。

洗顔、朝食もそこそこに大チャードルの研究器具、食器類などを小屋のほうへ運びかえる。危ういところだった。テーブル、器材などのうつしかえが終了したとたん、食堂用の大テントがバッサリと倒れてしまった。大きいだけに、ふところに風をくらい、おまけに屋根に水がたまり、その重みで支えがもたなくなってしまったのだ。

ずぶぬれになって、全員小屋の中へ待避する。杭につながれたロバだけが、年に数回あるかないかというこの天の恵みを、じっとかみしめているかのような姿がひどく印象的であった。

お昼ごろ小降りになる。どうやら風邪をひいたらしい。

基地は一昨日から引揚げの準備にはいっている。一時はあわやと思わせた金銀財宝が、結局出ないとわかって、すべてを次回の期待にゆだね、実測のすんだ発掘品、器材の梱包などシャルガーティもいまや商売がえといったところである。昨日、一昨日の梱包にはテル・アファールから秘密警察員が一名派遣されてインスペクターとともに立ち合った。パッキングに不正の品はないか、武器弾薬など危険なものがまぎれ込む余地がないかをいちいち調べてOKとなると、一つ一つの荷の上に証認のハンコを押すのである。

北メソポタミアに多い少数民族クルド人の居住地域．
の部分

ところがこの男の仕事ぶりたるや、まさに怠慢そのものだった。同国人のシャルガーティたちが、重い荷を運んだり荷にくぎを打ちつけている間、かんじんの仕事はそっちのけでインスペクターのワヒダとともに鉄砲撃ちに興じている。もちろん実弾である。メソポタミア平野はめっぽう広いから、人のいない方角に向かって撃てば人に害をあたえることもない。もっともめくらめっぽうに撃つのではなく五十メートル先に小さな目標物を立て、二人で交代にぶっ放してどちらが多く当たったか賭けながらキャッキャッとさわいでいる。いっぽう手前のほうでは、シャルガーティたちが汗水をたらしながら梱包にけんめいである。えらいさんが平日ゴルフに打ち興じているようなものであろうか。この対照的な風景はちょっとイラクの社会構造、官僚や軍人天下の実例をまざまざと見せつけられる思いがした。

　このけしからんなまけものの男はほとんど夕方までそんなことをしていて、さて梱包が終わると、どれどれといった調了で検閲済のメクラ判を押すのである。いちいちうるさいのより助かったかもしれないが、とにかくこの検閲証がないとバグダッドまでの間に五か所と下らぬ検問所でその都度パッキングをほどいて内容物を見せねばならないのだ。

　特に北からはいってくる荷物や人間には検閲が厳重だ。いわゆるクルド族※の問題があるからである。クルド族というのは北イラクやトルコの一部、イランの北辺に多い人種で、随分以前から彼ら自身による自治を要求し、モスルや北の国境では今までにもしばしば小反

沿道にみつけた遊牧のクルド族。

乱を起こしている。一九六七年六月、当時の首相であったアレフ※が飛行機事故で死亡したが、これもクルド族のしわざであったという説もあるくらいだ。だから、イラク国内で北へ行く人間や北から来る人間はいちいち証明書を携行しなくてはならない。モスル以北はいわゆるクルド地帯といわれ、テル・アファールなどは八〇％がクルド人である。

## タイヤが泥にぬめり込む

前日までに梱包があらかたすんだところへ雨がやって来たのは不幸中の幸であった。いや不幸などといってはいけない。先にも述べたようにアラブ人にとっては待望の雨である。

午後、博物館との連絡や打合せがあるので、まだ降りしきる雨の中を、江上団長と曽野副団長がプレート・ナンバー〝一〇三〟の三菱ワゴンでバグダッドへ先発する。

二時頃、やっと風雨が止んだ。

しばらくして、約束のトラックがテル・アファールからやって来た。予定では午前十時頃だったのだが、けさ方からの雨で見合わせたのであろう。その辺は連絡の電話もなくしごくのんびりしたものである。

「来た、来た！」

誰かが、遠方に小さく見えはじめたトラックの姿を目ざとく見つけて叫んだものだ。ところがそれからが大へんだった。遠くに見えるトラックの姿がなかなか大きくならない。雨で道がぬかって進めないのである。三〇分ほどして、やっと幹線路からテント村へ入る小径へさしかかった。ところがここで車は完全にダウン。タイヤが泥にめり込んでにっちもさっちも進めなくなってしまった。テペまではほんの一キロほどの地点である。

さっそくシャベルやスコップを持って応援にかけつける。シャルガーティたちは目先の変わった仕事にありついて、子どものように大よろこびである。ぬめり込んだ車の下の柔らかい泥を、かた土が出てくるまで取り除く。

「ヤッラ！　ヤッラ！」

深井副団長のシャルガーティたちを励ます声に思わず力がはいる。「ヤッラ」とはアラブ語で「ヨイショ」という意味のかけ声である。

いちばん馬力のあるトヨタのジープをくり出してロープをつ

タイヤが泥にぬめり込んでトラックが動かなくなり大騒ぎとなる。

なぎ、フルアクセルでトラックを引っぱる。泥だらけの小径をつたっていてはいつまでたっても同じことのくり返しだから、引っぱられた勢いでハンドルを切って少しかた土の草地へのり出そうとする。トラックの中にいるアラブの運転手も心死だ。二度、三度、もう少しでひっかかりそうになりながら、小径と草地のエッジですべってしまってどうしてものり入れることができない。

六度目のトライ。

七度目にやっと成功。こうなればしめたものだ。あとは用心しながらぐるりと迂回してテント基地の荷物のある所までやって来る。四時をまわっていた。

すぐさま積み上げにかかる。

「ヤッラ！　ヤッラ！」

深井さんの、底力のある男性的な声が一段と強く基地中に響きわたる。声をかけるとかけないではアラブ人たちの能率がかなりちがう。こういうことにかけてはやはり深井副団長が最もしっかりした実行力を持っていた。

五時頃ようやく終了する。「東京大学イラク・イラン調査団」と一つ一つにマークのはいった木箱を満載したトラックがバクダッドへ向けて出発した。ボスのサレハがいっしょについて行く。さまざまな思い出のまつわる品物や人間が、一つ一つテルサラ村から去って行く。基地もいよいよ大詰めだ。

## モールス市に入る

一月二十九日、いよいよ最後に残った深井さん、堀内さん、それにわれわれＴＢＳの計四人がテル・サラサートをあとにした。

一〇二号のワゴンが雨あがりの基地の大地の上に大きくタイヤの弧を描いてハンドルが切られると、車の窓から思い思いに手をふりながら、

「フィーマンラ（さようなら）！」を叫ぶ。

なつかしいアラブ人たち人夫の姿がだんだん小さくなって行く。中で一番背の高いハッジ※を中心に、それがやがてひとかたまりの黒点になると、車はもうシリアとモスルを結ぶメソポタミア平野の国道を走っていた。

いつみても一望果てしない大平野である。もしこの国道がなかったらいったい今われわれはどこへ向って進んでいるのか、皆目見当もつかないところだろう。

途中二か所の検問所も無事通過して、一時間後にわれわれはモスル（*mosul*）市へ入った。ここではじめて北から流れて来るチグリス河の奔流に出合う。

モスルは人口十八万、バグダッドに次ぐイラク第二の都市である。そして調査団員にとっては三か月のわびずまいの間、週一度の休息日には必ずといっていいほどここを訪れた、いわば馴染みの盛り場でもあった。

モールス市遠景。テル（丘）の上に出来上った街であることがよくわかる。

この街の歴史は古く、遠くササン朝ペルシャ※時代にまでさかのぼる。歴史上重要視されるようになったのは、オマイヤッド朝※末期（八世紀初頭）、この地方一帯の地方首都のような存在となってからで、その最盛期はアバシッド朝※時代を経て、セルジューク朝※のころ、ここにアタベクと呼ばれる地方長官がおかれた十二世紀中期であった。市の名物の一つである〝モスルの斜塔※〟もその時期に建てられている。

余談だが、こんにちわれわれが何となくヨーロッパ発生として受けとめている言語の中でアラブやペルシャに由来する言葉は想像以上に多いものである。例えばソーダ、アルカリ、アンモニア、シロップ、モスリン、ガーゼ、ソファ、パジャマなどさまざまだが、この中で〝モスリン〟というのは、このモスル市に関係がある。その昔ここで大へん技術的にすぐれた羊毛織りが生産され、そのため人々はそれをモスリン織りと呼んだ。これが今日もなお世界的な言葉として使用されているのである。

しかし現在では、市はすっかりその性格を一変した。今日のモスルは、まず鉄道によってペルシャ湾とシリアやトルコを結ぶイラク北部の交通の中枢である。次に今世紀に入ってから急にクローズ・アップされて来た中近東油田地帯の北イラクにおける要地で、すぐ近くに有名なキルクークの油田※がある。第三にはクルド族に対する押え、トルコやシリア※など外国に対するイラク北辺の守りを固める軍事都市である。事実街では軍人の姿を見かけることが多い。

モスルに入ってわたしには直ちに処理しなければならない一身上の災厄があった。それは二日ほど前から急に鼻血がとまらなくなっていたからで、これを完治しておかないと今後の仕事に大いに差つかえると思われた。幸いテル・サラサートを引きあげる直前だったので、モスルへ入ったらすぐ立派な市立の病院に行くつもりでいた。そのいきさつというのはこうである。ある朝わたしは例のテントへ通便におもむいた。寒いなあと思いながら穴の上にわたされた二本の木ぎれの上にかがんだとたん、赤いものがポトリとその板の上におちた。おやおや鼻血だぞ日本を離れて十数日、いよいよ精力があまって来た証拠かなと苦笑しながらその場はちり紙で処理して別に何ということはなかった。ところが朝食後、タバコを一本吸おうとしちょっと前かがみになったら今度はテーブルの上に五、六滴の赤いものが花びらのようにサッと拡がった。以来それを機に一日中鼻血は間欠的に出たりとまったり、どうもすっきりしない。ひどいときにはいくらちり紙をつめても数秒もたたぬ中にまっ赤に染ってわずかな隙間から血が口のあたりまでしたたりおちて来る。団員たちも心配してくれたが、正式なドクターがいないからどう手のほどこしようもない。わずかに医薬品係りの杉山氏から妙な丸薬をもらって飲んでいたがはっきりした効き目もなく、すべてはモスル入りしてからということで我慢した。

ところが一つ大へんな誤算があった。たまたまモスル入りした日が金曜日※にあたっていて、一切の官公庁や商店が休みだったのである。困ったと思ったが仕方がない。一身上のことはさておいて、わたしはまず撮影の仕事にとりかかった。博物館、斜塔、ニネベの遺跡とスケジュールはいっぱいだ。最初モスル博物館※へ行った。するとここで正面の階段を数歩登ったとたん、それまで小康状態だった出血がまたもやはじまった。それも今度ははげしくである。まるで赤のインキ壺をひっくり返したように立ちどまった足もとの石段が見る見る朱に染って行く。これはいかんとわたしはカメラマンに後事を託して路上のジープへとって返し、シートの上に横になった。何度も何度もクリネックスを取り加えるのだが、今度は一向にとまりそうもない。たちまち一箱のちり紙も底をついてきた。すると暑いので開け放しにしていたドア越しに、ウトウトしていたわたしをだれかがかがむようにのぞき込んでいる。ハッとして見ると軍人風の若いアラブ人だった。

「大丈夫か？」

と真剣にわたしに問い正す様子。どうやら心配になってわたしが気がつく以前からここにいたらしい。あわてて、

「大丈夫、大丈夫」

と手で合図をかえしたが、簡単に納得する風もなくわたしを抱きおこして後から手で首すじをたたこうとしたり、ジープの補助タンクを指さしてこの水を頭からかぶせてやるからと、キャップをとりはずしにかかったりする。冗談じゃない。ガソリンをぶっかぶったらそれこそベトナムの焼身僧だ。そのほかああでもないこうでもないとインスタントの世話女房よろしく、どうにかしてわたしの役にたちたいらしく、その様子はまことに真剣そのものだ。うるさいと思うより、その気持が身に沁みて嬉しかったが、いたずらに手間をとらしても無駄である。とうとうわたしはききかじりの〝友達〟というアラブ語を思い出して、

「サディーク、タール（友だち来る）」

と二、三度くり返したら意味が通じたらしく、やっと安心した顔つきになって、本当に大丈夫かと何度も念を押しながらふり返りふり返り去って行った。正しくアラビック・ホスピタリティの一例である。

入れちがいにカメラマンの田中君が帰って来た。彼もわたしの様子を見て、これじゃ心配だからホテルの一室でも借りて、静かに横になっていた方がいいだろうと言う。そこで駅前のステーション・ホテルへ行った。幸い一室が空いていたのでそこを借り、申し訳ないがあとの撮影を彼に一任してわたしは静養すること

にした。

夕方、予定の撮影を終えて彼が戻って来たとき、じっとしていたおかげか鼻は小康状態をとりもどしていた。しかしこのままではなんともおぼつかない。休日でもどこか個人経営の町医者は開けていないだろうか。そこでホテルの従業員にたずねると駅のかかりつけの医者が構内にいる筈だという。早速田中君にたすけられてソロリソロリと出かけたが、やはりこの医務室も閉っていた。おそらく彼もまた公務員なのであろう。がっかりしながら構内を通り抜ける時、駅の事務所で鉄道便の整理をしているアラブ人を見かけたので、念のためと思ってどこか町医者はいないものだろうかとたずねて見た。するとはしなくもここでわれわれはもう一度アラブ人の親切に恵まれる機会を得たのである。

この勤労者は、風采、仕事の内容から見て決して地位のある人物とは思えなかったが、そばにいたもう一人の仲間に何か二言、三言ことわったかと思うと、その場でやりかけの仕事を中断し、これからすぐにでも自分で案内してあげようという。これが日本でなら場所だけ教えてもらえば充分だが、なにせ地理にくらい異国での出来事だ。この申し出は実にありがたかった。車で十分ばかり走った街の中心とおぼしい一角に、二階住いの中年の医者が店を開けていた。もちろんアラブ人だがインテリだけあって、英語がペラペラ、おかげで事はすこぶるスムースに進行した。日本人だというとそうかそうかとうなずきながら私の鼻孔を仔細に点検していたが、

「ここ二、三日あなたは風邪をひいたことがあるでしょう」

と言う。そうだと答えると、

「何度も何度も咳をしましたね」

正に図星である。たちまち原因が判明した。強い咳のショックでどうやら鼻孔の毛細管を切ってしまったというのである。

「このくすりは良く効きますよ」

こう言いながら医者の書いてくれた処方箋に従って近所の薬局で指定の薬を買ってみたら、何とそれは日本のT製薬の止血剤だった。心憎いアラブの知識人の配慮である。こうしてわたしの鼻血事件はどうやら終焉をむかえた。ただもうひとつ吃驚したのは、案内してくれた駅員のアラブ人である。もう充分だと断ったのだが、次の間でわたしの治療のおわるのを待ち、ちゃんと薬局まで連れて来てくれて最後の最後まで面倒をみてくれた。前後二時間ぐらいの時間をとっただろうか、彼にとっては職場の勤務よりどうやら人につくす親切の方がよほど大切らしいのである。

彼らの親切は大陸的である。遊牧民であるベトウィンのテントをたずねると、どんな行きずりの人でも必ずいっぱいの水と御馳走をふるまわれるという。これは広漠たる砂漠で一滴の水が、人間の心と命にいかに貴重な意味をもつかを身をもって知っている彼らの最大級の応待である。今日別れればそれで一生縁のない人たちであるかもしれない。いやおそらくそうだろう。それでも——いやそれゆえにこそ彼らはおのれの富と心をもって、この世で行き逢った見ず知らずの人にも最大の親切を惜しまないのである。わたしはそのスケールの大きさに感激した。

## スーク（市場）をのぞく

町でおもしろいのはスーク（市場）である。スークは一名バザールともいい、西アジア一帯に特有の青天井市場だ。モスルのそれは、規模はバクダッドより小さいが何となく野性味にあふれていた。およそ日常生活に必要なあらゆる品を売っているが、すざまじいのは食べものを扱っている一角である。特に野菜売場から、それに続く肉市場にかけてがすごい。まずプンと鼻をつく異様なにおい。もちろん羊肉のせいだ。通路は雨よけにあちこちおおいがわたしてあるのでうすぐらく、その中をチャドルをつけた肥った女、ヒゲを生やした用心棒のような男、売り手のおやじ、手伝いの若ものなどさまざまな種類の人間が口々に何やら叫びながら、所せましとひしめき合っている。時々そのごった返す中を、荷を満載した馬車が

「のいた！　のいた！」

と狂暴にかけぬけたりする。うかうかするとつき倒され、はねとばされかねない。野菜で売っているもの

市場（スーク）の一角。

は、トマト、ネギ、小麦粉、コメ、果実のタネ、たまねぎ、こしょう、砂糖、レモン、豆類など。

更に奥にすすむと今度は肉市場である。およそ三、四十メートルにわたって、両側に肉屋ばかりが十数軒のきをつらねている。どの店先にも血のしたたる羊肉が数本ずつぶら下り、足もとを見ると肉をはぎとられた羊の頭部が、頭骸骨となってつみ重ねてある。何だかその表情が恨めしげである。かと思うと急に妖怪な笑みをたたえてじっとこちらを眺めているようでもある。背すじにゾッと寒気が走る。

ところがこの羊頭は肉をとったあとの廃品ではないのである。立派な売りものでアラブ人たちはこの頭骸骨にくっついている目玉と脳みそを食べる。そしてそれは何よりも珍味で、かつぜいたくな食品とされている。いやそれだけではない。このようにして目玉と脳みそをしゃぶりとったあとの、それこそ穴だらけの頭骸骨は最後にはダシとりに使われるのだそうだ。まだ心臓の動いていた羊が、たった今殺されたばかりなのであろう、路上には生々しいまっ赤な血が流れ、ところどこ

ろ血だまりさえ作っている。そして店先ではヒゲを生やしたアラブの商人たちが口々に、
「タール！　タール！（いらっしゃい、いらっしゃい）」
を叫んでは客を呼び込んでいるのである。何だか歯をむき出し、笑顔をふりまく彼らの顔が一瞬悪魔の仮面のような錯覚におそわれた。

しかしこれらの風景は多少気味わるくても、めったに見られぬ貴重なものであり、それ故にこそ是非記録にとどめておきたいところだが、それがそうはいかない。アラブでは一般に女性とスークの撮影は固く禁じられているのである。うっかりカメラを持って入って見つかろうものならそれこそ袋だたきにされかねない。みんながさわぎ出し、警察に連行されてカメラやフィルムをとりあげられた多くの例があるので、バグダッドで正式にその筋の許可をもらってからでないと危いからと、カメラマンも手ぶらでしかスークには入らなかった。

もう一つ、アラブで独特の風俗は俗にいう「ハマム」つまり公衆トルコ風呂だ。モスルには調査団の愛用した〝モスル湯〟があり、私も一度そこに入ったことがあるのでその様子を述べてみよう。

〈ハマム〉—本場のトルコ風呂、右端の洗盤から盥で湯水をすくって体をあらう。

なぜわれわれが〝モスル湯〟などという勝手な名前をつけたかというと、このハマムの入口には看板に市の名物である「モスルの斜塔※」の絵が描いてあったからで、日本で〝松乃湯〟とか〝富士見湯〟とか近所の銭湯を愛用していたのを思い出してであろう、いつの間にかわれわれの間でそう呼びならわされるようになっていた。

入場料はひとり百フィルス（百円）。銭湯なみの値段だが、これでも他の物価に比べると高い。それだけアフブで水が貴重品である証拠であろう。

中へはいると、中央に五十坪ぐらいのロビーがある。ロビーといってもただ木造りの長椅子が数脚並んでいるだけで、壁にはアラブ風俗を描いたいささかよごれた絨毯が何枚か掛っている。一角に番台のようなところがあり、ハマムのあるじが悠々と茶を飲みながら客を待っている。別に三助——つまりながしをたのむと料金は二倍の二百円になる。

ロビーの周囲が、いくつかの小部屋にわかれていてこれが脱衣場である。脱衣場の壁にもやはり「アラビアン・ナイト物語り」※の一コマを描いたような赤色ベースの絨氈がかかっている。ここで裸になり、用意されている大きなタオルを腰にまいて、ロビーの奥にある流し場へはいって行く。

流し場は大理石造りでたいてい八角形か六角形に設計されている。中央に一段と高くなったやはり多角形の台座があり、この上にねっころがると下からの熱気でホカホカとあったかい。多角形の流し場の各辺に相当するところに、それぞれ張り出して洗い場としての小間がいくつか造られており、ここには蛇口から湯水が出るようになっている。

入浴の順序はまず中央の台座の上に大の字になって身を横たえる。数分から十数分もすると、大理石を通じて熱が体につたわってじっと汗ばんで来る。日本のトルコ風呂におけるスチーム・タブの原型だ。タラタラと汗が流れはじめるころ、ながしをたのんでそのままの姿勢でマッサージを開始してもらう。この点は日本と全くちがう。トルコ嬢などという結構な人物はどこをさがしてもいない。文字通りの三助——いや胸毛の生えたプロレスラーのようなむくつけき大男である。この男がちょうど指のないグローブぐらいの麻であんだ袋を手にはめ、客の体を上から下までゴシゴシとこすり出す。手袋はつまり〝あかこすり〟だ。実に痛い。力が強いからすぐボロボロとアカが出て来る。ましてや一週間も十日も、風呂に入ってない場合は尚更だ。出て来ること、出て来ること。おのれのアカが数本のマッチ棒ぐらいに丸められて出て来るのをうらめし気に横目でチラチラ眺めながら痛いのをじっとガマンする。

これが終ると、洗い場へつれて行かれふつうは湯を流すだけ。自前の石鹸がある場合はこれを渡すと体と頭を洗ってくれる。風呂桶はボウル状のアルミ製の金具である。もともとプロレスラーなみの力もち、石鹸を洗いおとす場合はザアザアとまるで頭からたたきつけるようにこの金具で湯をぶっかけて来る。チップをはずめばその場で簡単なマッサージを頼むこともできる。洗い場の大理石の床の上に横にされ、手や脚をつかまえて、上下左右、これも極めて乱暴にふりまわす。更に背中の上にのっかられ、両脚を力いっぱいそり身にひっぱられたりすると、ウーンと呼吸がつまって今にも骨がポキポキと折れるのではないかと心配になってくる。

こうしてマッサージもおわると再び中央部の台座にもどり、好きな時間だけ勝手にねっころがってコース終了という次第だ。出たいと思った時は、風呂桶の金具でカンカンと大理石の床を数回たたく。すると入口に別の男が現われ、新しい乾いたタオルと腰まきを持って来る。それらを頭と腰につけ外へ出て脱衣した小部屋で休息する。すると再びタオルの男がやって来て、飲みものは〝チャイ〟か〝ハモズ〟か〝コーヒー〟かと尋ねる。ハモズとは甘ずっぱい果汁の一種である。これは別料金で強制的のものではない。しかしグラス大の値段が二十円ぐらいの安さ、注文しない手はない。

「ハマム」はアラブ人にとっての銭湯だが、日本人のように毎日入浴する人間はまずいない。水が貴重だから、日本の場合に比べてはるかにぜいたく行為に近いのである。一週間にいちど入ればかなりの清潔好き、風呂好きであろう。そのかわり〝鴉の行水〟みたいにせっかちな入浴をするような人間もまたいない。アラブ人を見ていると入浴後の休息をふくめてまず最低二時間ぐらいは悠々とたのしんでいるようである。それと入浴も男の特権の一つで女湯というのは見たことがない。もっとも自宅に浴室をもつ上流階級は別である。

## チグリス河沿いの古跡

モスル市の東岸を流れるチグリス河は前日の雨でえらく氾濫していた。いつも渇色に濁った水だが、この日は特にドス黒く、それに流れも勢いをましてゴウゴウと音さえたてながらうずまいていた。

バクダッドへ行く道はこのモスル市に入ってから、チグリス河の手前を進行方向の右、つまり南の方角へ直角に折れる。そうして以後約四百五十キロは、メソポタミア平野のまっただ中をチグリス河とともに南へ南へと下るのである。

沿道にはさまざまな古代遺跡の発掘跡が散在している。さすがは人類最古の文明の発祥地である。いちいち数えあげていたらきりがないほどだが、主なものだけざっと言及しておこう。

まずモスルのすぐ北、チグリス左岸にあるのがニネベ※の遺跡である。通称クユンジークの丘だ。ハラフ期の土器を出し前五千年紀から人の住んでいた形跡があるが、紀元前七世紀にセンナケリブ王※（前七〇五年〜六八一年）が建てたアッシリア帝国の首都として一般に有名である。一八四二年モスルのフランス領事であったボッタ※（P・E Botta）が最初に手をつけ、その後（一八四五年〜五一年）英国のレイヤード※（A. H. Layard）、ローリンソン※（H. C. Rawlinson）などによって発掘された。アッシュールバニパル王※（前六六八〜三一年在位）の狩猟風景などのアッシリア独特の浮彫作品は、大部分が大英博物館に所蔵されている。この地はその後も何度か掘られたが、われわれがたずねたときはイラク政府の手によって発掘が継続されていた。

ホルサバード※はニネヴェの北十数キロのところにある。先に述べたフランスのボッタ※がここで一八四三年にアッシリアのサルゴン二世※（前七二一〜七〇五年在位）の宮殿を発見した。その昔ドウル・シャルーキンと呼ばれた都市の跡である。

ボッタがここを発見した前後のいきさつはおもしろい。当時四十歳の若き外交官であった彼が、どうしても発掘したいと思っていたのは、あくまでも古代都市ニネヴェ※の跡であった。一八四二年十二月、彼は数人の労働者を雇ってクユンジークの丘、つまり正しくはニネヴェの都市跡に最初のくわを入れたのである。

ところが期待されたこの発掘にはほとんど収獲がなかった。それで彼ががっかりしているとき、土地の人間から別のテル（丘）が北の方にあることを教えられた。それが実は今言う、ここホルサバードなのである。

あまり気のりのしないボッタは、それでも一見の要ありとこのホルサバードへやって来た。ところが土地の人間の言うとおり、ここではいくつかの彫刻と碑文が、まるで掘られることを期待しているかのように、あちこちの土の上にポッカリ顔を出しているではないか。狂喜した彼は直ちに以前の地を引き払ってこのホルサバードでの発掘に専念した。貴重な遺品がつぎつぎと発見された。ボッタは早速フランスに電報を打った。いわく〝遂にニネヴェ発見さる（*Ninève est retourvé*）〟と。

一八四七年二月、運送隊が感動的な荷物を持ってパリに到着した。すなわちこれがヨーロッパに運ばれてきた最初のアッシリア彫刻品だった。ところがそののち碑文の文面から彼が見当違いをしていたことがわかった。もちろんアッシリアの作品には違いないが、それらは正確にはニネヴェのものではなかった。ホルサバード、つまりドウル・シャルーキンは、ちょうどヴェルサーユ宮殿みたいなものであり、繁栄をほこったサルゴン二世が死ぬとこの地は放棄されて、あとを継いだセンナケリブ王※は再びニネヴェに首都を建てたのであった。

モースルの南四十キロのチグリス左岸にあるのがアッシリアのもう一つの首都ニムルド※である。古代名をカラクと呼び、旧約聖書にもその名が出ている。サルマナサル一世（前一二八〇年～一二六〇年）のとき首都となり、前七世紀末期バビロニアに滅ぼされた。遺跡は一八四五年から五一年にかけて、英国のレイヤードによって発掘され、彫刻品などはほとんど大英博物館に持って行かれた。しかし今次大戦後、マローワン※（M. E. L. Mallowan）博士（英国）によって受けつがれた発掘ではさすがに事情は違う。時代はかわり、この時出た有名なアラバスター製の「モナ・リザ」（次の写真）は現在バグダッドの博物館に展示されている。博物館の展示品の一部は〝メソポタミア展〟としてわが国でも公開された。

カラク（ニムルド）出土のモナリザ。（バクダッド博物館蔵）

チグリス河の氾濫で通行不能の自動車道。

ホルサバード出土〈人面の精霊〉。

メソポタミア平野の北部にて。遊牧の羊の群れ。

## ハトラ、アッシュール、サマラ

チグリス河に沿って南下すること数十キロ。突然道が増水した河川のためすっぽり沈んで見えなくなった。別に工事隊が出て復旧作業に精出しているわけでもない。自然に水の引くのを待っているだけである。小舟が水ぎわに打ち上げられ、電柱も水びたしである。誰をうらんでもはじまらない。引き返して、少し西寄りのもっと悪い別の道を迂回する。二十分後再び本道へもどった。

しばらく行くと、右側に「ハトラへ」と書かれた道標が立っていて道が分かれ、西方にのびている。右へ一時間半ほど行くとハトラの遺跡である。

このハトラ※は上記の遺跡とは違って新らしい。紀元前二世紀に栄えたパルチア王国※の都市跡である。この王国はイラン系の遊牧民族の作ったもので、アラブ人サナトルク（バクダッド博物館に彼の像がある）はその西辺をなすハトラの勇敢な王だった。歴史的事件としては、一一六年にローマのトラヤヌス帝※が、一九八年にはセヴェルス帝※がそれぞれハトラを攻撃して失敗している。それは市の周囲をとり囲んでいた巨大な城壁のためであった。しかし、その後三世紀の中頃ペルシャ・ササン朝のシャプール一世※のために滅ぼされたという。

しかし、何といってもハトラでいちばんおもしろいのはここで掘り出された数々の彫刻品に見られる、へレニズムとオリエンタリズムとの一種のユーモラスな結合である。遺跡は一九五一年以来、イラク古物局の手で発掘されたから、これはヨーロッパまで行かなくともバクダッドの博物館でいくらでも見られる。アポロ※やポセイドン※、エロス※、ヘルメス※、アフロディテ※等々おなじみのギリシア神像がパルチァ独自のタッチと技法で彫られていて、さながらガンダーラ※地方のギリシア風仏教美術を見るが如きおもしろさがある。

ハトラへの道標を過ぎてしばらくすると、左側に見えてくる丘がアッシュール※の遺跡である。モスルから一一二キロの地点にある。このふもとにあるシャルガート村のことは先に述べた。

アラブ人といわれるハトラ王サナトルクの像（1～2世紀）。

アッシュールのテペとシャルガート村をあとにして、更に南に下ること三百キロ、ようやくメソポタミア平野の広さがきびしい実感となって身に泌みてくる。このあたりまで来ると舗装状態はかなり良好だ。百キロぐらいで飛ばしても、大して危険はない。まして日本と違い、行き交う車は二、三分に一台あるかなしかだからなおさらである。

時々、正面の地平線が二重に見える。遠くに海があってポッカリ島が浮いているみたいだ。いわゆる逃げ水である。広大な平野に特有の、かげろうによる視界のひずみ、つまり蜃気楼の一種である。

ふと、うしろをふり返ると、深井さんも堀内さんも座席にぬめり込むようにグッスリ眠りこけている。メソポタミア平野の広さに、すっかり根負けしてしまったかたちだ。

バクダッドまであと百二、三十キロのところに、サマラ※の都跡がある。左の窓にソフトクリーム状の塔が望まれ、そばに金色のドームが光って見えるからすぐわかる。

この古跡は道路から橋をわたったチグリス河の左岸にある。塔はラセン状の階段がついて上へ上れるようになっており、古代のジッグラト※（メソポタミアに特有の宗教建築〝バベルの塔〟の物語はここから出ている）を真似たものか、あるいはカリフがここへ登って平野を眺めるために作られたものと考えられている。

バグダッド鉄道の沿道駅。大地に坐っているのは汽車を待つお客。

沿道から望見したサマラの階段式ミナレット。

サマラは、アバシッド朝のカリフ、ムッタシム（八三三〜八四二年在位）が八三六年にバグダッドからここへ遷都したところとして有名である。その後八代にわたるカリフによって、約五十年間、一時的に首都として栄えた。

こうしてわれわれがバクダッドの北郊外にはいったときはもうたそがれが迫っていた。例によって検問所でパスポートと証明書を見せ、いろいろ質問されたのち、バクダッド入りが許される。

しかし、そこから都心までは更に小一時間を要した。七時ごろとっぷりと暮れた車窓に、とうとうバクダッドの街の灯が見えてきた。さすがにイラクの首都である。キラキラとネオンがまばゆい。

その時思わず誰かが叫んだ。

「あっ明かりに色がついている！」

それはねむけをさますためのおどかしでもなければ、人を笑わすための冗句でもなかった。三か月をテル・サラサートのわびしいランプ住まいに過ごした調査団員が、久しぶりに都会の匂いをかいだとき思わず口をついて出た無垢の、そして心からの感嘆の叫びにほかならなかったのである。

# 第三章　バグダッドの都

バグダッドは砂漠に狂い咲いたあだ花、アラビアンナイトの夢と享楽の都である。という表現は、八世紀アッバース朝全盛時代のころのはなし。現在はカセム政権の革命によって成立したイラク社会主義共和国の首都だ。だから街全体の空気はなかなかにきびしい。それでもやはり都会は都会、テント生活とジープの旅に疲れたわれわれにとって、久しぶりに見るネオンの輝きは、正に砂漠にオアシスの感ありといったところだった。ところが困ったことが一つある。それは折角都会にやって来ながらおおぴらにお酒にありつけないことであった。イスラム教の戒律のせいだ。だがそこはそれ、いつどこにでも抜け道というものはある。レストランに行って食事をする時、そっとボーイに目くばせしながら、「赤いコカコーラ」と注文すること、これがそのヒケツである。やがて目の前に運ばれて来るのは一見正しくコカコーラそっくりの代物。だが中味は正真正銘の赤ブドー酒という次第。そのほか〝アラク〟という強い地酒をこっそり飲む方法もある。

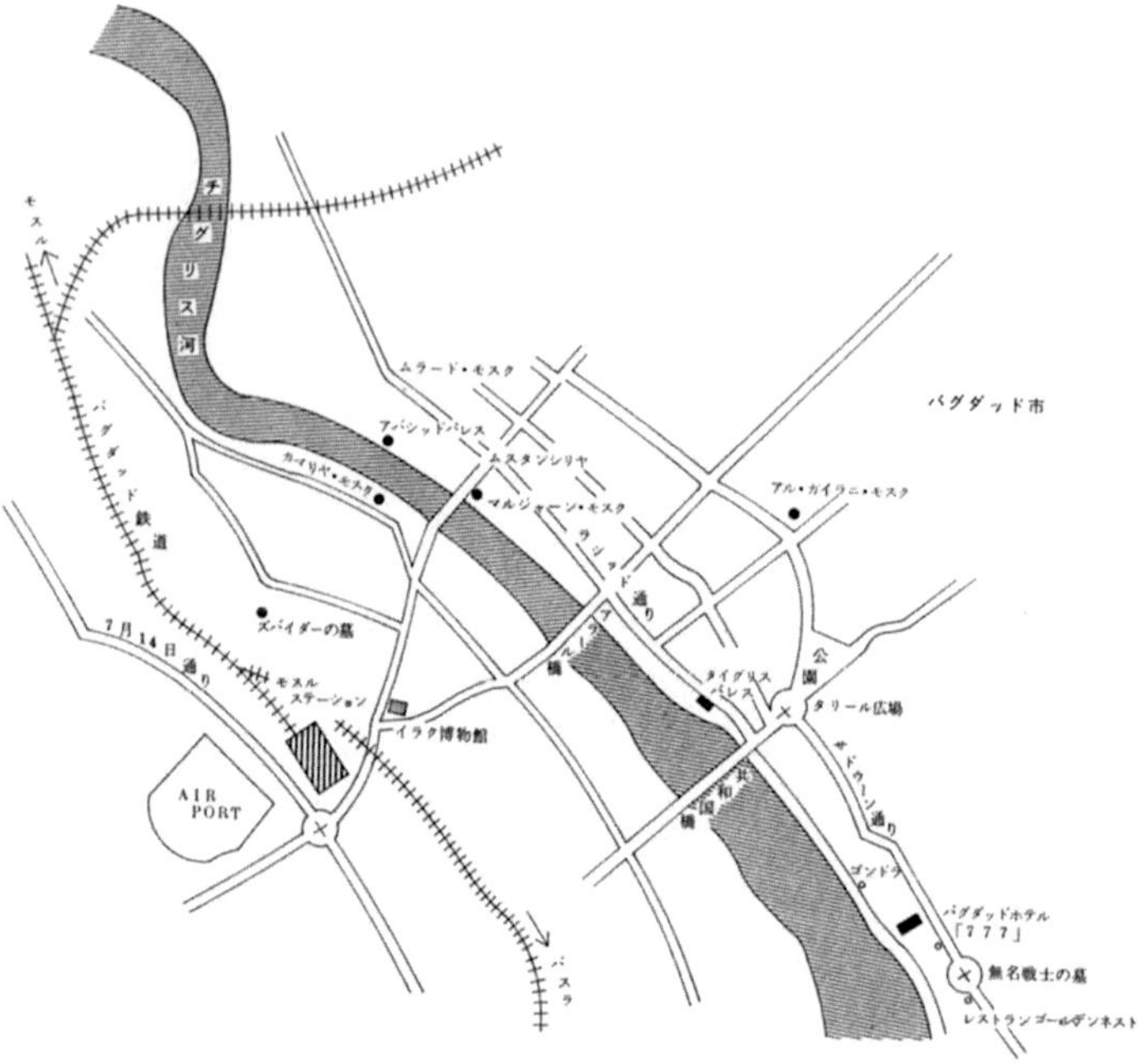
モスル
チグリス河
バグダッド鉄道
7月14日通り
AIR PORT
ムラード・モスク
アバシッドパレス
カマリヤ・モスク
ムスタンシリヤ
マルジャーン・モスク
ラシッド通り
ズバイダーの墓
モスルステーション
イラク博物館
バグダッド市
アル・ガイラニ・モスク
公園
タイグリスパレス
タリール広場
共和国橋
サドゥーン通り
ゴンドラ
バグダッドホテル「777」
無名戦士の墓
レストランゴールデンネスト
バスラ

バグダッド市街図

バグダッド市内。ビルの間からミナレット（塔）が見える。

## 今はむかしのアラビアン・ナイト

バグダッドという地名から、われわれ日本人がまず連想するものは何だろう。もちろん人それぞれの立場や関心、知悉度などによってさまざまだろうが、一般に直接の体験や、特殊な接触がない場合、やはり先ず頭に浮んで来るのは八世紀サラセン※文化最盛期におけるきらびやかな〝華の都〟、名カリフ、ラシッド※の治下、盗賊や美女たちが空とぶじゅうたんに乗って破乱万丈の物語をくりひろげる幻想的な千一夜物語のイメージではあるまいか。

ところが今日、イラク共和国の首都であり、人口二百数十万を擁する中東の大都会には、そのような紅燈緑酒のはなやいだ雰囲気は殆んどない。なるほど街の名抜きのストリートにはたしかに〝ラシッド通り〟という名前がつけられている。また近代的なビルとビルのあい間からは、サラセン文化個有のミナレット※やドーム※が少なからず顔をのぞかせ、わずかにそれらしい臭いを伝えてはくれる。しかしそれがすべてだ。街行く人たちの表情はきびしいかうつろかのどちらかで第一彼らの半ばが制服の軍人だ、私服の中にも秘密警察が出まわっているというからおだやかでない。そうしてその間を縫って、これはもう顔そのものがない、頭からチャドルをかぶって全身を黒衣にくるんだ女性たち――いや年齢不詳の中性生物が住来する。しかもその中の誰かが、いきなりすれちがいざま、

市中のドームとミナレット。

「バクシーシー!」

と声をかけて手をさしのべて来るからおどろきだ。〃お金を恵んでくれ〃というのである。人は顔を見られていないと大胆な行動がとれるというが、いやこれはそのせいではないのだ。コーランのおしえにはザカート（喜捨）又はサダカ（布施）という行《ぎょう》があり、人間は持てるものを必ず持たざるものに与える義務、そして反対に貧しい人は富める者に無条件でそれを要求する権利があるという。そう言えば世

界の社会・政治舞台におけるアラブゲリラたちの過激な行動や要求もこのあたりの事情を知ると何となくわかるような気がして来るからおもしろい。

しかし話を身近にもどして、かりに物持ちと判断された人が――あのチャドルの下から十数メートル以上も先からちゃんと二つのまなこが当の人物を見すえていたと思うと鳥肌が立つ――仕方なく、いやある場合には喜んでポケットの中からいくばくかの小銭をとり出して与えたとしよう。少しでも礼儀を知る女性なら、

「シュクラン（ありがとう）」

ぐらいの声が返ってくるだろうと思うではないか。しかし必ずしもそれは当てにならない。何故ならこれはアラーの神の定め給うた行《ぎよう》であり、個人の善意や判断とは関係ないからだ。万一幸運にもその女性の声（これだけはたしかだ。男性がチャドルをかぶることはないから）が聞けたとして、そこで初めて男性はその相手の人物の年齢や環境・性格の一端をかろうじてうかがい知ることが出来るのだから、これはまた資本主義国のさもしい男性にとって何と酬われることの少ない無償の行為であることか。

ラシッド通りにはさすがに商店や映画館、ホテル、オフィスなど近代的な建物が並んでいる。しかし夜になってビルのシャッターが下ると、街は灯の消えたようにさびしくなる。チグリス河畔からひたひたと伝わ

って来る水流の音も、抒情というには寂寥としていて、夜風にふかれて涼をとるよりさっさとホテルの部屋へもどってひとりポケットウイスキーでもたのしんでいる方がましだと思えてくるから不思議だ。

もっとも一九五八年の革命以前、ハシミテ王制※下の時代は街のたゝずまいもよほど違っていたらしい。当時中東では、唯一の例外としてバクダッド条約※に参加していたイラクは、近隣諸国中もっとも親西欧的な資本主義的国家であり、いい意味でもわるい意味でも街には消費気分が充満していて、例えばサウスゲート（南門）附近には毎夜街の女なども出没し嬌声が絶えなかったという。それが今では若しその種のうたがわしき行為でも発覚しようものなら、有無をいわさず拉致され極刑を加えられる。

バクダッドの歴史は紀元七六二年アッバス朝二代のカリフ、アル・マンスール※がこゝを都と定めたことで知られるが、その後もっとも隆盛を極めたのは第五代、ハルーン・アル・ラシッド（七八六〜八〇九年在位）の治世下と、その後一時サマラへ遷都されたあと、再びこゝへもどった後の第十八代カリフ、ムクタディル（九〇八〜九三二年在位）の時代であるとされる。そのころ西のサラセン帝国※は、東にあって地球を折半しながらすでに哀運のきざしの見えはじめた中国の唐朝をしのぐ世界一の大国家であった。文化は爛熱し、宮廷はすぐれた文化人が出入りして「千夜一夜物語※」の英語訳者Ｅ・Ｗ・レーン※（一九世紀のイギリスのアラビア学者）の言葉を借りるなら〝酒は肉林のように、音楽は霊魂のように、逸楽が酒と詩歌からあふれ出た〟という。

当時バクダッドの人口は資料によると、最盛期には一百万を下らなかったらしい。現在の二倍だ。街はハマーム（浴場）が一五〇〇軒、開業医八六〇、動物園が一ヶ所あり、絹織物、綿織物、なめし皮の工業や製紙業が特に盛んで、同時にスーク（市場）には世界各国からもたらされた商品・珍宝が山とつまれた。その中には中国からの輸入品を専門に並べる特別区も設置されていたという。いかにも隊商都市らしいにおいがする記録だ。そもそも本質的に中東の都会はすべて交換市なのである。それは言うまでもなく砂漠がそれ自体作物を生産しない一点に由来する。

アッバス朝は初代サッファーフ（七五〇～五四年在位）以後約五〇〇年三十七代に及ぶカリフの統治によって泛いた。後世これをふりかえるとたしかにその文化は中世の暗黒時代であったヨーロッパをしのぎ、ギリシア・ローマの文化遺産さえむしろオリエントから逆輸入しなければならない状態であった。砂糖、アラビア数字、製紙、火薬、天文学、医学、建築などオリエントに根ざすさまざまな文化要素はすべてイスラムを通じて西のヨーロッパに伝えられ、その反対の場合はほとんどなかったというのが実情である。

## 今日の新生イラク

しかし、現在のバグダッドにはその頃の建物や有形の文化遺産が何ひとつ残っていない。それは一二五八年、成吉思汁の孫フラグ※（旭烈兀一二一八～一二六五）の率いるモンゴール軍の襲撃で、街は徹底的に破壊を蒙ったからである。住民は虐殺され、カリフの一族はみなごろしの目にあうと共に、バグダッドの都は火災で灰燼に帰した。長年にわたって貯えられた金銀財宝をはじめ、科学、文学などに関するおびただしい数の貴重な文献や書籍などが焼かれ、そのためチグリス河は数日間まっ黒になって流れたと記録にある。

その後のバグダッドの歴史は、長らくトルコ領の一地方都市としての運命をたどるが、第一次大戦でトルコが敗戦国となった結果、一九一九年以来イギリスの委任統治下におかれた。そして一九三二年になるとやっとみとめられた自治により、ハシミテ王朝※下のイラク王国の首都として返り咲くのである。

今日、アラブ諸国家の歴史を語るほどむづかしいものはない。なぜならば彼らは前世紀の末から、ヨーロッパ列強の植民地政策に強く反揆しつづけ、第二次大戦後は爆発的に結集した民族の情熱をもって右に左にはげしくゆれ動いているからである。アラブ同志の二つの国が共通の理想のもとに結集し連合したかと思うと、たちまち分裂し、分裂したかと思うとまた政権が交代して共同声明を出すといった具合だ。しかし一九五八年七月十四日にカセム※指導下に起されさた革命ほどこの国にとっての決定的な事件はなかった。二十数年つゞいたハシミテ王国は崩壊し、こゝに現在見るイラク共和国が誕生したからである。

新政権を樹立したカセムは精力的にその政策を押しすゝめた。今日バグダッドにある近代的な諸設備のうち、彼の業績に帰せられるものは甚だ多い。イギリス製の赤い二階づくりのバスが走りぬけたあと、ふと見上げる建物の壁にはまだ革命時の市街戦の名ごりをとゞめた弾痕なども見られるが、街は〝自由広場〟とか〝共和国橋〟、〝七月十四日通り〟などその名称をあらため面目を一新している。ところがこの国民的英雄もすでに過去の人となった。それも革命後わずか四年しかたたない一九六二年、早くも反カセム勢力を主体とするクーデターが発生し、全権はナセル派のアレフ※の手に移った。そしてカセムは彼らの手によって銃殺の刑に処せられ、あっ気なくこの世を去ったのである。だがこのアレフもまた長くは続かなかった。申し合わせたように同じく四年後の一九六六年、飛行機事故と称する怪事件で即死し、更にそのあと幾多の変遷やクーデターさわぎを経たのち、現在はフセイン大統領のもと同じイスラム仲間である隣国のイランと戦火を交え、いつ終熄を迎えるか皆目見当のつかない状態にある。ナセルなきあと民族主義をめぐる中東特有の政情不安はまだまだ当分収まりそうもない。

しかし、短い期間だったが滞在を通してたゞひとつアラブ人自身の心は実にはっきりしていることを私は感じた。彼らはイギリス、フランスをはじめとする西欧先進国が大嫌いである。長い間植民地政策の結果手に入れた特権を乱用して、彼らアラブ民族に対し、好き放題を続けて来たというのである。そしてまた次にアメリカが嫌いだ。金力に物を言わせ、彼らの民族工義、民族運動を理解しないで強引に自らの利益のために事を運ぼうとするからだという。私は仕事の関係で何度かイラクの観光情報局に出入りしたが、そこの主任デスクがあるときもらした次のような言葉を忘れることが出来ない。〝やつらはイラクの大切な発掘美術品を泥棒同様のやり方で自分たちの国へ持って行ってしまった。しかしただひとつ彼らの持ち帰れなかったものがある。それはわれわれアラブ人の心だ〟と。

またある日、飛行場の税関で知りあったアラブの若い男が、ふしぎそうな、そしてとりようによってはいささかなじるような顔つきで私に向って言葉をはいた。〝なぜ君たち日本人はあんなにおとなしくアメリカの言いなりになっているんだ。君たちはかつてやつらと戦争までしたその相手ではないか。だから日本人はきっと本心では別のことを考えていて、そのうちきっとわれわれアジア人のために何かとてつもない大きなことをやらかすつもりなんだ。そうじゃないかね〟と。彼らにとって日本人は明らかに同じ側に立つ民族、そして彼らの意識ははっきりと自分たちをアジア人と言い切っている。あれから十数年、その後のあわただしい世界情勢や、経済変動を閲した今日、彼らはいま何を見、何を感じているか、すこぶる興味深い。

## 市中からバビロンの遺跡へ

古いものが破壊されてしまったからといっても、バグダッドにはもちろん一見に値する歴史上の古蹟がないわけではない。例えば市の西北にあるシーア派※の大寺院、カディマイン・シュライン※などまず求めて訪問すべき貴重な建造物であろう。ふたりのイマーム※、すなわちイスラムの高僧を祀ったモスクで、黄金色にかゞやくドームとペルシャ風の四本柱は遠くからもまばゆいばかりに美しい。またこの寺院から見て市の反対側に位置するガイラニ・モスク※は正式の名称をアブドゥール・カディール・アル・ガイラニモスクと言ってスンニー派※に属する神秘主義教団カディール派の始祖ガイラニを祀った霊廟である。

カディマィン大寺院の正面、市の北部にある。

そもそもイスラムの戒律では寺院の中へはモスレム、すなわち回教徒以外の人間は絶対に入れてはならないことになっている。ましてやカメラをもって撮影しようとする人間など言語道断というわけだ。だがそこは蛇の道は蛇、観光情報局からガイドという名目でわれわれにつきそったインスペクターの入れ知恵で、まずカメラを布でつゝんでかくし、入口の男にバクシーシー（そでの下）を与えることでうまくガイラニ・モスクへしのび込むことが出来た。さて中へ入るとこれはまたアッと驚ろくまばゆさ、天井から壁からいちめん銀製のモザイクが嵌め込まれ、正式の巡礼服である白衣のチャドルをつけた婦人が、中央に安置された銀製のお棺のふちに身も世もあらぬ恍惚とした面持ちで身をもたせかけている。今もなお忘れられない風景である。

その他市中にはアッバス朝の宮廷遺跡であるアバシッド・パレス※や、十三世紀に大学として建てられその後一時キャラバン・サライとしても用いたムスタンシリヤ※など必見の旧蹟だ。また更に時間に余裕があればカマリヤ・モスク※、マルジャーン・マドラサ※などを訪ねるのもよい。但しこれらはたいてい先にも述べた理由でオスマン朝時代、特に十六世紀後半になってからの建造物が多い。

しかし折角バグダッドまでやって来た人は、何といってももう少し南下して、人類最古の文化都市、バビロン※の遺跡をおとずれない手はないだろう。シュメール文化※を侵略席捲して作られた人類最古の王国バビロニアの首都バビロンは、バグダッドから南へ九十二キロの地点にある。

われわれ調査団の一行も、バグダッド滞在中の一日、朝早くからジープを連ねて出かけた。折しも空は午前中から快晴で、

掘り出されたバビロンの遺跡。

一点の雲もない碧青の空に、つややかなナツメ椰子の生い繁る南メソポタミア特有の風景はまことにすばらしいものがあった。

幹道を走ること一時間半、指標に従って右へまがると難なくイシュタルゲート※の正面に着く。高さ十二メートル、薄青色にレリーフの怪獣を配したあざやかなその色彩が、自然のまゝの周囲の景観といささかそぐわない感じだが、それもその筈この門は近年完成した観光用の復旧模造のもので、かつこのゲートのあった発掘あとからはなれ近年別のこの場所に建てられたものである。そして本ものは今世紀の初め「ドイツ・オリエント学会※」の考古学者コルデヴァイ※によって持ち去られ、現在は東ベルリンの国立博物館におさまって展示されている。

そもそもバビロニア王国の歴史はバビロン第一王朝時代（一八三〇―一五三一BC）に代表される前期と、その後一千年

イシュタル門のレリーフ彫刻。

バビロンの有名な石像ライオン。ヒッタイト様式に注目されよ。

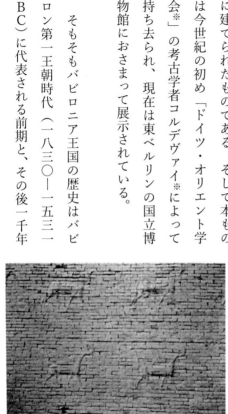

に近い不振の期間を経たのち、俗にカルディア時代と呼ばれるネブカドネザル二世※の新バビロニア（前六二五―五三九）の二つの時代にわけて繁栄した。法典で知られるハムラビ王※は前の方の第六代の名君で、いわばバビロニアの古典期にあたり、現在見られるイシュタル門趾、七不思議のひとつとされる空中庭園などのある遺跡は後の方、すなわち新バビロニア期のものである。遺跡のすぐ西を流れているユーフラス河の河床移動の結果、古典期の方の遺跡は現在の川底にもぐってしまったとされる。また一方こゝで発掘され、現在入口近くにおかれている人間の子を抱いたライオンの石像は明らかにヒッタイト※様式の彫りものだが、歴史をみると、ちゃんと前一五三一年には、勢力の膨張したヒッタイト王ムルシリシュ一世※がバビロンを急襲したと書かれているから、考古学はまことに正直でおもしろい。そのころにヒッタイト人※が作ってこの地に置いたものに違いないというわけである。因みに古バビロニアは不振期の末にアッシリア帝国の属州となってその歴史を閉じた。遺跡の周辺からは今もなお大小の装飾品や、印章類の破片のようなものが出てくるそうで、その事を口実に、現地のボロをまとった子供たちがどこからともなくあらわれ、ポケットからもったいぶった様子で古物らしき破片をとり出しては訪問客に買わないかとすゝめる。交換条件はタバコとかライター、文房具など、又はそれ相応のわずかなお金である。ひょっとしてひょっとしたらと胸をわくわくさせながらとりかえてみても、そこはそれ敵もさるもの、背後にはちゃんとヒモがいるらしく、大ていはニセものをつかまされておしまいだ。それでも千にひとつとか百にひとつ、こんな経路で大へんな掘り出しものをあてることも皆無ではないらしい。また遺跡附近にはこゝにバベルの塔が立っていたという大きな地穴のあともある。バベルの塔はハムラビ王時代にはすでになくなっていた筈だが、ネブカドネザル二世は往古をしのんで再びそのようなジッグラトを作らせた。また有名な空中庭園（ハンギング・ガーデン）というのは、王宮あとの一角にあって、高所に土を盛りメディア国※から樹木を移植した庭園で、遠くから見ると中空に浮いたように見えたところからこの名がついた。王がメディア生れの美妃※をなぐさめるために考案したものだという。

## アラブ式対応の仕方

われわれはラシッド通りにある〝タイグリス・パレス〟というホテルに投宿していた。日本で出ているガイドにはどうかするとこのホテルを一級クラスのトップに置き、注釈として〝日本商社員が滞在し日本人には親しみがある〟と書かれている。しかしこれはどうやらウソである。たしかにかつて

ブリューゲルの画いた《バベルの塔》。(16世紀)

は高級ホテルであったろうし、またその二階の一室が日本大使館の事務所として使われていたことも事実だ。ところが現在ではまず二流クラスの中といったところが妥当であろうか。もちろん日本の商社員などだれも滞在していないし、代りにこのころ政府派遣のソ連の技術者連中が、長期にわたってフルボード契約（三食つきのこと）で滞在していた。

いかに高級でないかというと、まず冷房がない。もちろんスチームもない。（スチームはあまり必要ないと思われるかも知れないが、冬のあけ方や日没後は結構寒いのである）。部屋によっては鍵の紛失しているところもある。いちばん困るのはお風呂である。各部屋にたしかにバスタブはついている。だがもしあなたが滞在する場合、任意の時間に栓をひねったとして、まず湯の出て来るのは十回に一度あったら大当りだ。入浴時間をねらっても三回に一度ぐらいの割り合いだろうか。それもうまく時間をえらばないと、各部屋で先を争って使われるので、タンクから遠い部屋だとチョロ〳〵とまるで渇水期の都会の水道事情そっくりである。

「湯が出ないぞ！」

とボーイを呼びつけて小言を言っても

「ハイ、今わかしてます。そのうち出て来るでしょう」

と言った例のアラブ式返答がかえってくるだけでいつまで待っても出やしない。たまに今日は大当りとい

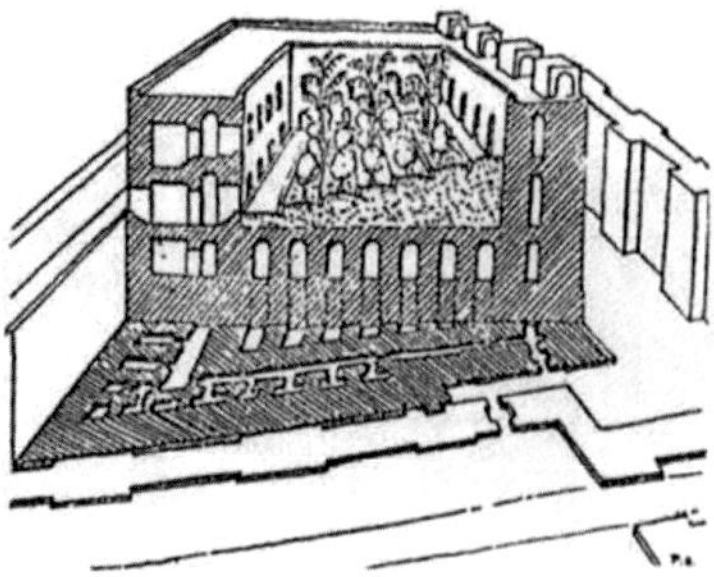

バビロンの「吊り庭園」復元図。

バビロン繁栄時の想像図　右上に吊り庭園が見える。

う日があっても、それがたまたま雨のあったあとだったりすると、湯が褐色に濁っていて、色だけはすごい強力な温泉だ。チグリス河の水を汲んでいるからである。

〝アラブ式応答〟と言ったが、これは万事につけ実に彼らのぬきがたい特徴だ。別に悪意はないのであるが、人間がのんびりしている上、少々なまけものなのである。気の短い癇性の日本人にとっては時々とてつもなく腹立たしいことがある。

たとえばデパートへ行くとする。〝これこれのものはどこで売っていますか〟と売子に尋ねると、指さしてひとこと〝upstairs（二階へ）〟という。二階へあがってキョロキョロ見まわしながら、どうも見つからないので、そこにいる別の売子に聞くと、今度は〝downstairs（下だ）〟結局そのデパートでは、どこにも売っていないのである。このとき、実は私は洋服のボタンを探していたのであるが、仕方がないから一計を案じて町の洋服屋へとび込んでみた。こういう所なら商売が仕立てだからあるかも知れないと思いついたのである。私の背広にひとつだけ残ったボタンを指さして、これと同じようなやつを欲しいと言うと、洋服屋のオヤジはちらっと私の胸のあたりに一べつを与えてからおもむろに、

「マーク（ない）」

と答えた。こゝにもないようなら仕方がない。あとはスーク（市場）にでも行って一日がかりで探してみるか、しかし困ったなと思いながらふとショーウインドウの商品を見ると、まことに私のボタンによく似た色合いの背広が一着展示されている。しかしまさかこれを背広ごと買うわけにも行かないから私は中へ入っていかにも残念だといわんばかりの仕草で、ガラスの中の背広と私のボタンとを交互に指さして見せた。すると何やらブツブツ口の中でつぶやいた主人がやおら仕事台の引出しに手をつっ込んだかと思うと、やがて二つばかりのボタンを手のひらにのせて私の方へさし出した。見ると正しく見本品に使ったボタンである。よろこんだ私が、さっそくそのボタンを受け取り、価の三倍ぐらいのチップをはり込んで購入したことは言うまでもない。何だってその気になって探せばあるのである。探させるように仕向けることが必要なのである。〝ない〟と言われて〝そうですか〟ではいつまでたってもらちはあかない。私はバグダッド滞在中、しだいにこの要領をのみ込んで、何でも強引に、そしてねばることを覚えた。アラブ人に対してはこの手に限る。税関からフィルムを受け出すときもそうだった。つり銭をもらうときもそうだった。飛行機会社でチケ

ットを作製させるときもそうだった。こちらがあっさりしているとすぐ〝バチェラ（明日）〟という。そんなときは必ず〝アリョム（今日）〟と強く押し返すのである。そして細かいことを説明してもはじまらない。だまって図々しくその場を立ち去らないことである。すると万事はすこしずつ進行してやがて何とかなる。

## 計算に手まどる

それにしてもアラブ人のおしゃべりには閉口だ。郵便局へ行く。手紙を一通出す。受けとって重さを計るため秤《はかり》にのせさせるまでがまず大へんだ。一分や二分はすぐたってしまう。隣の人間とおしゃべりが延々と続くのである。〝早くしろ〟と机をたゝく。そうするとチラと横目でこちらを見て、それでもまだ話だけはつづけながら片手で封筒をポイと秤の上にのせる。だがなかなか目盛りを見ようとなしない。〝ベイシュ（いくらだ？）〟と一段と声をはりあげてどなる。するとやおら目盛りをのぞき込んで、例えば七五フィルスなら七五フィ

市中を流れるチグリス河でボートを楽しむ市民。

ルスと答えるとする。細かいのがないから二五〇フィルス紙幣を出す。するとまず五〇フィルスと二五フィルスの切手をくれる。ところがおつりのための計算が大へんだ。彼らの計算は実にのろくてへたくそである。よく注意していないと、二〇フィルスや三〇フィルスぐらいはすぐまちがえる。ホテルの窓口でよくドル紙幣をイラクの通貨と交換したが、こちらは頭の中でスッとできることをいちいち紙の上に計算され、それもおまけに書いては消し消しては書いて大へんだった。一度などは支払いがすんでから滞在費の請求がまちがって計算されていることに気がついて、ボーイを呼びつけ、少しよけいに払ったようだからレジへそう言って計算し直して持って来るようにと言いわたすと、しばらくして彼が戻って来た。

「どうもすみません。まちがいでした」

と新しい請求書に〝paid〟ハンを押した紙と余分の銭を持っている。

「どうもありがとう。そこに置いておいてくれ給え」

そう言って荷物のパッケージの途中だった私が、ボーイが帰ったあと一息ついて念のためにともう一度その受けとり証の内容をチェックすると、その計算がまたまたちがっていて今度は二百フィルスばかり向うが損をしている、約二百円である。馬鹿だなと私が思わず苦笑したトタンに、部屋のドアが開いた。例のボーイだ。

「さきほどの戻しは少し多すぎました。これが正しい計算です」

と言ってまた別の紙切れをつき出した。二百フィルスを渡そうとしたら、それでは足りないと言う。はておかしいなと思いながら紙切れを見ると〝550fils〟と書いた数字が目に入った。

「五百五十フィルスあなたから受けとる必要があるのです」

「そんな馬鹿な！」

思わずそう叫んで二百フィルスでいいんだよと私がその紙切れに正しい計算をして見せてやったが、奴さんなかなか納得した様子もない。自分の頭では到底わからないのである。

「マネージャにそう言って来ます」

と言ってまたまた階下まで引き返した。

しばらくしてもどって来ると、

「あなたのほうが正しかった」

といやに愛想わらいをうかべながらこんどこそ二百フィルスを受けとって帰って行った。やれやれである。

ところがだ。これですんだとホッコリしていた私のところへ、またまた五分ほどするとボーイが現われたのである。思わず私が、

「もう問題はないはずだ！」

とふりむきざま声をあげると、

「いいえちがいます」

と言ってまた紙切れをわたしにわたす。

「もうかんべんしてくれ」

と思わず口まで出るのをおさえながらよく見ると、それは〝200fils〟と書いてその上に〝paid（払った）〟ハンを押したさきほどの二百フィルス受けとり証なのであった。

## セスタの制度と由来

アラブ人個々の性格はまずそういったふうであるが、これをそのまゝ制度化したようなものが例のセスタ※（Sextra）である。これは特にイスラム文化起源ではなく、広く南欧や地中海周辺で行われている生活風習だが、毎日一時から午後の四時半までいっさいの商店や事務所などは店を閉ざしてしまう。これが特にわれわれのように仕事を持っている者には、はなはだやっかいで困った。官庁関係はもっとひどい。毎日一時で閉めたらもうそれでおしまいである。せっかく順調に仕事がすゝんでいても、時間になるとまたバチュラ（明日）である。朝は九時開始、それも軌道にのりはじめるのは九時半から十時ごろで、おわりは正午をまわるともう終了のための準備みたいなものである。本人たちにしてみれば、〝一日を二、三時間でかせぐいい男〟かも知れないが、こちらこそいい迷惑だ。第一昼寝の習慣のないわれ〱はホテルへ帰って洗濯でもするより仕方がない。ちょっとその間に個人用の用足しに買い物をと思っても、デパートも床やも本屋もみんな閉まってしまっているわけだ。

これが四〇度を越す真夏ならまだわかる。しかし冬期などは、日中でも摂氏二〇度台のもっとも仕事の能率があがるいい季節なのである。仕事も不本意にバチュラ（明日）となり、洗濯物も別にない日などは、所在なげにホテルのベッドに横になりながら〝ちくしょう、こんなことをしているからアラブにはいつまでたっても物もらいがいなくならないんだよ〟とひとり不機嫌に腹を立てたりしていた。

## 街のたたずまい

仕方がない。ブラブラと外へ出て散歩でもしてみよう。

ホテルの玄関を出るとき、いつも決って二種類の人間に必ず声をかけられる。靴みがきの子どもとタクシーの運転手である。

靴みがきは町のいたる所に満ちあふれている。そのうちの大半が少年である。靴みがきの多いのはそれなりの理由がある。街はほこりっぽく、補装路の上にも泥がいっぱいで、一旦外出すれば必ず靴さきがまっ白になってしまうからである。一回二〇フィルス（二〇円）。しかし気にすれば一日一回ではとてもすまない。まず二回ぐらいは必要だ。一週間ぐらいは靴のよごれないハワイのホノルルなどに比べると全く対照的である。レストランや茶店に入っても必ず靴みがきがやって来る。ぐるりとテーブルの下を見まわして少しでも靴がよごれていると目ざとく見つけて、

「どうだ」

と声をかける。台とクリームとブラシを常に持ち歩いているいわば靴みがきの遊撃手だ。いちいち磨かしていてはたまらないからついにデパートからクリームを買って来て、日頃は無精な私もバグダッド滞在中は比較的マメに自分でもみがいた。

タクシーにはメーターがない。すべてかけ合いである。ホテルの玄関の、道路をへだてた向かいの小路に、いわばホテル客専門のタクシー屋が三台いた。玄関から出て来る姿を見ると、必ず向こう側から手を上げて乗らんかと合図する。うなずくとグルッと車を五〇メートルほど先から迂回させて玄関の前へつける。かけ合いといっても大体の相場はあるから、いくらいくらと言うとOKならドアを開ける。だいたいこのころは市内だと二五〇フィルス、空港までで五〇〇フィルスだった。ただし早朝や深夜は高くなる。空港はほとんど市内だと言ってもいい場所なのにどうして倍もとるかというと、どうやら荷物を出し入れするサービスを

伴うかららしい。しかしそれにしても、手ぶらで行ってもやはり同じ料金を要求されるから不思議だ。空港といえば、空港や駅にはそれこそタクシーがたむろしていて、われがちに客を争う。そしてはじめての客だと何も知らないと思って五倍もふっかけることがあるから注意が必要だ。いずれにしても最初によく価段を決めてから乗ることが肝要である。車はアメリカ製の中古が多く、ガラス窓がわれていたり、ボンネットがへこんでいたりしていてもヘッチャラだ。ちょっと新しい車だとそれだけ高いようである。

このホテル専門の運転手が、いちばん気前のいいのが日本人であるとよく言っていた。以前〝タイグリス・パレス〟にはガイドブックにあるように、たしかに日本人の滞在客が多かったからその時の経験で物を言っているのだろう。よく利用してくれるし、第一ねぎらない。この気まえのよさについてはホテルのマネージャーも口をすっぱくして言っていた。日本の商社員は実によく飲む（彼らから言わせると飲んでくれる）。朝っぱらから飲んでそして商売熱心である。

「フロム　モルニング　ツウ　ミッドナイト（From morning to midnight）、ドリンク　ドリング　アンドビジネス　ビジネス」

と独特の発音と文法による英語でしゃべっていたのを思い出す。

運転手に言わせると、いちばんケチなのがロシア人だそうである。ちょうどホテルにはわれわれと同じ期間に、ソ連政府派遣の技術屋らしい連中が大ぜい滞在していたが、そう言えば彼らが車にのるのをついに一

度も見かけたことがなかった。この連中に運転手が〝乗れ〟と相図をすると彼らは自分の脚をたゝきながら、

「I have my own taxi（自家用車をもっている）」

と言うという。〝全く処置なしよ〟といった調子で説明しながらアラブの運転手は口をすぼめて、

「チョ、チョ、チョ、チョ、チョ！」

と変な発音をする。ちょうど日本人の〝チエッ〟に相当する表現だ。アラブ人がよくやる手で〝困った〟とか〝何てひどい〟あるいは〝お気の毒に〟など具合のわるい事態にぶつかったり、話を聞いたりした時にあらわす特有の感情である。しかし日本人に対する右の評価には、多少の皮肉が混っているようである。逆に解釈すると、日本人はみえっぱりでおっちょこちょい、ソヴィエトの連中は堅実で計画的という話かも知れない。

## 禁酒の国の裏通り

「タイグリス・パレス」が往時の名声を失いなぜ二流におちたかと言うと、年月が経って諸設備が古びたこともあるが、実は政変がその原因である。王国が倒れて共和国家が誕生した場合、今まで王国政府を通じて

はいり込んでいた商社はもちろん全部だめになる。それでそれまで「タイグリス・パレス」を根城にしていた日本の商社関係はそっくり引揚げてしまったのであった。もちろん大使館なども場所を移動して新発足せざるを得ない。勢い今まで有形無形に旧政府の恩恵と無縁でなかったホテル自身のステータスもたちまち転落というわけだ。こういうところに政情の安定しないアラブ諸国での商売経営のむつかしさがある。外国資本は言わずもがなである。

バグダッドホテルを通り過ぎ、更にサドゥーン通りを先へ二、三百メートルほど行くと、やはり右手に「7・7・7」というレストランがあった。一応フランス料理やネス・コーヒーが飲めるレストランらしいレストランの一つである。ここでは、内密にだがブドー酒にもありつくことができた。ただし注文の方法がむつかしい。

前にも述べたようにイスラム圏では一帯に酒をのむことは御法度である。これはコーランの中で、〝飲酒は神を忘れ礼拝を怠らせるものである（五章九二節）〟とされているからで、国によっては国法で禁じているアフガニスタンやクエートのような国もあるが、実情はさまざまである。しかしいずれにしても、イスラム圏では飲酒をよからぬ行為と見なしていることはどこも同じだ。イラクではどうなっているかというと、ホテルには一応バーもあってビールやウイスキーも飲める。異教徒の外国人の便宜をおもんばかってである。街にも少ないが酒屋（たいていタバコ屋を兼ねている）もあるにはあるのである。ただしもともと奨励していないのであるから税金が高い。ホテルでビールを一本飲むと国産品でサービス料共一本四〇〇円以上つく。ちょうど日本でとやかく言われながら国庫への収入上、競馬や競輪をみとめているのと同じであろう。

さて、この「7・7・7」では酒がほしいと思ったら、

「赤いコカコーラをたのむ」

と言えばよいのである。ただしフリーの客ならそう言ってもまだ警戒してわからないような顔付きをされるかもしれない。そこはそれ、物は言いようである。さもなじみのような態度で、めくばせのひとつも投げかけながら〝ホラあれだよ、あれ。わかっているじゃないか、赤い奴さ〟てな調子でもう一度、

「A bottle of red cola（赤いコーラを一本）, please!」

をくり返すことをおすすめする。すると、

「certainly, sir.」

と一礼してボーイは引き下がるだろう。やがて運ばれてくるのは、たしかにコカ・コーラのビンにはいった赤色ののみもの、ただし中味は実は赤ブドー酒なのである。ちょっと色が濃いかと思う程度で、外からみてもふつうのコカ・コーラそっくりである。まして店内がうすぐらいからわかりっこない。万一警官に踏み込まれたときは、あくまでもコーラだと言うのが店主と客の暗黙の密約、難をのがれる唯一の方法なのである。

しかし、アラブ人がいちばん好きなアルコール飲料は、実はビールでもブドウ酒でもなく、〝アラク（Arak）〟と呼ぶ強烈な地酒である。これは元来ブドウから造り、ロシアのウォッカより強いといわれる無色透明の液体である。イラクのあたりでは、ナツメヤシで代用しているらしい。水で割って飲むが、そのとき無色透明の液がたちまち白濁する。

これのほうはどうやら法令上本格的に禁じられているらしく、秘密クラブへでも行かないと飲めない。秘密クラブというと何やらなまめいてあやしげに聞こゑるが、もとより「女人禁制」の国であるから女っけなど全然ない。たゞこのアラクを飲むためだけに、ひそかに用意された集会所なのである。

いちど私は偶然この秘密クラブにぶつかった。夜、所用があってカメラマンと南部の新市街を歩いていたら、普通の住宅風な石囲いのある家の門口に年配のアラブ人が一人すわっている。ちょうどある人の家を探していたものだから、いきおいこの前を行ったり来たりしていると、老人は最初の中は実にウサンくさそうな眼でジロジロわれわれを眺めていた。気になるままにこの家はいったい何だろうと二人で話しながら、好奇心も手伝って二度目に通りかかったとき、

「What's here inside（こゝは何だ）?」

と英語で聞いてみた。だめである。どうやら通じないらしい。比較的簡単な他の英語の単語をいくつか並べて見たがやはりチンプンカンプンである。仕方がないからうろ覚えのアラブ語で、

「シーヌ　ヒナ（こゝは何だ）？」

とやってみたがどうやらこれも通じないらしいのである。しかしいくらわれわれのアラブ語がへたでもだいたい何を言おうとしているのかある程度は感じでわかりそうなものなのにこの老人よほどモーロクしているなとその時は思ったのだが、どうやら相手のほうが役者が一枚上であることがあとでわかった。というのは、探している家がまだ見つからず、われわれがもう一度引き返してそこを通りかかると、老人は今度は向うからわれわれを呼びとめたのである。近づいたわれわれに彼は手を口もとにかざしながらはっきりと言ったものである、

「アラク」

と。なるほど、こういう所なのかと私ははじめて納得した。どうやらさきほどはわれわれを警戒してこのアラブ人とぼけていたらしい。

門を入り、中の建てものの玄関へ数メートル近づいて見た。カーテン越しに部屋の明かりが洩《も》れている。その時私ははっきり見たのだ。戸のすきまからテーブルの上にのっているコップの中の白い液体を。どうやら男どもが数人、キッチンふうの部屋でアラクを飲みながらさわいでいる。これはおもしろいと思ったが、その時はいそいでいたので、

「そのうち必ず来るよ」

と老人につげてその場を立ち去ったのであるが、その後ついにそれっきりになってしまった。向うではじめてアラクを飲んだのはレバノンへ行ってからである。

これと全く同じ飲みものがギリシアでは〝ウゾー（Ouzo）〟という名でのまれている。（フランスのペルノーという酒も同種である）

## 発掘品を二国間にわける

さてバグダッド滞在中、調査団にとって最後の、そして最も重要な仕事はいわゆる〝ディビジョン〟であった。ディビジョンとは〝分割〟の意で、テル・サラートでほりおこした数々の発掘品を、イラク政府と話し合いの上で相方に配分する作業である。

それは一月下旬のある日、イラク国立博物館※にある古物局の一室で行われた。おびたゞしい発掘品の中比較的重要と思われるもの一九一点（一号丘五四点、五号丘一三七点）をイラク政府に登録したうえ、これを一室のテーブルの上にズラリと並べて、両者立ち合いの下で点検し、所属の帰趨を決めるのである。事前の話し合いでだいたいのメドはついており、ほゞ折半することになってはいるのだが、同じようなものが並んだ場合など最後的な撰択権はイラク側にある。

シュメールの書記坐像。玄武岩。前2500年頃。

発堀品を二国間で分ける。左から三人目江上団長。

イラク人の館長が〝E〟と英語の大文字で書かれた紙片と〝B〟と書かれた両方をもってテーブルの一隅に立つ。点検と決定の開始である。EはExpeditionのE、つまり探検隊である日本側、BはBaghdadのB、つまりイラク側を意味している。そしてこのいずれかの紙片を、発掘品のひとつひとつについて仔細に点検しながら館長が最後的にその上において廻るのだ。その瞬間、汗と涙の結晶であるその発掘品の帰趨が決まる。

百日に近い日数をかけ、かずかずの苦労のすえに掘り出した貴重品である。少しでもいいのが日本側に残ることを祈るのは人情だ。日本側の立ち合いメンバーは、江上団長以下曽野、深井両副団長、それに堀内氏の計四名。どうしてもこれは日本側におちてほしいと思う品物の前では、ついソワソワと館長の手元を肩ごしにのぞき込んで落ちつかなかったり、またその帰属についてあらためて議論をむしかえしたり、時には相手の機嫌をとってやや苦しそうな冗談をとばしてみるなど調査団の苦労もなかなか大へんである。

それでもつぎつぎと紙片がくらばれて行って、〝ディビジョン〟は無事一日で終わった。その間中、われわれ取材スタッフはずうっとカメラを廻しつづけたわけであるが、紙切れが配ばられるそのたびごとに、心なしか〝E〟の紙切れがおかれた品物より、Bと決定したものの方が少し立派に見えたり、ああこの発掘品は是非日本側におちてほしいと、思わずカメラをまわすことを忘れてイラク館長の顔色をうかがいながら片唾をのむなど、思わぬところで日本人であるおのれを自覚したものだった。

# 第四章　シリア砂漠を越えてヨルダンへ

「ペトラ遺跡のエル・ハズネ」２０１０年撮影

広漠たる砂の世界である。時々思い出したように散在したラクダの群れを遠くに見かける。黄褐色ひと色の視界をよこぎって一本の白い道がどこまでもどこまでも続いている。夜明けと共にイラク最西端の町ルトバを去ってからと言うもの、変ったのは地平線の左側から昇った太陽がいつの間にか右手に移動したことだけだ。午後三時H４（エイチ・フォァー）というアラブ軍の駐屯所へ入る。おや、一体いつわれわれはイラクからヨルダン領へ入ったのだろう。さだめし堅牢だろうと想像していた国境線はついにどこにも見かけることが出来なかった。貨幣価値に多少の違いはあるが、それでも通貨の単位はイラクと同じである（ディナーとフィルス、一〇〇〇ディナーが一フィルス）。H４をあとにしてなお砂漠が続く。ところがここで思わぬ事件がもち上った。われわれの運転するジープの一台が、アラブのトラックと衝突事故をおこしてしまったのである。サア大変！

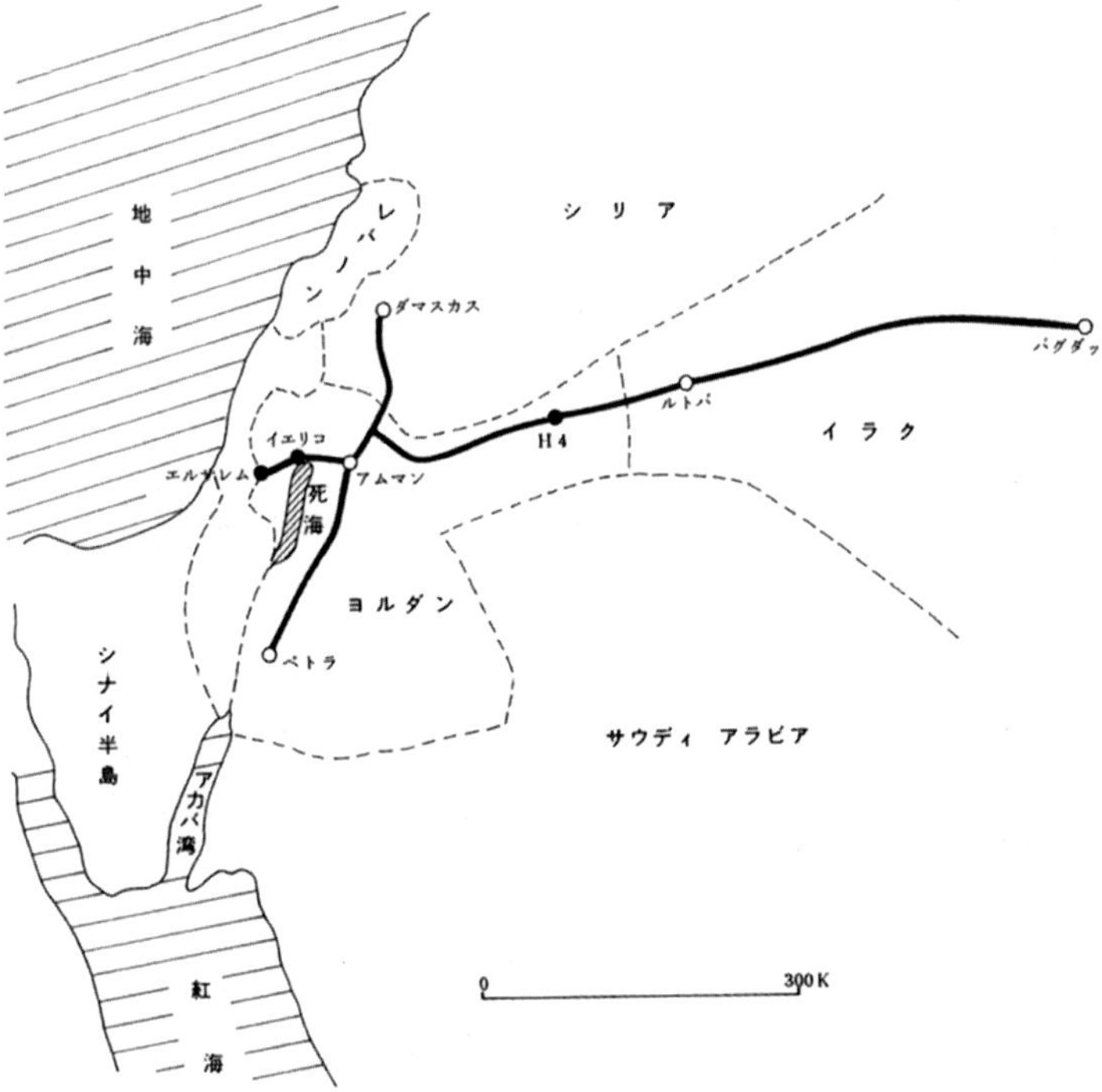


調査団のヨルダン国内での行跡

## ゼネラル・サーベイへ出発

旬日にわたるバグダッド滞在を終えて、いよいよジェネラル・サーベイへの出発の日がやってきた。ジェネラル・サーベイとは、たとえば特定の地点における発掘のようなある一定の具体的目標を持たない概況的一般調査のことをいう。

われわれ調査団、とくに若い連中は二月に入ってから何となくソワソワと身辺におちつきがなくなり、今日か明日かとこの日の来るのを待ちかねている様子であった。しかし外国滞在の常で、発掘のあと仕末や残務整理が一日一日と先へ延びて、一週間はまたたくまにすぎ去ってしまった。

結局最後はイラク博物館に提出する江上団長の論文稿了待ちとなり、それもようやく終ったので、いよいよ待望の出発の日どりがこの十日と決定されたのであった。

ジェネラル・サーベイの予定コースとしては、イラクのこのバグダッドからヨルダン、レバノンそしてシリアの順で各地の遺跡をたずね、更に足をのばしてトルコのアナトリア高原※に入る。このトルコ入りは十年の歴史をもつ調査団にとっても今回がはじめての試みだった。そうして約一か月ののちアナトリア高原から再びメソポタミア平野におりてバクダッドまで帰って来るという計画である。全行程約一万キロ。日数から割り出してかなりの強行軍を覚悟しなければならない。途中予期せぬ事故の起ることもあろう。また誰かが体をこわして落伍するという事態にぶつからないとも限らない。しかしわれわれの夢はまだ見ざるオリエント一帯の未知の世界にはてしなく広がり、前日からただいそいそと出発準備に余念がなかった。

午前十時、ホテル・タイグリス・パレスの前をスタートして、とうとうジェネラル・サーベイの第一歩が印せられた。先頭を切る調査団のワゴン、続いて同じ型の一〇二号、しんがりを受けてわれわれTBS取材班のジープが続く。私がハンドルをにぎり、運転席の横にはカメラマンの田中君がどんな小さな事件でも見のがすまいと、愛用のフィルモを両腕にかかえ、じっと前方を見つづけながら車はすすむ。

タリール広場へ出て、チグリス河をわたり飛行場に近いイラク博物館前のロータリーに出る。南へ下ればバスラ、北がキルクーク※からモスル、それを半回転して一路西へとバクダッドをあとにする。

「come again（またいらっしゃい）」と書かれた道路上の大きな看板が目に入る。心からそうありたいものだと思う。なぜなら、道中無事故でさえあれば予定では一か月ののち、再びここへ戻って来るはずだから――。

バクダッド郊外へ出ると、俄然ナツメ椰子の林が多くなる。北メソポタミアでは決して見られなかった風景だ。そもそもこのあたりは今から七千年ほど前にはまだ陸地ではなかった。すなわち今日のペルシャ湾の湾内にあり、その後チグリス、ユーフラテスの両河がせっせと土砂をはこび込んでできた上ったいわゆる沖積層地帯※である。だから三千万本といわれるメソポタミア平野のナツメ椰子はすべてこの両河の下流にだけ繁茂していてバクダッド以北には見あたらないのである。

しかしわれわれはいま西の方角へ向って進んでいる。両河が合流したいわゆるシャット・アル・アラブ※をフォローする代りに、その前に東から西へとユーフラテス河をわたり切ってしまうのである。この河の沿岸はメソポタミア平野におけるナツメ椰子の最大の産地だ。だからわれわれのコースではしばらくすると今度は逆にまたナツメ椰子が少なくなって少しずつ少しずつ南メソポタミア特有の光景から遠ざかって行く。

雨季の終りをつげる夏雲がキラキラと目に痛い。思い出してカバンからサングラスをとり出してかける。出発後一時間四十分、砂ぼこりとともにラマディ（Ramadi）の町へ入る。

## 最初の小事件

この先当分街もないだろうからここで昼めしをとっておく必要がある。しかしその前にもっと重要なことがあった。あれほど念入

シヤト・アル・アラブ沿岸のなつめ椰子。

りに点検したはずの車だったのに、出発直後どうしたわけかジープの後輪がパンクしてあわててスペアととりかえた。不完全なスペアタイヤをかかえては、この先の長い道中不安この上もなく、ひとときたりと先へ進めない。人間よりもまず車さまさまだ。

ガレージは一軒、町の中央にあった。暇をもてあましていた様子のアラブ人は、われわれを急ぎの旅とみて、すぐ修理にとりかかってくれたまではよかったが、ほんの十分ぐらいと言っておきながら、さて仕事にとりかかると例のアラブペースである。まずパンク調べに十分（やはりタイヤは針を拾っていた）、次におしゃべりに十分、やおら修理にとりかかって二、三分もするとすぐ手をやすめてまたおしゃべりが始まる。われわれが〝早く早く〟とゼスチュアで催促すると、わかってますよといいたげな顔つきでニヤニヤしながら再び仕事を続行する。まるでサボタージュ・ストライキだ。

こういうとき、日本人はダメである。イライラしてにわかにお腹がへってくる。手をポケットにつっ込んで修理工の前をわざと行ったり来たりのデモンストレーション。だが彼らアラブ人にはたいして効力もない。

小一時間してやっと終了。サア食事だ。ラマディにただ一軒のレストランで、例によってシシカバーブ、羊の串やきをホブスにくるんで食べた。お菜は生ネギとトマト。ほかに何かないのかと尋ねたらおいしいサラダ菜があるという。注文したら小僧がアタフタと表へ駈け出して行った。どうやら直接畑へ向ったらしい。

やがて両手にいっぱいかかえてもどって来たサラダ菜なるものを見て驚ろいた。ひとつが丈三十センチぐらいもあろうか。ちょうど白菜のように幾重にも葉が外から重なっており、これがひとりにつき一株ずつ配られた。もちろん食べるのは素手である。外側の葉っぱから一枚ずつちぎっては食べちぎっては食べる。まるでウサギだ。葉っぱは中へゆくほど小さくやわらかくなって、最後は十円玉ぐらいの若芽である。これを食べるのが最高なんだと、経験のあるらしい堀内さんが説明していた。

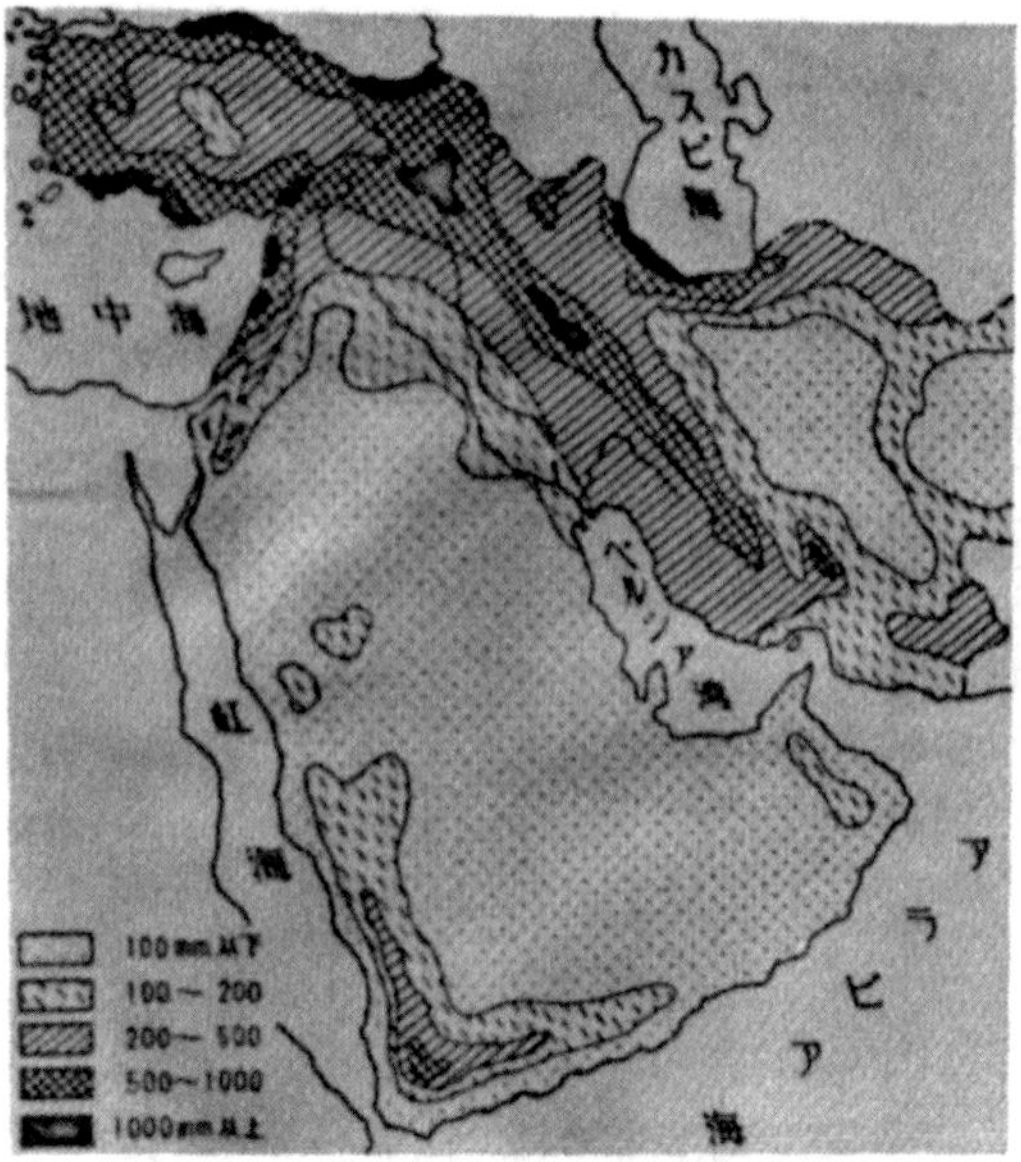

西アジアの年雨量。

## ルトバの夜から国境へ

午後一時ラマディ発。いよいよシリア砂漠の東端にさしかかる。視界から急に緑が消え去り、みわたすかぎり黄褐色の砂地が、われわれのたどる一本の舗装道路を残して地平線いっぱいに拡がる。このあたりは年間雨量一〇〇ミリ以下の不毛地帯だ。この乾燥した砂地はこのあたりから南西方向にネフド砂漠、ダーナ砂漠とほとんどアラビア半島全域にわたって続いている。その北端をいまわれわれは西へ向ってよぎりつつあるのである。

行けども行けども同じ風景の連続だ。どれだけ進んだのか視覚だけでは全然手がかりがない。何の障害物もないからスピードも一定だ。だからガタガタゆられて来た今までの時間にスピードをかけて数字を出し、ハハーンこれだけ走ったんだなと頭で納得さす以外に方法はない。数時間走りつづけてただ変ったのは、中空にあった太陽がいつの間にか地平線に近づいただけであった。こうしてわれわれはゼネラル・サーベイへ出発して最初の夕暮れを砂漠のどまん中で迎えた。まっ赤なばかでかい太陽が、地平線上にわずかにかかった雲の中を見えかくれしながらわれわれといっしょに走る。いそがねばならない。今夜の宿泊地はイラク最西端の町ルトバである。

ルトバ（Rutba）着、午後九時三十分。スタンドで給油して、チャイハナ（茶店）にて夕食。ホテル・ルトバに泊る。

バグダッドから西へ向う一行。地平線に逃げ水が見える。

ホテルといっても物置き小屋のような八畳ほどの部屋が五つ。部屋の壁ぞいにそれぞれ数個のベッドが並べてあるだけのごくお粗末なしろものである。さすがに電気だけは来ていて、各部屋にスイッチのある電燈がうすぼんやりとともっている。車につんだ器材や資料をとられないように、当番がそれぞれ駐車したジープやワゴンの中にひとりずつ寝る。あとがホテル泊りだが、私は曽野さん、堀内さんそれに古山君といっしょの部屋へ泊った。もちろん入浴などという結構なくつろぎはない。シャワーの設備さえなく（あっても水など出るものか！）うすよごれたままの体を、せめて靴下をぬぐのがただひとつのたのしみでそのままベッドへ横になる。申しわけのように壁の上にまっ赤な絨氈が一枚かかっている。トルコ時代の遺物であろうか、その絵柄の珍らしく中央アジア風なのが、妙にいま日本を遠く離れて異郷の地にいるんだという実感を私に与えてわびしかった。

はじめての砂漠の朝があけた。今日も快晴——日中の気温の上昇が思いやられる。午前八時、昨夜食べた同じ茶店《チャイハナ》にて朝食。久しぶりにフライド・エッグ。九時ルトバのイミグレーション・オフィスが開くのを待ってパスポートに捺印を受け、九時半ごろ出発する。

また今日一日同じ風景の連続か。ところどころベドウィン族※のテントを見る。ラクダや羊の群れをひきつれてオアシスを求めながら移動する人種である。

そもそもシリア砂漠のこのあたりはその昔——といっても旧石器時代のはなしであるが、今日のような不毛の地帯ではなく、雨量も多くむしろ生活に適したところであったという。それを裏づけるかのように、このあたりには不思議なことにいわゆる旧石器の破片が一面にちらばって落ちているのである。

そこで江上団長の要請で、車を止め表面採集をはじめることにした。表面採集とは地表に散らばっている石器や土器のたぐいを採集し、それをもとにさまざまな学問上の研究に役立てる作業のことである。調査団の中でも、さすがに考古学や文化人類学関係の曽野さんや松谷君はひときわ熱心である。両うでをうしろにまわして組み、黙々と足もとを凝視したまま、わき目もふらず砂の上を歩きまわる。こちらもその様子を撮影したりしていたが、そのうちふとその姿が何かに似ていると思った。何だろうと思って一生懸命思いをめぐらしていたらハタと気がついた。それは何とエサを求めて砂漠をうろつきまわるヒトコブラクダ※の姿そっくりなのであった。

一時間後、ふたたび出発、走行距離を算出し、いまわれわれの走っているあたりを地図であたってみたら、あと五十キロほどでいよいよイラクともお別れであることがわかった。地続きの国境はわれわれ日本人にはあまり馴染みがない。いったいどんな

羊皮に水を入れて運ぶイラク女性。

風になっているんだろうと運転しながら私はいろいろ想像をめぐらしていた。

午前十一時三十分。イラク最後の検問所H3に到着する。H3とは妙な地名だが、キルクーク油田から、イスラエルのハイファ（Haifa）へ送油パイプが走っており、そのハイファの頭文字をとってこのパイプ道をHラインと名付けた。そしてその要所要所の汲み上げ地を東から順にH1H2H3……と呼びならわしたのである。ところが一九四八年のパレスチナ戦争でアラブとイスラエルの仲は決定的に悪化し、以来このパイプは廃管として使用中止となった。そうして設備はとり払われ、現在は砂漠のどまん中に、レンガ造りの建物がポツンとあるきりの純然たる検問所であり、哨兵の駐屯所である。ここでヨルダンナンバーのプレートをはじめて見た。トラックが一台、オレンジをつめた木箱を満載して停車している。おそらくはバクダッドへ向う運送トラックであろう。レ

シリア砂漠の一角。表面採集をする団員たち。

ンガ造りの建物へ入って車券を呈示し、越境上の必要な手続きを行なう。思ったより簡単だった。ただし中東戦争の起ったあとの現在ではヨルダン方向へ向う旅行者には相当きびしいチェックがあると思われる。

手続きは終った。出発である。

〝Fairwell（さようなら）〟と書いた立看板の文字が日にしみる。いよいよヨルダンだ。しかしいったいどこが国境なのだろうか。

## ヨルダンへ入国

予想していた国境線は結局どこにもなかった。H３を過ぎてあいかわらずの砂漠を三〇分ほど走りつづけると、前方に建物とトラックの群れが見えてきた。あれが国境なのかと思っていたらさにあらず、それはいつの間にか国境を通りすぎたヨルダン最初の検問所II４なのであった。砂漠のまん中では国境線など意味がないのであろうか。でもちょっと肩すかしをくわされたような気持ちだった。

12インチ口径の送油パイプ。（H4附近）

ヨルダンはサウジ・アラビアと共に中東ではただ二つの王制国家である。血縁関係の王制国家であったおとなりのイラクが一九五八年の革命で共和国となった現在、西からはイスラエルのユダヤ人、北と東からは共和制と、民族的にも政治的にも板ばさみになりながら、国王フセイン※は古い部族制度に立脚する軍事国家の支配体制を固めている。中東戦争でアラブ団結の鉄束の中にあって、もっともウィークポイントであったのがこのヨルダンとサウジアラビアであったのは周知のとおりである。

Ｈ４で今度は入国手続きをとる。検問所の附近に茶店が一、二軒あり、急に〝アムステル・ビール〟だの〝７ｕｐ〟だの外国資本の飲料広告が目につく。壁の上にはフセイン国王夫妻の肖像写真が大切に額に入れてかざってあり、通貨にははっきりと〝Hashimite Kingdom of Jordam.（ヨルダンハシム王国）〟の文字が刻まれている。おなじアラブ人国家でありながら、たしかにここにはイラクと違ったにおいがある。それはいわば〝より一層の前近代性〟だ。

国土の大部分が不毛で石油もとれず、おまけにパレスチナ戦争で五〇万に近いアラブ難民をかかえた国王フセインとしては、いわゆる〝王さまクーデター※〟を強行しても進歩派をおさえ、アメリカの援助（アイゼンハウワー・ドクトリン※をさす）を受け入れなければ他にどうしようもなかったのであろう。ところでその後の中東戦争だ。先王アブダラ※が無理をして手に入れたウエスト・バンクや聖都エルサレムも今やイスラエル軍に押えられ、P・L・O問題もこじれて国家の前途ははなはだ多難だ。ヨルダンの近代歴史はまだまだこれから始まるのであろう。

Ｈ４をあとにして再び砂漠地帯を走る。少し進むと道路にそってパイプラインが地表に頭をあらわしている。Ｈラインだ。珍らしいので車をおりて写真をとる。キルクークからハイファまで全長九八〇キロメートル直径十二インチで、年間二〇〇万トンの給油能力があったという。その後このパイプの代りをつとめたのは、レバノンのトリポリ（トラーブロス）へぬけるいわゆるＴライン※が二本と、トリポリの北シリアのバニアス港へぬける直径三二インチの新ラインの三本で、いずれもキルクークからシリアをぬけて走っている。なお一九七七年、イラクはトルコ領をたどりドルチオル港へ通ずる全長一〇〇〇キロ、口径四〇インチの新ラインを設置した。

## 自動車の接触事故

Hラインに沿ってわれわれの調査は極めて快調に続くかに思えた。ところがここで、思いもかけない事故がおこった。

パイプを写真にとってしばらく走ったところで再び車を止め、ここで一同はもう一度表面採集をした。それが終って一同が出発しようとした時のことである。車は三台とも通行の邪魔にならないように道端の右側にのり出して停車していた。先頭の一〇二号はすでにスタートし百メートルほど先を走っている。さて続く一〇三号が出ようとしたところ、前方から一台のトラックが走って来た。そこで運転台にいた松谷君はそれが通過するのを待ったのである。私もまたその時一番うしろのジープの運転台にあった。トラックがすざまじい音をたてて、私の左側を通過したとき、出ようとして私は左側のサイド・ミラーを見た。H4から来た別の一台がかなりのスピードで今通過したトラックとすれ違いざまこちらへ近づいて来る。

（やれやれ）

と私は思って一度アクセルにかけた足をはずした。と、その時である。当然後方の状況を知っていると思った筈の一〇三号がスルスルと動き出して道の中央へ出ようとした。

（危い！）

思わず叫んで私がクラクションをならそうとした時はもうおそかった。猛烈な勢いで私の横をすりぬけたトラックは、そのまま一〇三号の左側に接触した。団長たちの乗っているワゴンが突きとばされて目の前で一メートルほどとび上った。

（あッ！）

田中君も私も一瞬蒼白になったが、幸い車は横転せず道端のほうへ位置をずらした形で再び地上に停車した。

全く不幸中の幸いであった。人命に異常はなかった。ただ左側の補助タンクがペッチャンコになって十メートルほど先へとばされ、あたり一面ガソリンがまき散らされた。

数十メートルほど先で急停車したアラブのトラックから運転手がおりて来て、さかんに何かわめいている。ゴマ塩あたまの黒シャツを着た中年男であった。どちらがわるいか今さら議論してもはじまらない。むしろスタートにあたって後方不注意のわれわれの方に落度はありそうである。

しかしこの時のアラブ人の申し出は、はなはだエチケットにかなっていた。彼は異国において事故にあったわれわれの立ち場を思いやり、明日アムマン（Amman）のガレージで全面的に修理費代を引き受けることを約束したのである。

思わぬ事故ですっかり手間どってしまった。ケンコウたる意気もどうやら沈滞ムード。とっぷりと暮れた砂漠の夜道がいやに長く感じられる。H５、マフラック（Mafrag）と西へ向って二百キロ、そこでルトバ以来いっしょだったHラインと別れて道を西南にとる。

午後十時、ようやくにアムマンの街の灯りを目にした時はさすがにホッとした気分で思わずタメ息が洩れた。アムマン市の目抜き通り、ホテル・ニューパークに投宿する。バクダッド以来、はじめてシャワーをあびた。

## 首都アムマンの修理工場

ヨルダンの首都アムマン。やたらに車と人どおりが多く、町を支える七つの丘の斜面に家屋がつみ木のように重なり合って並んでいる。その西南部の一角に、きのうアラブの運転手から指定されたガレージを見つけた。

日本人が珍らしいのか、やたら必要以上の人間が集まって来る。待つほどに九時ごろゴマ塩の昨日の運転手が姿を見せた。約束どおり、一切の費用を相手が持つことを

七つの丘があるといわれるアムマン市スナップ。

再確認して、修理場へ入れる。ガレージ側のはなしでは午前中でなおるということであった。ついでに他の車もいっしょに点検だ。

ところが、ここでもまた例のアラブペースに出くわした。他の車は簡単にすんだが、肝心の一〇三号のほうは三時間はおろか、四時間たっても五時間たっても完了しそうもない。少くともお昼にはここを発ってペトラへ向う予定がすっかり狂ってしまった。仕方なく休息のつもりで、車の中で何度目かの雑誌をひっくり返して眺めたり、事務所でチャイをのんだり、一同ははなはだ退屈そうである。最初からそれだけかかるとわかっていれば、また別に時間の使いようもあるのだが、もうすぐだもうすぐだと言われるものだから、ついつい無駄なおつき合いをしてしまうのである。私もジープの中でボタンのとれたシャツを繕っていると、知らない間にカメラマンの田中君がそのスナップを撮っていて、

「今朝一番のナイス・ショットでした」

とあとで大いにからかわれた。

午後三時三〇分ついに終了。三台揃ってガレージをあとにする。人間同士の気持の通じ合いは早いものだ。たった数時間いただけなのに、出発のときはほとんどガレージの全員が手をふって見送ってくれた。こういうところはアラブ人は実ににくめない。親しくなるとすぐお前とおれとはサディーク（友だち）だよと言っ

て相手を特別に扱ってくれる。サディークという時は、両手の人差し指を一本ずつ立ててこれをこすり合わしてみせるのが特徴である。アラブ人の熱烈な民族主義的結束も、あるいはこの国民性に由来するものなのかもしれない。

## ヘジャーズ鉄道に沿って

アムマンにて。新旧の女性風俗が行き交う。

アムマンから南へフルスピードでヘジャーズ鉄道沿いの快適な舗装道路を走る。この道はたしかつい最近完成したばかりのものだ。十年前はもっと死海寄りの別のガタガタ道を通ったものだと深井さんが説明していた。このあたりの土壌はすでに砂漠ではなく、ところどころ虎刈りのように草木の生えたヨルダン独自の礫岩帯である。時には糸杉の姿さえ見かけて何となく旧約聖書やキリストの世界が遠くないことを暗示させる場所もある。だがそれは沿道のごく一部で東側、つまり進行方向の左へ左へ行くとそれは広大なアラビア半島の砂漠へ続いているし、反対に西側、つまり死海寄りはいわゆる〝ワディ（アラブ語で谷の意）〟と呼ばれる涸渇した溪谷だ。またこの沿道は、あのアラビアのローレンス※がアラブ部族を叱咤してダマスカスへ破竹の進撃を続けたコースの逆路に当っている。つまりこの道をどこまでも南へ南へ走ると今度の中東戦争でも有名になったかのアカバ湾に出るのである。もちろん第一次世界大戦当時といえども舗装道路などはなかった。

起伏の多いワディの裾野を走ること五時間、午後八時マアーン（Ma'an）の町へ入る。人口七千ぐらいのオアシス都市である。ここのレストランで夕食。久しぶりに赤ブドウ酒をのむ。食後レストランのあるじに東京大学の調査団だと名乗って、宿泊所を斡旋してくれるようにたのむと、何と停年間近い江上団長をもふくめて、一人残らず学生に見られたのにはまいった。おかげでお金がないだろうからと町なかの一泊二〇〇フィルスの安宿を紹介される。もっともあまりお金のない点だけはピタリであったが……。

翌朝八時にマアーンを出発。いよいよ待望のペトラ（Petra）へ向う。本来なら前日のうちに深訪の予定であったが、自動車事故のおかげで一日狂ってしまった。しかし土地の人のはなしでは、午前中の陽光をうけたペトラが一番すばらしい由。あるいはまたこれも天の恵みか。幸い空は一点のかげりもなく晴れわたって、つきぬけるような青さである。道は次第に高くなって、ワディを見おろす屋根づたいに幾度か曲折を重ねる。

羊飼いに追われる珍らしい黒色の山羊の群れが、山腹にみえかくれした。

一時間後、ワディ・ムサと呼ばれる谷あいの部落のかなたに、とうとうペトラがその全貌をあらわした。

「あれだ！」

江上団長が窓から指さして一同は車を止めた。折しも東から真正面に朝日を受け、その赤褐色の巨大な岩のかたまりは、まるでメノウのようにあやしげに燃えながら、ひそかな誘惑を秘めつつ、きょうわれわれの来訪を待ちうけていたかのようであった。

## 神秘の隊商都市

ペトラ——ナバタイ人の不思議な隊商都市ペトラ。古代この地は南のアラビア半島、エジプト方面と北のシリア、トルコを結ぶ最も重要な通商路にあたっていた。
紀元前七〇〇年ごろ、アラビア半島の西南端イエメンから北上したナバタイ人※は、ここペトラの峨々たる岩山に移り住み、直接岩を彫り込むことによってまたたく間に宮殿や役所、家屋、墓地など彼らの生活に必要な諸設備を作りあげた（これを摩崖建築と呼んでいる）。そうしてここをナバタイ人の新しい都と定めたのである。

彼らの目的はここを通るキャラバンたちから一定の税金をまきあげることにあった。そうしてその代り税金を払った者には道案内を兼ねた護衛をつけることによって身の安全を保証するという、まことに巧妙な手段によって、国家の経営をあみ出したのである。こうして通商にユーフラテス河が利用されるようになり、この地がにわかに重要性を失う紀元三世紀までの約千年間、ナバタイ人たちは自ら労せずして巨万の富を築きあげその名声を天下にとどろかしたのである。

再び車を走らせて数キロ下りると、そこがペトラの入口である。みわたすかぎり赤褐色の砂岩が青空を背にそそり立ち、この先はもう車では入れない。ロバ３匹をやとい荷物を下ろして背中へゆわえつける。その昔、ここを通る隊商たちもまた入口でこのようにラクダから荷を下ろし、そのいくばくかを税金として収めたことであろう。時代はかわってもやっていることは同じである。血というものはおそろしい。急に案内人たちの顔が輝やき、動作は敏捷となっていそいそと先祖伝来の仕事にとりかかる。

突如岩中にあらわれたファラオの宝庫。いわゆる摩崖建築のひとつ。

一歩一歩奇妙な砂岩を見上げながら先へ進む。最初のころは灰色の砂岩がつづく。そしてその岩肌にはところどころドリア式の柱をとりつけた四角い穴がほられている。通常土地の人がハーンと呼んでいる回廊つきの墓である。

やがて砂岩は次第に赤味がかってくる。墓穴が到るところにほられ、風化されてまるで食パンを並べたような奇妙な岩山の形がみるものをおどろかす。

十五分も歩くと、急に岩壁が両方から迫ってきて道がせまくなった。青空は頭上の岩と岩との間からわずかに顔をのぞかせているばかり。いよいよペトラの中心部へ接近したのである。岩壁の高さは八〇メートルから百メートル近くもあるだろう。このあたりは俗に〝ハーブ・エッ・シック〟（行列門の意）と呼ばれ、一八九六年までは十数メートルの高さのところに両壁をつないで造られた凱旋門が昔のままに残っていたという。

三十分も歩いたであろうか。突如視界がひらけ、眼前に目もさめるようなピンク色の神殿が姿をあらわした。「ファラオの宝庫※」である。岩肌に直接ほりこんで造りあげた二階建てのすばらしい建築だ。コリント風の六本の柱を土台に、上部にはさまざまな彫刻がほどこされている。摩崖建築の代表的傑作だ。

ファラオの宝庫から道が急に北西に折れ、再び視界が広がると、そこに現れる広大な敷地が古代ペトラの中心部である。現在大方は廃墟だが東南へ一キロ、西北四〇〇メートルに及んでいる。よく見るとここには一八〇〇年も昔の礼拝所、寺院、塔、墓地などの残骸があちこち入り乱れて散在している。少し進むとはっきりとわかるギリシア風な大劇場のあとがある。三千人ぐらいを収容したと思われる二世紀ごろの建造物である。天然の砂岩に直接ほり込んだもので階段は三十四段、まだら色の岩肌が遠くから見るとちょうど虹のような効果を与えて半円形に広がっている。プロセニアムの部分には数本の柱の下部と、土台の一部も残っている。巨額の富に酔い痴れながらナバタイ人は毎夜、町の中心部で観劇を楽しんだのであろう。アラブの世界にいかにギリシア、ローマ風な生活が浸透していたかを示す一つの典型的な例である。

劇場から五〇〇メートルほど進んだところに廃墟の中心地点とおぼしい箇所がある。数百メートルに及ぶ中央の大通りの周囲には、今なお列柱が立ち並び、寺院、浴場、宮殿、体育館などのあとがはっきりと見分けられる。このローマ式中央通りのはずれに記念門の門柱が残っている。神殿への入口として作られたものらしいが細部を眺めると、ギリシア風な装飾にナバタイ人の趣味が加わった独特の装飾がほどこされてある。両者がミックスされた味わいが何ともいえずおもしろい。

次から次へと古代人の夢は広大な空間いっぱいに果てしなく広がっていた。ふと足もとを見ると、くずれた礎石のかげにトカゲが一匹へばりついている。そして物音を立てても一向におどろこうとしない。何だかこの小さな生きものまでが、まるで幾世紀もの間生きつづけてきた怪物のようにさえ思われて一瞬私は奇妙な錯覚におち入った。

気がつくと、三日前バクダッドにいたわれわれは、いまシリア砂漠をこえ、遠くアラブの桃源境、ナバタイ人の奇妙な都市あとに、ただぼう然と夢みるがごとく立ちつくしているのであった。

# 第五章　死海とその周辺

「ジュラシュ遺跡の列柱通り」２００８年撮影

エルサレムでわたしの見たものは、決して宗教のメッカ「平和と愛」の象徴《シンボル》ではなかった。むしろ全く逆のもの、いわばユダヤ人とアラブ民族の、永久に相容れざる血なまぐさい闘争と憎しみの歴史の痕跡ばかりだった。例えばキリスト昇天の園、〝カンランの丘〟のふもとに拡がったユダヤ人の墓地。メチャメチャにこわされた墓石は、はじめ遠くから見た時パレスチナ戦争で荒廃した戦炎跡のまだ復興のおくれた姿かと思った。とんでもない。憎しみと復讐にたけり狂ったアラブ人たちが、感情のありったけをはき出して、かつてここにあったユダヤ人の墓石をけちらした乱暴狼藉の残骸《あと》なのである。街で購入した中東の地図には、イスラエルという国はどこにもなかった。地中海東岸のそれとおぼしき細長い小さな一角は、印刷されることなく見事に白地のままとり残されている。わたしは身に鳥肌の立つのを覚えた。

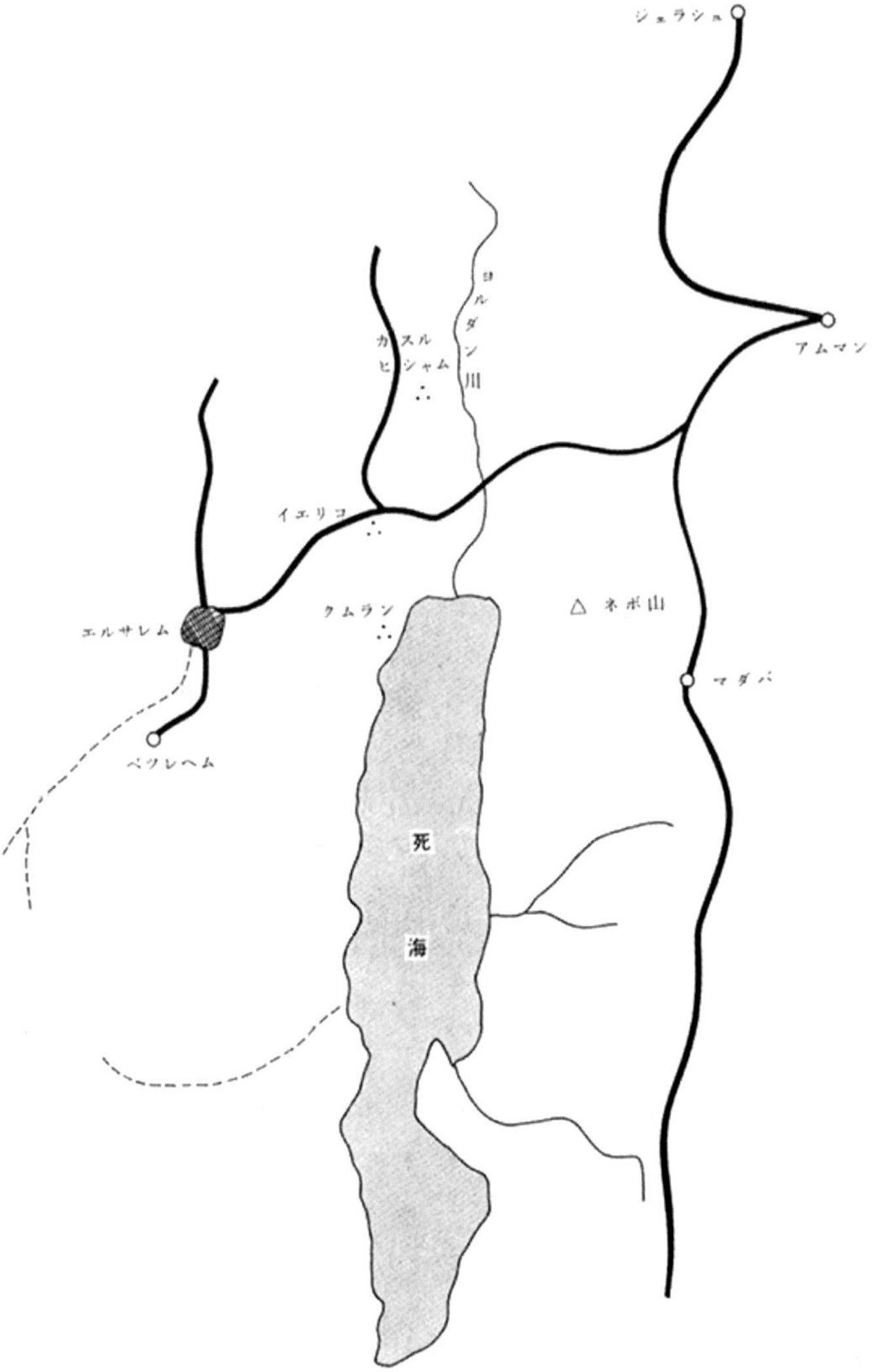


死海の周辺での調査団の行跡

# 死海の水の味

死海の水はからかった。

いや、むしろそれはからさをとおり越してにがいと形容した方がはるかに当っている。ほろにがいその味が口中に広がって、私の唇はひととき死んだようにしびれていた。

死海――死んだ海。いつ誰がこのような名前をつけたのであろうか。いうまでもなく、世界中でもっとも低い場所にある湖で、その水面は海抜マイナス三九五メートル。降水量が少なく蒸発がさかんなため、塩分はふつうの海水の約五倍、二三%から二五%もあり、その他多量の塩化カリウム、マンガン塩、臭化物を含んでいる。おかげでおよそ生きものという生き物は生息することがない。「塩湖」、「臭湖」の別名がある。

たった百キロメートル西に広がっているあの明かるい青々とした地中海に比べると、魚も住まず、乾燥しきったヨルダン断層※の低地にとりのこされた死海は、たしかに今では死んだ海だ。

しかし死海を中心とするこのヨルダン・パレスチナ地方は、歴史的に見ると実に人類の足跡の宝庫である。なぜなら古来この地方は民族的にはペルシャ人、アラブ人、ユダヤ人、ギリシア人、ローマ人、トルコ人、更にヨーロッパ人とあらゆる国の人間が住来し、定着し、ぶつかりあったところであり、また思想的にもキリスト教、イスラム教、ユダヤ教と人類史上最高の精神がここで発生しているからである。

たしかにそれらの事跡は、いま閉じ込められた歴史のかなたにある。現在もっとも焦眉の急であり、かつ一般の関心を呼ぶものは中東戦争であり、アラブ対イスラエル問題の決着であろう。しかし単にその問題の一つだけをとっても、われわれは過去に無知であっては何一つ解決出来ないのである。歴史を学ぶのは、単に過去のデータをよせ集め好事家的好奇心を満足させるためではない。人間がかつて生き、かつて創った息吹にふれることによって感動し、その感動をよりよき未来への一歩へとふみかえることにある。

〝われわれはつねに歴史に向い合い、あとずさりしながら未来の中へと入って行く。とヨーロッパの知性ヴァリレイ※(Panl A. Valery) は言った。古来東洋の叡知は教える。〝古きを温《たず》ねて、新らしきを知る〟と。かくてわれわれ調査団一

死海へ向うヨルダン地溝帯。一本の草木もない。

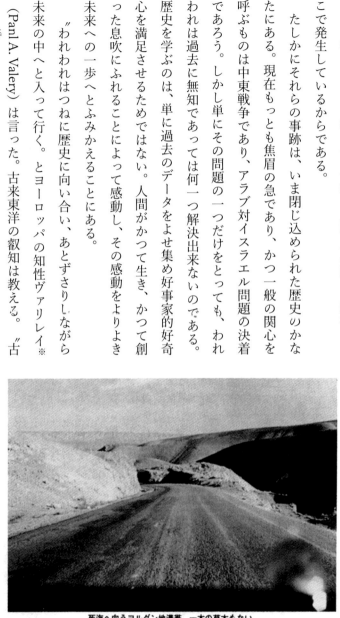

行は、日数のゆるすかぎり、ヨルダン、パレスチナに残るさまざまな人間の足跡をたずねて、死海の周辺を歩きまわったのである。

## 『死海の書』の発見

一九四七年の春、死海の西北岸、クムラン地方で突然考古学上の画期的な事件が起った。いわゆる『死海の書※』の発見である。

ムハマッド・アド・ドイブと呼ぶベトウィン※系の少年が、ある日おのれの飼っていた山羊を見失い、これを追いかけているうち、偶然このクムランの洞穴からつぼに収めた古い文書を見つけ出した。約一年の間、この文書はさまざまな人の手にわたるが、やがて学界が苦労の末入手することができ、その結果これが原始ヘブライ語で書かれた世界最古の『イザヤ書※』であることが判明したのである。

死んだ海はにわかに学界上世界的な反響を呼びおこした。このことがきっかけで一九五二年フランスの考古学者ドゥヴォー（de Vaux）は、洞穴にほぼ近い死海のほとりにひとつの遺跡をほりあてる。そして調査の結果、これが紀元前二世紀末からここに住みついたユダヤ教徒の僧院であること、そしてさきに見つけた『死海の書』はこの僧院で用いられた聖文書に間違いないことが確認されたのである。

聖文書はその後附近一帯の洞穴から同種のものが次々とみつかった。『銅の巻物』、『モーゼ五書※』、『サムエル記※』の断片など、ヘブライ語※やアラム語※で書かれた貴重な資料ばかりで、このためキリスト教起源の学問的研究は飛躍的な発展をとげることが可能になったのである。これらの文書は、以前に知られていた旧約聖書のヘブライ語写本のどれよりもだいだい千年ほど古いもので、イエスキリスト時代の直後のもの、そしてひょっとすると『ハバクク書註釈※』の中に出てくる〝義の教師〟なる人物はキリスト自身であると臆測する学者さえいるくらいである。

われわれが僧院あとの発掘地を尋ねたのは午前七時ごろであった。あたりには人影もなく、その昔使われていた書室、食堂、貯水地などがまるでこの二千有余年の間何事もなかったかのように、ものうげな死海のほとりに掘りおこされてあった。江上団長の話では亀裂の生じた階段は紀元前三十一年の大地震のときのものだという。そんなことまでわかるのかと、今更ながら千里眼のような現代考古学の威力におどろかされたことであった。

なお発見された聖文書は、目下なお綿密な研究を続行中であるという。

死海をあとにしたわれわれは、いわゆるヨルダン地溝帯を浮上した。浮上するというのはおかしいが、海抜下四〇〇メートル近い地点から〇メートルに向って登って行くのだからふつうなら当然海の中だ。従ってこの場合あながちおかしな表現でもないだろう。樹木一本ない淡褐色の山地が延々と続く。今われわれはクムランを北上し、舗装道路に出て、エルサレムへと向っているのである。道の途中に路標があった。〝Sea Level（海抜〇メートル）〟と書いてある。今ちょうど地中海の水面を同じ高さにまで達したわけである。車を降りて路標の前でちょっと記念撮影。ヨルダンは国土の大部分が六〇〇メートルから九〇〇メートルの高原でおおわれている。その同じ国内にこのような海面下の地帯があるのは皮肉である。おかげで地勢はほとんどが斜面ばかり。それも不毛のステップときているから耕地はヨルダン全面積の五％しかない。

## 聖都エルサレムに入る

午後エルサレムに入る。いうまでもなくユダヤ教の聖都であり、同時にイエス・キリストの最後の舞台、そしてまたマホメット昇天の地として三つの宗教から大切な聖域とされている。

まずカンランの丘をおとずれる。イエス最後の祈禱の地〝ゲッセマネの園〟が広がり、その周囲に丘全体にわたって〝マグダレーナ教会〟〝マリアの墓〟〝乙女の泉〟など数々の聖跡が散在している。その一つ〝イエスの昇天堂〟と呼ばれるチャペルを尋ねる。入口で入場料を払い、小さな門をくぐるとアラブ人が客を相

橄欖の丘から見たエルサレム市。中央は岩のドーム。

手にパンフレットを売っている。まあどこの観光地にも見られる風景だろうが、一冊三百円だの四百円だのと結構いい値段だ。域内の中央に八角形の古びた聖殿が建っている。チャペルというのにドーム※型の屋根がのっかり妙な形だと思ったらこれは十二世紀の末イスラム教徒があとでつけ加えたものだそうだ。本体は紀元三七五年ごろ建てられ、その後十字軍が補修したという。ともあれこの地からキリストが昇天したというわけで、中のほこらにそのキリストの足跡《あしあと》が残っているというが、もちろんこれはまゆつばものである。

　聖域をとりまく周囲のかこみの上に昇るとエルサレムの市街が一目で見わたせるようになっている。旧約聖書の原典には〝イエルシャライム〟とあってこれはヘブライ語で〝平和の基《もとい》〟を意味するそうだが、それにしてはダビデ※やソロモン※の時代以来、この市の歴史は実に戦乱と奪略そして反乱のくり返しであった。いや過去形で表現してはいけない。今日もなおそうである。私が行った時街はヨルダンとイスラエルの二国によって東西に分割されていた。これは一九四八年のパレスチナ紛争※後のとりきめであるが、その後スエズ紛争を経て、六七年には俗に六日戦争と呼ばれる第三次中東戦争がぼっ発した。その結果現在はエルサレム市を含むいわゆるウエストバンクはイスラエル軍の統括下にあり、パレスチナ国家建設問題とからんでその政治的結着はまだ未解決の状態にある。シンドバッドのようなスタイルでさかんに客を呼び込んでいたあのアラブ人たちは今どうしていることであろうか。そして彼らに代って今度はユダヤ人たちが街のガイドをつとめているのであろうか。まことに変転きわまりない時の流れである。

キリストの足跡が残っているという昇天堂。

## 旧市街のたたずまい

カンランの丘をあとに市内に向うことにする。市の東寄りの一角はがんじょうな高い石塀にとりかこまれている。これが旧市街で、現在の町はその外側にも発達し、主に西の方に向ってのびている。その西半分が新市街と呼ばれる部分で主として十九世紀に出来上った。第三次中東戦争のおこる前までは、その新市街の地区がイスラエル領で旧市街はヨルダン側に属していたわけである。

旧市街地をとりまく塀の大部分は、現在のものはほとんどがトルコのスルタン、スレーマン大帝※（一五二〇年～一五六六年在位）の治下に再建された十六世紀のものである。塀には七つの入口がある。（ヘロデ王の門、ダマスカス・ゲート、新門、ジャッファ門、シオン門、糞門、聖ステファン門）その他、東側にカンランの丘に向い合って俗にいう〝黄金の門（ゴールデン・ゲート）〟があり、ビザンチン風※の見事な建築だが、十六世紀以来閉門されて出入することができない。

最もにぎわっているのは、北側にあるダマスカス・ゲートである。通常観光客はみなここから入る。入口附近は物売りのアラブ人や車でいっぱいで、私の行った時はすぐその西側に不均衡な見なれぬ高い石塀が別に南北に向って走っていた。これこそイスラエル領とヨルダン領を区別する人工的な国境塀で、すぐその向う側は巾百メートルから二百メートル

キリストが受刑されたゴルゴタへの苦難の道。（ヴィア・ドロローサ）

ゴールデン・ゲートの偉容。

ぐらいの無人地帯《ノーマンランド》（中立地域）をへだててイスラエル領と隣り合っていた。ダマスカス・ゲートのにぎわいとは対照的に、無人地帯には一触即発の不気味な静寂がただよい、見上げる石塀の上にはアラブの兵隊たちが絶えず銃口を光らせながら監視を続けていた。第三次中東戦争以来、現在はイスラエル軍が進駐してこの塀はとりこわされている筈である。

ダマスカス・ゲートから中へ入ると、うす暗くくねくねとまがった石畳の細長い道が続く。両側はみやげものや食べものを売る店が多い。一歩裏へまわるとイスラム地区、クリスチャン街、アルメニア地区、そして旧ユダヤ人街と、さまざまに区分けされている区画をつないで、階段、小路、アーチ、傾いた家などが所せましと立ち並んでいる。子どもが走る。観光客が行く。そして路傍には水タバコを吸いながら悠然と日がな一日腰かけて日なたぼっこを楽しむ人たち。正に生きた古代歴史の博物館を見る思いだ。

キリストが十字架を背負って、あえぎながら倒れながら、ゴルゴダの丘へ向ったという〝ヴィア・ドロローサ（苦しみの道）〟を横切り、〝ソロモン王通り〟をつき切って左に折れると、立て込んだ市街が切れて方形の境内に先きあたる。俗にハラム・エッ・シェリフ（至聖所）〟と呼ばれ、東西約五百メートル、南北約三百メートルばかりの広い一角だ。旧市内の約六分の一にあたる。例によって入口で約二百五十フィルス（約三百円）の入場料を払うと、切符を兼用したパンフレットを一冊くれる。これの表紙の一隅にミシンが入っており、門をくぐるときこれを引きちぎって切符の代りとする。入ってすぐ右側の岩塀がいわゆる〝歎きの壁（wailing wall）〟である。ヘロデ王※宮殿の一部とされ、祖国を失ったユダヤ人たちがイスラエルという国が建国されるまで、ひそかにこの場所に来ては悲歎の涙にかきくれてきたところという。六七年の中東戦争でこの場所は十九年ぶりに、或は一九〇〇年ぶりにユダヤ人の手に帰った。果して〝歎きの壁〟は今〝歓びの壁〟に変り得たのであろうか。

境内の中央に、一段と高く金色のドームが輝やいている。有名な〝岩のドーム（オマール・モスク）〟である。なぜ〝岩のドーム〟と呼ぶかというと、モスクの中央部に大きな岩があり、ここはアブラハム※がその子イサク※を神の犠牲に捧げようとした場所だという伝説があるからだ。その場所を記念してその後ソロモンがここに寺院を建てたのがまず最初だった。その後ヘロデ王やローマのハドリアン帝※の手を経たが、現在のモスクは七世紀末のオマイヤド朝の建築である。燦然と輝やくドーム。コーランを刻み込んだ軒蛇腹のあざやかな装飾と色彩。青地に白、黄色を散らばせたビザンチン風※のモザイク芸術は、その後部分的に補修されたものとはいえ、すべて原型の神秘的な輪廓、調和のとれた構造をそこなわず、正にイスラム建築を代表するみごとな作品であるといえる。

エルサレムの聖域に映えるオマール・モスク。

私の見た境内には、三三五五モスレムたちがおまいりに来ていた。石畳の上に坐って、三拝九拝している人間がいるかと思うと、そのすぐ近くでは暑いのに太陽の直射を浴びてごろりと横になっている御人もいる。そのうちモスク前の広場をイスラム教の葬列が通りかかった。先頭の数人がモメンの布に包んだヒツギをかつぎ、親せき縁者たちらしい十数人がシュロの葉っぱをかざしてその後から続く。イスラムの埋葬はすべて土葬だ。墓地へはこぶ前にヒツギを一度寺院へ入れて、そこでみんながお別れの祈りをとなえるのである。どこへ行くのかと思って見ていると広場をへだててちょうど〝岩のドーム〟の南側にあるエル・アクサ寺院へ入った。ここは最初オマール（六三四年～六四四年、オマイヤッド朝イスラム第二代のカリフ）が祈禱所を建てたところだが、現在の寺院は十三世紀のはじめに英雄サラディン※の治世下に建築されたもの。エル・アクサとは〝遠く離れた〟の意味で、一九五一年ヨルダンの先王アブダラ※が暗殺された場所でもある。

## 破壊された旧ユダヤ人墓地

ハラム・エッ・シェリフの東側、つまり〝岩のドーム〟の裏側に出てみよう。カンランの丘が手にとるように見わたせる。〝ゲッセマネの園〟の向うに小さく見えるのはさきほど訪れたキリストの〝昇天堂〟である。つまりわれわれは一時間前、ちょうどこれを逆の方向から、今われわれの立っている場所を眺めていたことになる。

その時だ。視線を右方の谷あいに転じた私の目に一つの異様な光景がとび込んできた。最初私はそれが何か新しく建築を予定されている敷地か何かで、そこにはまだ一面にバラック建ての家屋がとり残されて並んでいるのかと思った。ところがそうではない。よく見ると何とそれはメチャメチャにこわされた墓地なのである。一瞬私はすべてを了解した。パレスチナ戦争以前にユダヤ人が使用していたもので、それがこの地に進出して来たアラブ人たちの手によってあらゆる憎しみと怨謗の対象として完膚なきまでに破壊しつくされたこれがその結果なのであった。

アラブとイスラエルの抗争は実に宿命的だ。ためしにアラブ人の住む任意の国で世界地図を買ってみるといい。その地図にはどこを探してもイスラエルという国はない。文字もない。よく見るとパレスチナ地方はポッカリと白地にしたまま印刷されていないか、もしくは印刷されたものは黒々と墨で抹消されている。もしアラブ諸国に旅行していて、パスポートはもちろん身のまわりからおよそイスラエルに関係のあるもちもの、書物やパンフレットは言うにおよばず、イスラエルの字を発見されてもその人は直ちに国外徹去を命ぜられるだろう。逆にイスラエルにいても全くその逆の現象が見られるという。一九四八年、二〇〇〇年近い年月にわたって彼らの悲願であったイスラエル新国家の建設の宣言が出された。とそれより早くアラブ諸国の連合軍は、すでに三方よりパレスチナへと進撃を開始した。二年越しの紛争は一応調停されたもののまだ国交もなく、交通も経済も封鎖されたまま両国はただにらみ合っているより手がなかった。彼らのもっとも肥沃な土地を奪われたうえ、パレスチナを追われた百万に近いアラブ難民をかかえ込んで、アラブ人た

今日のオリーヴ丘（橄欖の丘）。ロシア教会の塔が見える。

ちはムカムカしていた。そこでかつてこの地に住んでいたユダヤ人のありとあらゆる墓石をメチャメチャにけちらかしてその腹いせとしたのである。一九五六年のスエズ紛争※、すなわち両成敗に終ったいわゆる第二次中東戦争のあとあいかわらずにらみ合ったままの両民族は、またしても一九六七年六月、どちらからともなく発砲を開始した。いわゆる六日間戦争※である。戦いはイスラエル側の圧倒的勝利に終り、エルサレムは再びユダヤ人の手におちた。だが調停は背後東西陣営の圧力を背負ったまま膠着し、その後アラブ側からの報復戦争など互いにゆずらぬ交戦をくり返した後、今日いまだドロ沼的対立を続けているわけである。

エルサレム――奇妙な土地である。神聖な宗教のメッカといわれながら、私には少しもそんな雰囲気は感じられなかった。そこにあるものは客を呼び込むカン高いガイドの声であり、触れるとたちまち病の愈える奇跡の泉であり、常識では考えられない聖者の足跡であり、そしてそれらを絵入りで解説した何百円もするパンフレットの乱売である。何が正しいのかと耳をかたむけると、クリスチャンたちはこの地こそキリスト受難のわれわれの聖都だと言い、モスレムたちにとってはマホメットが昇天したイスラム教徒のためだけの神聖な土地、かと思うとユダヤ人たちは本来われわれに帰属すべきアブラハム※やソロモン※ゆかりのメッカなのだと説明する。これでは未来永劫結着はつきそうもない。いっそこんなことならエルサレムで人類歴史上の一つの実験でもしてみたらどうだろうか。それはここへ地球上のあらゆる民族のあらゆる人種そしてあらゆる宗派をいっしょくたにして定住させ、いわばソドムやゴモラ※のような町を作るのである。その結果エルサレムに住むあらゆる人間は混血児となり、思想上や肉体上の区別は消滅するだろうう。そうしてその時ここを共存共栄のどこの国にも属さない国連都市として指定し、喧嘩をするやつはいっそ公民権をうばって国外に追放するのである。それでも「絶対平和」はやはりだめであろうか。エルサレムが真にその名のとおり「平和の基《もとい》」となるのはいったいいつの日のことだろう。

## 鮮やかなモザイク古地図

エルサレムから死海をへだてて、東岸十キロぐらいの地点にマダバ（Madaba）という町がある。町全体が小さな丘の上にのり、中央に釣鐘のある教会が遠くから見える。

人口わずか一万人。十九世紀の末からギリシア正教系が支配し、エルサレムとは対照的に静かで平和そのものといった

ジェラシュの遺跡。フォラム（集会地）のあと。

感じの町である。

町の北部にひとつギリシア正教の教会が建っている。一八八〇年に旧い教会のあとに建立されたものである。さして大きくもない教会だが、うす暗い内部に目がなれて、正面上部のキリスト像から視線を下におろすと、今床の上に敷かれた絨氈を教会の使丁が司祭の命によって一枚々々はがしているところだ。

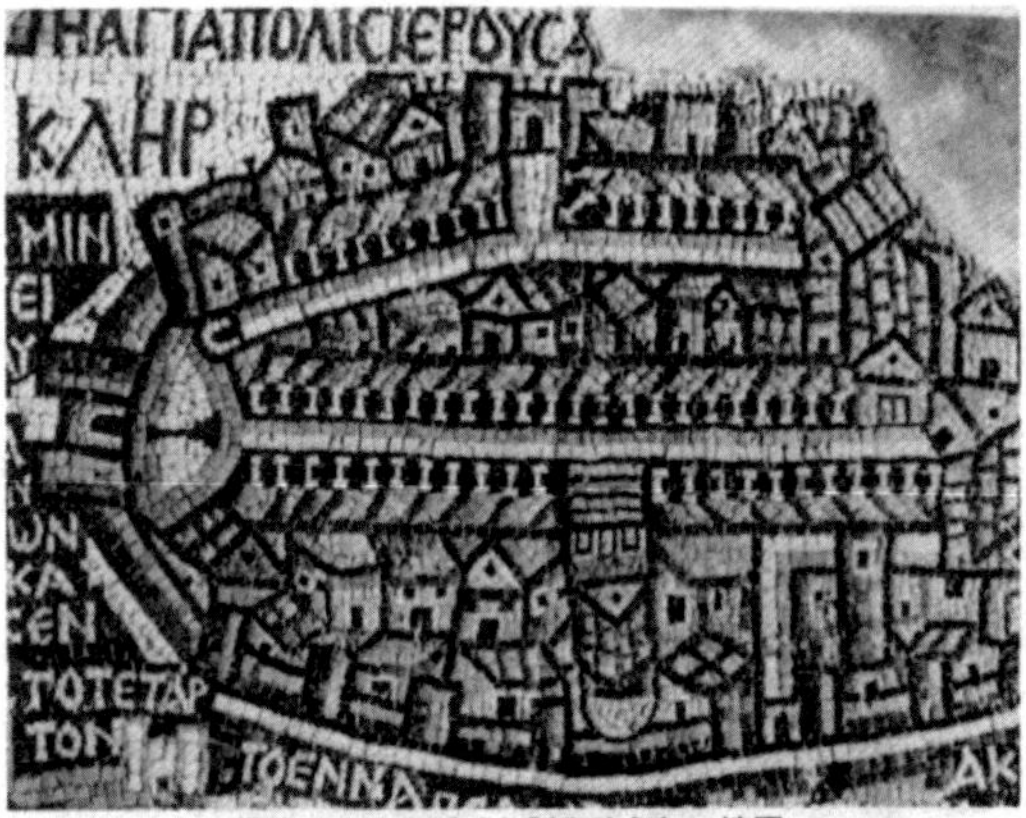
世界最古のモザイク製の珍らしい地図。

（いったい何が現れるんだろう）

大げさではなく、われわれは片唾をのみながら絨氈の下の床の上に目をこらした。だがそこに見たものはうすよごれてほこりっぽいただの床でしかなかった。

（おや？）

少しはぐらかされた気分で使丁の動きを目で追っていると、床の隅へ絨氈を丸めた彼は、今度は水を汲んだバケツの中へ柄のついたゾウキンをつっこみ、それをまるでローラーをころがす時の要領で床の上を引っぱって歩いた。

するとどうだろう。何もないと思った床の上に色彩もあざやかなモザイクの絵が見えてきた。パレスチナ・ヨルダン地方の地図だ。

同じくモザイクの絵柄のよこにギリシア語の注釈がついている。エルサレムの町がある。マダバがある。そしてヨルダン河が死海へ注いでいる。河の中には魚が描かれ、それが死海に入ると急にいなくなっている。事実に忠実でおもしろい。赤、白、青、黄色、黒と数色のモザイクで描かれたこの地方の俯瞰図が、うす暗い周囲の雰囲気の中にあざやかに浮びあがった。一八九六年に発見され、パレスチナ考古学の年鑑にのって有名になった六世紀の作品である。おそらくこの種のものとしては世界最古の珍しい地図である。

## ドルメン探索行

翌日この教会の司祭に案内されネボ山（Mount Nebo）附近にドルメンを見に出かけた。ネボ山はマダバから十数分のところにあり、モーゼがここから〝約束の地カナン〟を眺めたところである。途中モーゼが悪魔と闘ったという渓谷や、ごく初期のキリスト教会のあとなどが、あちこちに残っている。われわれもまたそこから死海や

黒山羊を追うベトウィン女性。ヨルダンのネホ山にて。

ベトウィンの女性たち。日焼けした肌、野性の眼。

エルサレムを遠望することができた。考古学の権威として団長や曽野さんの興味はもっぱら旧約聖書よりもドルメンにあった。ドルメンとは俗にいう机石の形をした巨石記念物のことで、ヨーロッパでは新石器時代から青銅器時代にかけて見られ、特にその中で立石の形をとったものをメンヒルと呼ぶこともある。わが国の奈良県にある石舞台もこの一種だが、墳墓ともまた単に装飾品ともいわれ、ドルメンについては不明の点が多い。

午前中にネボ山へ登り、いちど昼食をとりにマダバへ戻った。そうしてドルメン探訪は調査団の半分の人数で出かけた。深井さん以下の四名は別の取材に行く。ところがドルメンは渓谷の奥まったところにあって、司祭の他に土地の案内役をつけたにもかかわらず、そこに行きつくまでが大へんだった。まず何よりも足場が悪い。ワディと呼ばれるゴツゴツした礫岩帯で、ふつうなら当然水流のあるだろうと思われるような深い谷間へおり立ったかと思うと、すぐまた対岸の山肌を斜めに昇って行かねばならない。もちろん道があるわけではない。半分も行かないうちに二時間ぐらいはすぐたってしまった。次第に山ふかくわけ入り、とうとう途中でこれ以上ワゴンでは無理だということになった。そこで車を乗りすて、このあと行けるところまでトヨタのクルーザー一台で進もうということになる。当然乗る人間は限られてくる。案内人のはなしではもうしばらくだというので、彼と団長、曽野さん、それに運転していた私の他はみんなあとから歩いて来ることになった。

前輪駆動にギアを入れ、人間と荷物を満載したクルーザーが山肌をへばりつくように走る。右側が谷間、左が山。かたむいて危いので曽野さんが重石がわりだと山側のステップにぶら下った。斜めになりながらソロリソロリとローギア運転だ。十数分も走ったろうか。やがて切り立ったような断崖を前にして、とうとうクルーザーもこれ以上はあきらめねばならなかった。その向うにおわんを伏せたような大きな岩山が広がっている。はるか右側の山肌にポツンとベドウィン※のテントが見える。あとから来る連中のため私が車といっしょに残ることにする。団長と曽野さんは案内人といっしょに断崖を歩いてわたり、やがて岩山のかなたに黒点のようになって消えていった。

十五分ほど待っていると、あとの連中が到着した。団長たちはどこへ行ったというから、あの岩山の向うだと答えると、みんなであとを追いかけようということになった。ところがその岩山の向うへ出ると更に同じぐらいの岩山が三方に拡がっていて、サテ団長たちはそのどちらの方向へ行ったのかが皆目わからない。

弱ったことになった。一同が大声で、

「ヤッホー」

を叫んでみたが一向に返事も返って来ないのである。人っこひとりいない山奥のだだっ広い青空に、どんな大声もむなしく吸い込まれてしまうのであろうか、あっちへ走り、こっちへ走りしてみたが、ドルメンらしきものはもちろん団長も曽野さんもてんで姿がみつからない。さんざん待ったが若し行き違いになったら困るからと、仕方なくクルーザーのところへもういちど戻ることにした。時計はそろそろ四時を廻っている。そのうちだんだん陽がかたむいてきた。千代延君と司祭などはワゴンの方も心配だからとついにあきらめて、もと来た道を引き返して行った。

と、その時である。対岩の上にポツンと人影が見えた。

「あッ、曽野さんだ！」

と古山君が叫んだ。続いて江上団長らしいもう一つの黒点。思わずわれわれは駈け出した。これで何度この断崖を横断することか。向うの岩山の中腹でわれわれと曽野さんがぶつかった。

「どうでした？」

「あった、あった、あったよ！」

ワナワナと曽野さんの唇がふるえている。感激のあまりである。やがて江上団長も下りてきて、手振り足

振りしてはしゃぎながら、

「すごいよ！　一面にドルメンの海だ。是非見てらっしゃい。これともう一つ右側の岩山をこえた北側の傾面だ。」

とその場所を教えてくれた。こういうときのこの二人の先生たちの態度を私は好きである。純粋そのものだからだ。学者子どもと言えば表現はわるいが、おのれの関心をそそった研究の対象へとまっしぐらに突進し、それが満足されたときは実に赤子のように手放しの喜びをあらわす。その邪気のなさは、あとからくるわれわれのことなどすっかり忘れて行動した多少の身勝手さをおぎなってもまだおつりが来る。

やがて松谷君と古山君それに私の三人も夕やみせまる山かげに待望のドルメンをこの目ではっきり眺めることができた。われわれにとっても感激の

探しあてたドルメン。

一瞬であった。そうしてあれは夢ではなかったんだと後日はっきりした証拠を残すため、三人はドルメンの前に立って自動シャッターで記念の写真をとることを忘れなかった。薄暮の中を、露出の不足を心配して絞りをいっぱいに開けながら――。

## C14による年代測定

死海の北端からヨルダン河をさかのぼること八キロ。その西岸にイエリコ※（Jericho）の村落がある。これまた聖書に関係ふかい場所で、ヨルダン地溝帯の中にあり、なお海抜マイナス二五〇メートルを記録する。この村落のはずれに人類最古の町イエリコの廃墟がある。紀元前五〇〇〇年ころの原始農耕集落のあとだ。だいたいパレスチナ、シリア、北メソポタミアにまたがるいわゆる〝豊沃なる三日月地帯〟には多くの原始農村の遺跡が散在するが、その中でもっとも古いとされているのがジャルモ※（キルクークの東方）と並ぶこのイエリコである。ところが同じ壁でもジャルモは粘土をかためただけであるのに対し、このイエリコの方は日ぼし煉瓦を用いており、集落をかこむ壁や祠があってすでに神殿を中心とする社会の成立を思わせるものがある。この点から発掘者ケニヨン※（Kenyon）の表現をかりれば〝世界最古の町〟ということになる。そうしてもっとも最近の発掘では紀元前七千年紀の集落のあとがC14によってたしかめられている。

$C_{14}$というのは戦後発見された放射性炭素による年代測定法で考古学界に一大革命をもたらした。その原理はおよそ次のようなものである。すなわち地上の植物は同化作用によって大気のなかの炭酸ガスから炭素をとってその植物体を構成しているから、植物体の炭素にも空気中と同率で放射性炭素が含まれている。(これが原子量14の炭素であるところから$C_{14}$の名称が生まれた) ところで植物体が死ぬと空中からの炭素の補給はとまるから、植物体中の放射性炭素は崩壊して減る一方である。このときこの崩壊は温度や圧力にかかわらず約五八〇〇年で半分になる割合できわめて規則的に進行する。だから遺跡から水浸しの木片でも布の切れはしでも何でもよい、植物性の遺残物をとり出してその中に含まれる放射性炭素の量を測定すれば、過去五万年ぐらいまでの実年代が測定でき、しかもその誤差は五七六〇年でプラスマイナス二五年というごく僅かなものである。この方法が発見されるまでは地磁気とか樹木の年輪などで推定していたのであるから実にこの原理の発見は画期的なできごとであり、このため考古学は戦後学問的に長足の進歩とげることができたという。

さて、廃墟に近づくと遺跡は木抗でとりまかれ現在もなお発掘が進行中であることを示している。廃墟を示す大きな穴の中央に、巨大な円筒形のガスタンクのようなものが目に入るだろう。これはそのむかしイエリコの町の中心部に建てられた大きな石塔の核で、二重の貝殻でしっかりとかためられていたのが今でもわかる。そのまわりを形こそ方形ではないが日ぼし煉瓦をつみあげた壁や祠が続いており、そのあちこちから頭骸骨や鏃、鎗などさまざまな遺品が発見されたのである。こうして今から八〇〇〇年も前に営まれたわれわれ人類祖先の集落生活の秘密が、つぎつぎと白日の下にさらされた。まことに驚くべき現代考古学の勝利であると言わねばならない。

なおこのイエリコの遺跡の北方三キロぐらいのところに、これは時代も下って八世紀、オマイヤッド朝のカリフが建てたマフジャールの宮殿※あとがある。ここではビザンチンやササン朝の影響を受けた初期イスラム芸術を垣間見ることができる。

## ジェラシュの遺跡

マフジャール宮殿から道を東北にとり、ようやくヨルダン地溝帯を離れて北上する。行くこと約六〇キロ、左手の丘に無数のギリシア風の列柱が見えてくる。アレキサンダー大王がその基礎を築いたというローマン都市ジェラシュ（Jerash）のあとである。遺跡は東西約一キロ、南北およそ九〇〇メートルの大きさにわたって拡がっている

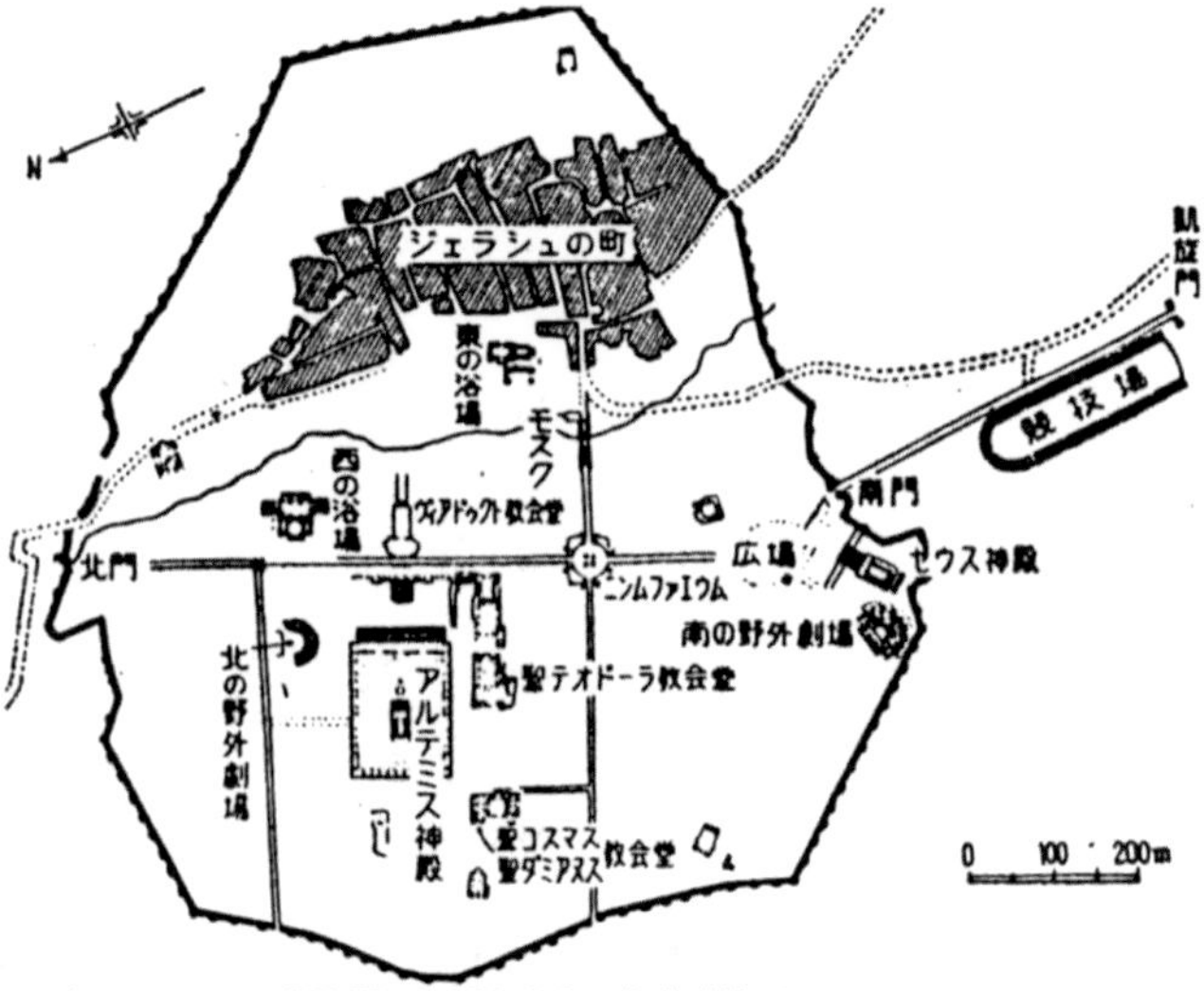


ジェラシュの町見取図。南門から入るとすぐ前がフォラムになっていた。

ジェラシュはナバタイ人の都ペトラに続く第二の隊商都市であった。基礎を築いたのはアレキサンダーだが、もっともさかえたのはそれから約三百年後、紀元前後から三世紀までのローマン時代である。

遺跡の南端にあるフォラムの列柱から眺めてみよう。フォラムは石畳のある円形の広場で、ここへ東西の隊商が集まった。そのまわりをほとんど無傷のまま無数のコリント式の列柱がとりまいているのである。私はとっさにイタリアにあるヴァチカン宮殿前のサン・ピエトロ広場を思いうかべた。あの列柱回廊は近世ベルニーニ※(G. L. Bernini)の作である。だからたしかにこれはその原型に違いないと。偉大なローマ――。その影響は時代と場所を問わず、かくも広く、かくも長くわれわれの住み家である地球上に拡がっているのである。

フォラムから北へまっすぐカルドーと呼ばれる中央道路が走っている。両側に無数のコリント風な柱が立ち並ぶが北のはずれにはイオニア式のものもある。おそらくは建築年代の相違であろう。コリント式のものはすべて二世紀末につくられたという。この中央道路の長さは前後六〇〇メートルに及んでいる。そして今も敷かれた大理石の石畳にはなんと車のわだちのあとがはっきりと残っているのである。いかに当時の往来がはげしかったかをものがたる証拠である。道路の左右にはニムフェウム神殿※や、アルテミス神殿※、そして少し時代が下って四世紀の後半に造られたキリスト教関係の大食堂や教会などの一部が見られる。

　カルドーの北端と南端に、それぞれ〝北の劇場〟〝南の劇場〟と呼ぶローマ風な野外劇場のあとがある。フォラムのすぐそばにあるのが〝南の劇場〟である。階段は三十二段あり、約五〇〇〇人ぐらいの観客を収容できた。

　ジェラシュの歴史はローマ時代をすぎて

死海に立てられた標識。海面下1300フィートとある。

から次第に衰運に向いながらもなお続いた。しかしササン朝ペルシャやアラブ人の手にわたってからは、再びかつての隆盛をとりかえすことができず、たびたびの地震も手伝ってついに十二世紀にはさびれはててただの廃墟となった。

死海——死んだ海。いつ誰がこのような名前をつけたのであろうか。しかしこの海の周辺には、かつて生き、いまもなおわれわれを通じて生き続けようとする人類の生命《いのち》が深く静かに燃えている。ほろにがい死海の水が口中に広がって、それはあたかも人間たちの深い生の悔恨のようになおも私の唇をしびれさせていた。

キリスト生誕の地とされるベツレヘム市。

# 第六章　レバノンの雪と太陽

「2020年ベイルート港で発生した爆発事故」同年撮影

中東にもこんな都会があったのか。わたしは目を見はった。まっ青な地中海の水、輝く太陽、ふりむくと昨日吹雪にみまわれてあれほど難行したレバノン山脈の峰が、うそのようにくっきりと純白の肌を大空にみせびらかしている。いやそれだけではない。アラブ地方の他のどこへ行っても、あれほど入手困難だった〝酒と女〟が、ここにはふんだんにある。そうだ、ベイルートは中東のパリと呼ばれ、古代フェニキヤ地方の商業精神をうけついだ自由貿易都市だった。おまけに気候がよい。海岸では年中海水浴が楽しめるかと思うと、一時間も内陸へ入ると、そこではレバノン山中でスキーが滑れるという工合だ。これぞ中東のパラダイス——と思わず喚声を発したいところだが、今ではすっかり事情が一変した。美観を誇る街はイスラエル軍の空爆や内紛で崩壊をはじめ、街角では世にも残虐な大量殺人が横行する。果てしなきアラブ対イスラエル抗争の報酬だ。ああ、失われた楽園よ！

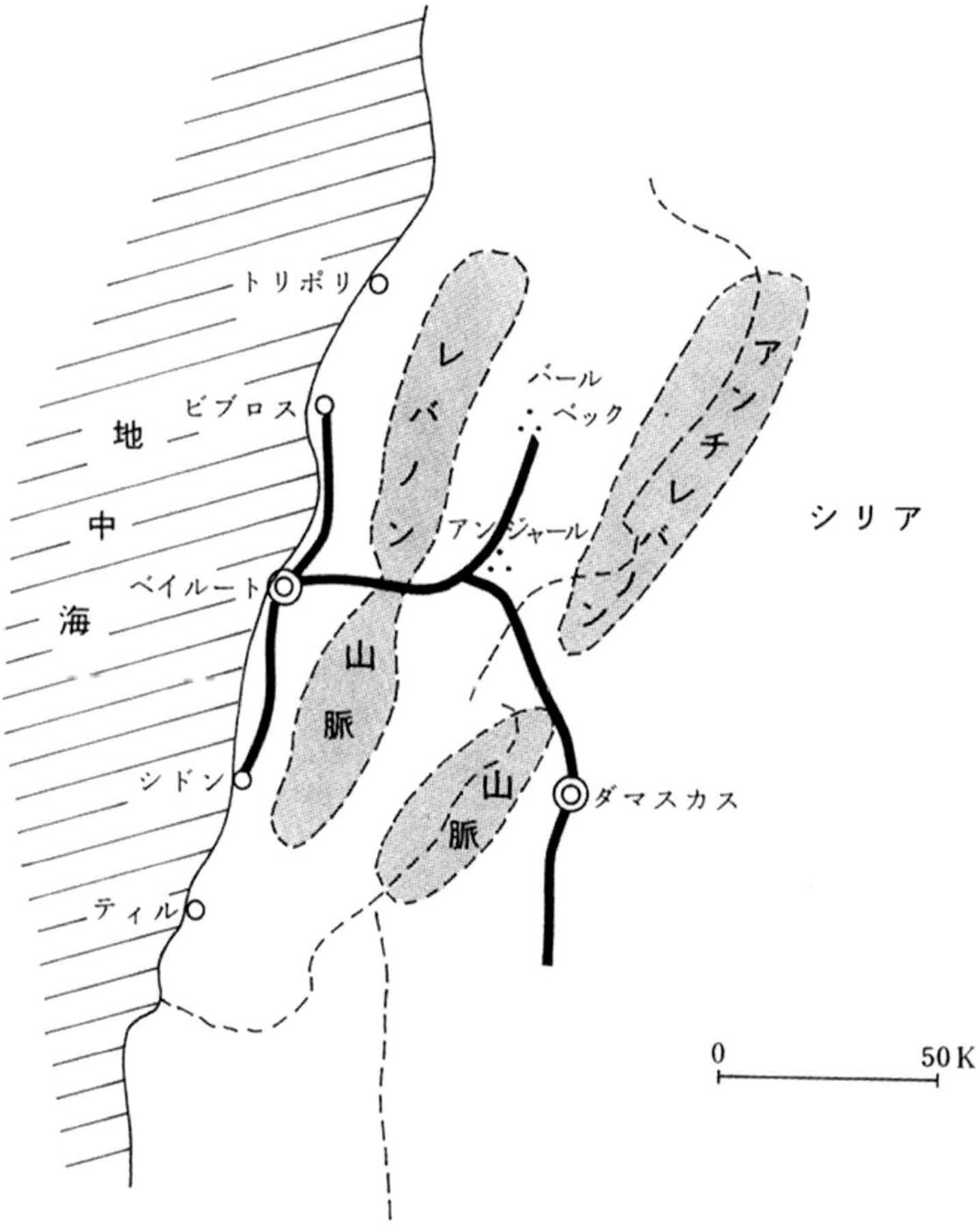


ベイルートを中心とする調査団の行跡図

# ベイルートの女

暗いベイルート（Beirut）郊外の四つ角を左に折れて、私をのせた車は静かに止った。

前方、十数メートルのところに車内燈をつけた別の車が一台止っていて、後の席に女のシルエットが見える。〝あれだな〟と思った。

その時私の運転手がクラクションを一つならすと、前方の車のドアが音もなくあき、女の姿がしなやかに地上に下り立つ。一瞬こちらを見すかすように立ちどまってからコツコツとヒールの音をならしながら近づいてきた。

「サア　よく見るんだ」

と運転手が早口で私にささやく。私は外へ出た。

「ボン・ソワール」

まっ赤な外套をはおり、中肉中ぜいのスタイルのいいその女性は、すれいちがいざま私に声をかけると、あいたままになっている後のドアから自分でサッサと中へ入った。

「サア　よく見るんだ」

もう一度運転手はそう言うと、半ば強制的に私を前の席にのせて、今度はこちらの車内燈をつけた。

「レバネーズ？（レバノン女性？）」

フランス語のつもりで聞いたのだが、ちょっと間をおいて
「イエス」

と、意外にも英語で返ってきた。

私に女を紹介した男の話だと、もとクエート航空のスチュワーデスをしていたエジプティエヌ（エジプト女性）だと言っていた……。レバネーズなら普通もう少し青黒い肌をしている。この褐色っぽい黒さは、たしかにエジプト系だ。女の方でウソをついているのか？……、しかし今更そんなことは大した問題ではなかった。かすかに羞恥をおしかくしてじっと私を見ている大きな眼が、何とも蠱惑的である。年の頃二十三、四といったところであろうか。

「ＯＫ？」

のぞき込むように私に尋ねる運転手に、

「ＯＫ」

と私が答えると車内燈を消した車は再びスタートをきった。女の体から発する香水のにおいとその都会的な感覚が、あきらかに私の官能をしびれさせていた。

中近東のパリと呼ばれたベイルートの美観。今日ではあちこちが破壊されている。

ベイルートは中近東のパリといわれる。標準語は一応アラブ語だが、知的、文化的用語としてフランス語が使われ、人々の生活もまた多分にヨーロッパ的だ。特にその自由さの点において。

人口約五〇万、レバノン共和国の主都だが、そのうち半分以上がキリスト教徒であるのもこの国の大きな特色の一つで、アラブ諸国中、消費水準が大へん高い。

しかし、ヨルダンからシリアのダマスカスを経てこのベイルートへ入るのにはえらい苦労をした。

それはレバノン山脈※を越える時だった。標高一五〇〇メートルを越す峠に近づくにつれ、気温がグングン下って行くのが手にとるようにわかった。次第に雲がかかって天候もあやしくなり、とうとうチラチラと雪さえ降り始める。みんな大あわてでキルティングのヤッケや毛のものをとり出してそれぞれ身にまとう。

しかし寒さだけならまだ何とかなった。もうすぐ峠という所で文字どおり長蛇の車の列にぶつかって、ニッチもサッチも行かなくなってしまったのである。

最初のうちは、それでも警察の指導のもとに一台ずつ最除行で通していたらしいのだが、そのうちにますます雪ははげしくなる、日は暮れてくるで、とうとうその日は一切通行止めというおふれがでてしまった。あと距離にしてわずか三十五キロ、四、五十分でベイルートというところまで来ていながら残念無念、むざむざ引き返してその夜はシュトラ(Chtaura)という最寄りの町へ泊りになってしまった。

レバノン山中で吹雪に見まわれ交通ストップ。

さて翌朝、八時頃にとび出して昨日と同じコースで再びレバノン山脈へさしかかると、雪こそやんでいたが峠附近は昨日と全く同じ状態で、延々車が続いている。それでも通行止めはとかれていたので希望はあった。だが水っぽくなった雪の坂道でラッシュは車にとって最悪である。車と車の少しのすき間ができるたびに少しずつ進むのだが、前へ出ないでうしろへすべってしまう場合もある。チェーンをつけている車など一台もない。アクセルをふかすたびにタイヤが見事にカラ廻りをして、雪と泥をはねとばしている光景など、見ていて全くハラハラしてしまった。

しかし、こういう時のアラブ人の態度は実にゆうゆうとしている。決してあわてたり、イライラしたりしない。むしろメッタにない山の中の珍事をごく無邪気にたのしんでいるかのような風情で、お互い顔を見あわせてニヤニヤしたり、からかいあったりしている。交通止めは解けていつかは通れるんだから、まあ気長に待てばいいんだといった調子である。

ところがわれわれ日本人はそうは行かない。〝弱ったな〟とか〝ちくしょう〟という言葉がすぐ口に出てくる。そうして前へ前へとつめるのではなく、左右の列に少しでも隙間ができるとハンドルを切ってそこへわり込む。たしかに効率はいい。だがなんとケチくさくせっかちなことか。東京という半ば交通マヒをおこした都会にあまりにも馴らされてしまったせいであろうか。それでも小一時間ぐらいかかってようやく難所を突破、ついに待望のベイルートへ入ることができた。ところが、ここでもう一度驚くことが起った。山を下りると日がカンカンと照っていて、つい三十分も前、ガタガタと寒さにふるえていたのがまるでウソのよう。ベイルートの街はポカポカと春、というより初夏の気候で、まっ青な地中海では何と人々が水しぶきをあげて、水泳ぎをたのしんでいたのである。

## 自由都市ベイルートの歴史

ベイルートへのあこがれは、イラクにいる時からすでにわれわれの中にあった。その理由はそこへ行けばとにかく何でも欲しいものが手に入るからだ。これはレバノン共和国が新興独立国としては異色の、自由放任経済をたてまえとしている結果で、ここには世界各国の品物があり、食べものがあり、通貨がある。風俗習慣もまた然り。ここにはヴェールや黒衣をつけた女性をみかけることはごくまれだ。いや外見だけではない、宗教的束縛をはなれ、性と飲酒までがひとり歩きしているのは中近東ではまずイスタンブールとこのベイルートぐらいであろう。バクダッドでベイルートへ行くと人に言うと、何でも話す仲ならきまって〝女と酒をたのしんで来い〟と言うし、もう一度帰って来ると言うと、必ずライターだのサングラスだのを買ってきてくれと依頼される。

そもそもこの市の商業性は歴史的なもので、古代この地方はフェニキアと呼ばれ、その活動と富は当時あまねく世界になりひびいた。フェニキア人※は、国内から産出する良質のレバノン杉で船を造り、地中海はもとより遠く黒海、バルト海まで進出して航海通商に従事した。また気候風土も内陸の砂漠地帯とは全く対照的で、緑がしげり、水も豊富で、寒暖の差がすこぶる小さい。（しかも、四季を通じて山上のスキーと地中海の水浴がたのしめる）内陸から地中海側に出ると〝よき広き土地、乳と蜜の流れるカナン〟と旧約聖書に書かれてあるのが、まことに実感であり事実であるのがよくわかる。（ブドウ酒がうまいし、またオレンジの味は世界一といっても過言ではない）

## 滞っていた雑務を整理する

とにかくそんなことでわれわれ調査団にとっても、レバノンでの数日間の滞在は、ジェネラル・サーベイにおける忘れることのできないなぐさめであり、息抜きであった。（その代り、急に生活にお金がかかることだけは覚悟しなければならない）

しかし、もとより遊びに来たわけではないから、フィルムや送金の受けとり、大使館への連絡、車の修理そして遺跡の撮影と、結構いそがしい毎日を送った。そして仕事が終ると、夜のひとときをもっぱらくつろぎとたのしみの方へとまわしたという次第である。

ここで取材した遺跡関係は、シドン、ビブロス、犬の川※、バール・ベック、アンジャール※などであった。

最初、到着した日、まずわれわれは日本大使館へ連絡をとった。会社や家からの手紙が一杯来ている。十日ぶりに味わう故郷の香りである。全日空機の事故※や武州鉄道汚職※の詳細を知ったのもこの時である。モスルやバクダッドに比べると、ここはさすがに手紙の来るのが速い。だいたい三、四日で届く。長くて一週間だ。というのも世界中の主要航空のほとんどがここを通過するからで、空港は毎日次々と各地からの便で賑わう。イラクではそうはいかなかった。最低七日から二週間ぐらいはかかった。しかもひどいことに、いまだに手紙の検閲があって、ひっかかると没になる。うっかりしたことは書けないのである。(私はアラブにおける日本紹介のパンフレッドの中に、女優の三宅邦子さんが茶の間で食事をしているテレビか映画の一場面が、日本の代表的家庭の一コマとして紹介されていたのが面白く、これをヤユった文章といっしょに日本へ送ったが、これはついに届かなかった。)

この日、久しぶりに午後大雨が降った。バグダッド以来である。やはり雨量は地中海沿岸では、内陸に比べてはるかに多い。一週間か十日に一度ぐらいの割合だろうか。それでもサッと来てせいぜい二、三時間であがってあとは青空が顔を出すのが特徴である。日本のように一日中降り続くということはまずない。向うの人があまり傘を持たないという理由がこれでよくわかった。

翌日、空港に江上団長と曽野副団長を見送る。曽野氏は大学での授業が控えており、江上氏もまた所用があって、キプロスなどをまわり日本へ帰国されることになったのである。これで調査団は深井副団長以下六名、われわれ取材スタッフを入れて八名となった。この日同時に空港で日本からカメラ用の三脚、それとバクダッドから転送したフィルムなどを受けとる。これで一応取材の中間補給体制がととのったことになる。

**ベイルートの気温と降雨量。**

| 月別 | 1 | 2 | 3 | 4 | 5 | 6 | 7 | 8 | 9 | 10 | 11 | 12 |
|---|---|---|---|---|---|---|---|---|---|---|---|---|
| 平均(C°) | 13 | 14 | 16 | 19 | 22 | 25 | 28 | 28 | 27 | 24 | 20 | 16 |
| 降雨量(mm) | 185 | 145 | 99 | 56 | 20 | 30 | 0 | 0 | 8 | 53 | 135 | 190 |

そうしてこの日の午後、最初の遺跡訪問としてわれわれはシドン(Sidon)へ向った。

## レバノンの諸遺跡

シドン――現代名をサイダ(*Sayda*)という。紀元前十四世紀、フェニキア諸都市のうち、もっとも早く開け、もっとも繁栄した都市で、シドン人のことを詩人ホーマーも〝すべての事項にわたって能力のある〟人たちとうたった。ベイルートの南、五〇キロの地点にある。旧約聖書の創世記※では〝カナン人の境は、シドンよりゲラルを経てガザに至り(第一〇章)〟とあり、これによれば、いわゆるカナン地方の北限ということがわかる。なおヨシュア記※を見ると、シドンはヘブライ人がどうしても攻略することのできなかった七つの都市の一つで(十三章)、聖書のあちこちにはしばしば「大シドン」という表現が出てくる。

シドン。十字軍のたてた城が見える。ここも現在は両三度にわたり戦場化した

ところが今日のサイダに行って見ると、昔日の栄華やおもかげはどこにもない。海岸に十字軍の城がポツンと残っているだけの、ごくわびしい小さな港町である。オレンジとか、バナナ（この辺のバナナは十二、三センチぐらいの小型である）、アンズ、レモンを産出するのでそれを運び出す小さな船がかろうじて出入しているだけだ。人口四万人。そのうち一万五千人が〝アラブ難民〟（パレスチナ人）だから大へんである。歴史というものはあらゆるものの面貌を容赦なく作りかえてしまうものだとあらためて感心した。

城は大部分が黄褐色の砂岩で築かれ、百二、三十メートルの石橋で陸地につながっている。大ざっぱに言うと、東西二つの塔とそれをつなぐ石壁からなっていて、東側のが天主閣であった。たて二十一メートル、よこ二十七メートルの長方形で、石柱の基部が多数建材として用いられ、西側の塔の方がよく残っている。箭眼《せんがん》、狭間《はざま》※やせまい入りくんだ階段など、築城の原理というものは、東西規を一にしていて面白い。日本の場合とくらべてただ石と木という材料が違っているだけである。ただ木材の場合は、何層にも上へ高くしてゆくのに対し、石材の場合は、横の連絡がしっかりしていて、上部が青天井であるのが特色といえよう。なお左右の塔をつなぐ壁には十三世紀フランス建築の特色がよく見られる。じっと眼を閉じておもいをこらすと、十字軍が、神の加護を念じながら必死になってアラブ軍のイスラム教徒と戦った姿が目に見えてくるようだ。

十一世紀初頭からはしまった十字軍の努力がみのって、一二二九年二月、エルサレムは再びキリスト教徒のものとなった※。以後約十五年間、何とかそのような状態が続く。しかし結局はそれもつかの間の夢であった。一二四四年以後聖都はまたもやイスラム教徒の手に落ち、十三世紀の後半にはトリポリ、アクレ、ティルス、シドンなど、聖地の各重要都市は次々と陥落する。当然この城も引きわたされることになる。ここに前後二百年、八次にわたる十字軍の夢は完全についえ去ったのである。

塔の上には夏草ならぬ三色スミレが生い繁って打ち寄せる波音に、ひとり昔を語っているわびしい今日のシドンの姿であった。

## 古代ビブロスのあと

翌日、シドンから一転、今度はベイルートを北上して四〇キロ、昔のビブロス（Byblos）今日のジュベール（Jubayl）を訪ねる。

ビブロスはシドンほどの華やかさはなかったが、その代り紀元前四千年も前からフェニキア人が住んでいたこの地方でもっとも古い町である。

現代の町ジュベールは人口二千、青みどり色の地中海から吹いて来る薫風にふんわりとくるまれた可愛い小さな町である。やはりバナナやオレンジがとれ、それと大した量でもないお魚を売ったりして、ここの人たちは生活しているらしい。

現代の町の南に隣りあって古代ビブロスの遺跡がある。フェニキア期（前十五世紀〜前十一世紀）はもとより、エジプト、ギリシア、ローマ、中世紀と歴史各層の遺址が実にアトランダムに存在する。更にここが最も古い町といわれるのは、発掘時に紀元前五千年ぐらいの粗末な家屋の断片や、穀物甕に入った前四千年紀の人骨が発見されたからである。

それによるとだいたい紀元前三千二百年頃から、青銅期時代に入り、前三千年にはすでに立派な町ができ上っていた。

入口から十字軍の城あとに登ると、地中海を向うにひかえて、手前に古代遺跡の全景がほとんど一望のもとに眺められる。まず目にとび込むのは西の方角に六本残ったローマ時代の列柱である。その昔、神殿の北の入口と町とを結んでいたという。ただし現在の柱はいずれもその後補修されている。なお列柱の下部に紀元前四千年紀に属する新石器時代の墓が発見された。

列柱が結んでいた神殿の廃址は、そのすぐ南にあって、ビブロスで最も古くから存在したものである。バラードと呼ぶ女神を祀ったもので、恐らくエジプトの商人が先史時代の祠のあとに建てたのだろうと言われているが、前二一五〇年前後の火災で消滅した。しかし、発掘の結果によれば、前三千二百年頃のエジプトの王の名の入った捧納物の断片がみつかっているので、その頃建てられたとして、何世紀かファラオ（古代のエジプトの王）の贈恵を受けてきた神殿であろう。

この神殿の西、ほとんど地中海べりに小さな劇場がある。ロ

ビブロス（ジュベール）。地中海を背に各時代の遺跡がみられる。

ーマ時代のものだが発見されたのは、十字軍の城とラシェフの神殿（後述）の間の位置であった。それを解体して同じ方向に向けて修理再建したものである。なぜこういうことをするかというと、発掘では古い年代ほど地面の下部にあるので上層の新しい時代のものを移転しないと（とりこわしてしまうなら別だが）、その先の発掘の邪魔になってしまうからである。

バラートの神殿の東に、もと「神域の池」だったあとがあり、その更に東に前三千年紀に属する神殿あとがある。今まだ城の上から見ているとして、その左向うに何やら墓石のようなものが林立しているのが見えるだろう。これがラシェフの神殿あと——通常オベリスクの神殿と呼ばれる遺址である。

墓石と見たのは、実はその名のごとく小さなオベリスク※（方形尖塔）の群れである。一メートルから二メートルぐらいのさまざまなオベリスクが、数にしておよそ二十本前後立っている。オベリスクだからもちろんエジプトと関係のあることは言うまでもない。

その他、遺跡には数え出せばきりのないほどの廃址で一杯である。フェニキア期のものとしては、中世の城から西へのびる保塁、その南西部の共同墓地などがある。しかしこう書いてくると、さだめし華美重厚な遺跡を想像されるかも知れないが決してそうではない。一口に言えば一望のもと、それは全くの廃址である。ちょうど戦争中の疎開で家をとりこわしたあとか、もっときびしく言えば戦災あとみたいな感じである。ぜいたくな一般観光者には少しも面白いところではない。ただし少しでも歴史や人間というものに興味ある人にとっては、その代りそれは宝物殿であるかも知れないのである。一つ一つの石の断片、すっぽり地中に埋って頭だけを出しているイオニア式のキャピタル（柱頭）、あるいは半分こわれた土中の甕、そんなものがすべてかつてあった人間のいとなみのたしかなあるものを、その人に語りかけてくるのである。私は思った。人間は無機物とさえはなしができるのだと。それが少しでも人の息にふれたものでさえあれば……。

折しも、ビブロスの廃墟には、一面にひなぎくが咲き乱れていた。その白い花辨が祭壇をとりまいている光景には、はっとするような美しさがあった。それはたくまずして神殿への見事なそえ花をかたちずくっていた。じっとその前に立って眺めていると、何だかここでは自然までが歴史を理解し、進んで人間に語りかけようとする一つの意識的な働きかけを今私に試みているのではなかろうかと、ふとそんなあやしげな気持にさえ誘われてくるのであった。

## バールベックの神殿を見る

ベイルートには都合四日いて、五日目の朝ホテル・ノルマンディをあとにした。再び荷をつんだ車三台をつらね、来る時通ったレバノン山脈の峠を過ぎてベカ盆地へ入る。平均海抜千メートルに近い高原である。左にレバノン山脈※、右にアンチレバノン山脈※を見ながら道を北上する。目ざすはローマ帝国のオリエント都市、バールベック（Baalbeck）の遺跡である。数日前、山中で難儀したフェニキアの雪が今日もキラキラと太陽に映えて美しい。こういう光景はたしかにイラクやヨルダンにはなかった。高原なので気候もしのぎ易く、避暑地、観光地として知られている。ブドウ及びレバノン杉の産地であり、元来が平和な場所なのだが、今日では皮肉にも中東紛争の交戦前線地区だ。ベイルートから八五キロ、車で約一時間半走るとバールベックの町に入り、その中心部を左へ折れたところが遺跡の入口である。

紀元前三三二年、アレキサンダー大王が、フェニキア地方一帯を征服すると、ギリシア人たちは今までの慣例に従って早速都市の建設にとりかかった。そしてその一つベカ盆地の一小都市あとに、ヘリオポリスという名の新しい町を作った。ヘリオとはギリシアで「太陽」を意味する。これがローマ都市バール・ベックの前身である。

そもそもバールベックとは、バ・アル・ベックで、セム語※では、ベカ盆地の王者という意味である。と

遺跡をフィルムにおさめる田中カメラマン。

ころが新たにこの地方にやって来たギリシア人たちは、どうやらバ・アルというもともと二つの言葉をいっしょにして、セム語のバールすなわち太陽神という意味にとったのではなかろうか。そこでヘリオ・ポリスというギリシア名を新しい町につけた。ところがギリシア・ローマでは太陽の神はすなわち「ジュピター」である。そこでセレウコス朝時代――すなわちヘレニズム時代が過ぎてローマ時代になると、ここが太陽神ジュピターの聖地として、ローマ帝国から大へん尊重される結果となった。で、二世紀中期から三世紀のはじめにわたって、ヘリオポリスに巨大なジュピターの神殿を建てる計画がおこったのである。何だか風が吹いて桶屋がもうかる式の話みたいだが、人間の情念とか宗教心などにはままこういう発展があり得るという気がする。

しかし、この神殿はさすがに堂々たるものである。ま

バール・ベックに今も残る往時のラテン文字。

ず東側の記念の階段を登って前門にさしかかる。十二本の柱で飾られた列柱の基部がそのまま残っていて、そのうち三本にはラテン語でローマ皇帝カラカラ※（二一一年〜二一七年在位）の行績をたたえた銘が残っている。

その先に六辺角の前庭あとがある。奥行き六〇メートルぐらいの大きさでかつて各辺は柱廊がとりまいていた。ただし今では南西部に一つだけその基部が残っているにすぎない。更に進むと境内である。東西一三五メートル、南北一一三メートルの大きな庭で、大本殿のある西側を除く三方は長方形や半円形の数多くの談話室によってとりまかれていた。建築の一部にわざわざエジプトから持ってきたバラ色の花崗岩柱を用いており、西南の一角に今でも残っている。各々の談話室と柱廊の上は木の屋根があって、日よけと雨よけを兼ねていたという。

境内の中央には公共祭壇、そして北と南にそれぞれ水盤があった。今でも水盤はわりとよく残されていて、周囲の彫刻がたのしい。トリトン※やバドゥサ※、キューピッド※などが、龍にまたがってつらなったりしている。

境内の西側にひかえているのがいよいよジュピターの大本殿である。三つの踊り場のある大きな石段を登って上って行く。黄色い大理石、まっ青な空、そして輝やくレバノン山脈の雪景、これらの色彩が透明な大気の中で織りなす美しさは実に明快そのもので、一点のかげりもない。打てばカーンと金属音をたてて響きわたりそうなそんな光景である。今までイスラムの世界をたどって来た私には、ここではじめてギリシア・ローマの古典美の真髄にふれる思いがした。

ローマン遺跡バールベック。

しかし神殿は今日、広大な敷地の南側に六本の列柱を残すだけである。当時は五十四本の柱が周囲をとりまいていた。だがただ一つ残されたこの列柱のすばらしさを見れば、大本殿の規模の大きさ、その見事さはほぼ想像がつく。柱はその一本々々が直径二メートル二〇センチ、高さは柱頭までが二〇メートルで、更に六本が集ってその上に五メートルの装飾蛇腹の部分（なげし）を持っている。これらの列柱が周囲をとりまいて、中央に、たて五〇メートル弱、よこ九〇メートルに近い大本殿が建っていたのである。恐らくは、古代地中海世界における最も雄大な神殿であったろう。しかも用いられた石の巨大なものは、四五〇トンから千トンに及び人類が用いた建築材としては最大であったという。それらのいくつかが敷地のあちこちにゴロゴロころがっているのである。歩いている調査団の連中をカメラで写していると時々ふいと姿が見えなくなる。みんな石のかげにすっぽり姿がかくれてしまうのだ。柱の土台部に立って写真をとっている姿をファインダーでのぞくと、バックが巨大すぎて何の一部だか全然わからない。ズームをひいて列柱全体を入れようとすると、人物は蟻ぐらいに小さくなって、いったいどこにいるんだかよくわからないといった調子である。とにかく昔の人間はよくもこんなばかでっかいものを作ったものだと感心する。しかも現代のような機械や電力を全く借りずにである。これに要した奴隷たちの労働力は大へんなものだったろうと思う。もしむかし王に生まれていたら人間にとって、こんな愉快なことはなかっただろう。反対に奴隷に生まれていたらみじめこの上もないはなしだ。神殿を見てまず返ってくる素朴な実感である。

遺跡には大神殿の南に、更にもう一つバッカスの神殿がある。こちらの方が保存状態は大へんよく、バールベックの建築様式がどのようなものであったかをはっきり示してくれる。

バール宮殿の大列柱。

東側が正面である。三十三段ある石段をのぼって神殿内部へ入る。ジュピター神殿に対して一般にこちらを小神殿と呼ぶが、なかなかどうして柱の高さは十九メートル、なげしの部分を見るのも望遠鏡を用いたいぐらいだ。

バッカス神殿の柱頭となげし。

バールベック想像復元図。

周囲をとりまく外廊の天井は、是非見落してはならないものの一つだ。残っているのは一部だが、幾何学文様に唐草を配しケイスン※と呼ぶ。多角形に交錯した枡目にいろいろな神話の神が浮彫りにされて収っている。見事なものである。

その他の見るべき遺址としては、ジュピター神殿の丘から二百メートルほど離れて、南の方に通常ヴィーナスの神殿がある。コリント式の柱にとりまかれた小さな円形神殿である。またジュピター神殿の前門の東にイスラムの大寺院がある。名前こそ大寺院だが、ほとんどが廃虚でその建築材料はイスラム時代ジュピター神殿のものを利用して造ったというから、その点で一見の価値がある。

## 白ブドー酒の一夜

その夜、どういう因縁かレバノン最後の宿泊地が再び入国した最初の日の街であるシュトラ（クトーラ）というめぐりあわせになった。

カメラマンの田中君が夕食したレストランで急にからだの調子がおかしくなり、どうやら風邪をひいたらしいので大事をとって彼をホテルへ送りこみ、私はジープの中で一夜をあかすことにした。

一同がおやすみを言って、それぞれ解散し私は車の中へもぐり込んで一旦は頭の先まで毛布をひっかぶって横になったのだが、どうも寒くてねつかれない。あのベイルートのピジョン・ロック※で若ものたちが両手を鳥のように広げながらダイビングをしていた風景などまるでウソのような気候である。ここはレバノン山脈とアンチレバノン山脈の山あいにあり高度が高いので同じ国でもまるで温度が違うのである。

一時間ほどあれこれベイルートでの出来事を思いうかべながら寝つくように努力したが、とうとう我慢できなくなった。とびおきてジープを降り立つと、私は並んで駐車している調査団の方の車の窓ガラスを叩いた。当番の調査団氏はどうやら疲れ切ってぐっすり寝込んでいるらしく何の返事もない。調査団のワゴンの方はジープと違って窓ガラスがきっちりと閉り、ドアもロックされているので車内は丁度いい具合にあったまっているのであろう。

仕方がない。今度はもう一台の一〇三号の方をノックする。かすかな返事があり、ややあってモゾモゾ影が動いたかと思うとガラス窓をあけて首を出したのは松谷氏であった。

「どうしたんです」

「寒くてしょうがない。わるいけどいっぱいつき合ってくれませんか」

迷惑を承知で半ば強制的に彼をつれ出し、深夜ぼんやり明りのついている、とある居酒屋へ入った。一週間前ここへ泊ったとき飲みこそしなかったが、おもてにVIN（酒）と書いてある店があることを私はたしかめておいたのである。

居酒屋といってもちょっとしたレストラン風のこざっぱりした店である。入るとテーブルが数脚あって客が四、五人飲んでいる。うす暗い片隅でこっそりかくれたようにやっている初老のアラブ人の手もとを見てハッとした。コップにつがれた液体はあきらかにカルピス風に白濁している。

（ハハーン　アラクだな！）

と私はとっさにそう思った。深夜になって客に求められると警察に内諸でこっそり飲ませているのだろうか。しかし同じアラブでもここはレバノンだ。この国では法規は別なのかもしれない。バクダッドでの秘密クラブを思い出し、一瞬飲んでみたい気におそわれたが、待て待てねむい松谷氏を無理に誘い出したんだ、ここはひとつ大いにおごらねば申しわけないと、私は店のあるじに上等の白ブドウ酒を一本たのんだ。なかなか風格あるかくしゃくとした五十歳ぐらいの白髪老人である。

「Vin Blanc? Oui, bien sûr.（白ブドウ酒ですね。はいかしこまりました）」

と言いながら酒棚からひと瓶とり出して近づいて来たあるじのあしもとが少しフラついている。どうやらだいぶきこしめしているらしい。

「Voilà monsieur, du vin blanc meilleur et superieur.（ハイ　白ブドウ　上等の特別製のやつですよ　お客さん）」

と酒くさい息をふっかける。代金はもちろん前払いだが、これがなんと三〇〇ピアストル（一ドル）とべらぼうに安いのには驚いた。味もなかなかいける。よく考えてみたらここベカ盆地はブドウの名産地だった。きっと地酒の、いちばんいいブドウ酒をもって来たのに違いない。

ごきげんになって、さっそく松谷氏とはじめていると、しばらく向うの客の方へ行って何やら談笑していたこのあるじ、こんどはわれわれに〝うまいだろう〟とか〝どこから来なすった〟、〝このあいだことしはじめての大雪が降った〃とか前後脈絡のないことをさかんに話しかける。見ると片手に酒の入ったコップをもっている。さきほどから一杯ずつカウンターの奥へひっ込んではおかわりをしながらさかんに飲みつづけているらしい。

「Pourquoi est-ce que vous buvez?（どうして酒をのむの）」

とお客でもないのにという意味合いをこめて私が言うと、がぜんわが意を得たりとばかりにこのおやじさんの長口舌がはじまった。だんだん早口のフランス語がむつかしくなって正確に聞きとれなくなったが、それでも大意はわかる。要するに〃この世の中でいちばんいいものは酒である。酒がなくては人生なんてつまらない。女より、お金より、ましてや戦争なんかよりはるかに酒はいいものだ。私には地位もなければ財産も名誉もない。しかし酒がある。そしてその大好きな酒を商売にして何とか食ってゆけるんだからまずまず私の人生、不足を言う筋合いは何もない。だからたのしくなって私は飲む。毎夜

アンジャールの遺跡。首のもげた石像。

必ず飲む。一人前になってこのかた、一日たりと飲まなかった日はない。飲めば愉快だ。私が愉快ならば客もまた愉快だろう。これが私の人生だよ〟とこう言うのである。はなしを聞いているうちに、おやじさんの言葉どおり私も松谷氏もすっかり愉快になってしまった。しかもこの白髪のアラブ人は、酔っていながら少しも他人に嫌な感じを与えない。威たけ高なところもなければ、独善のおしつけがましさもない。しんから酒をたのしみ、かつおしゃべりをたのしんでいる様子である。それに言っていることもなかなかイキだ。そういえばアラブ人にしては珍らしく目もとがやさしい。私はまるでわれわれがフランス映画の居酒屋の一コマにエキストラとして出演しているような錯覚にとらわれてしまった。つい嬉しくなって

「ブラヴォー！」

平和なシドン港に浮かぶ十字軍の城塞跡。

とわれわれ二人は思わずこの愛すべきおやじさんの健康を祝して乾杯を捧げた。

最後の夜までレバノンはたのしいところだった。今夜かぎりこの国を去るのかと思うと名残りおしい気がして、それからなおもおそくまで飲みつづけた。そしてすっかり暖まってから、ひそかにわれわれのベッドであるまっ暗い車の中へとうしろ髪をひかれる思いで舞い戻ったのである。

翌朝一行はよき思い出のレバノンをあとにダマスカスへの道をたどり、途中アンジャールの遺跡※を見聞してから、再びシリアへと入国した。

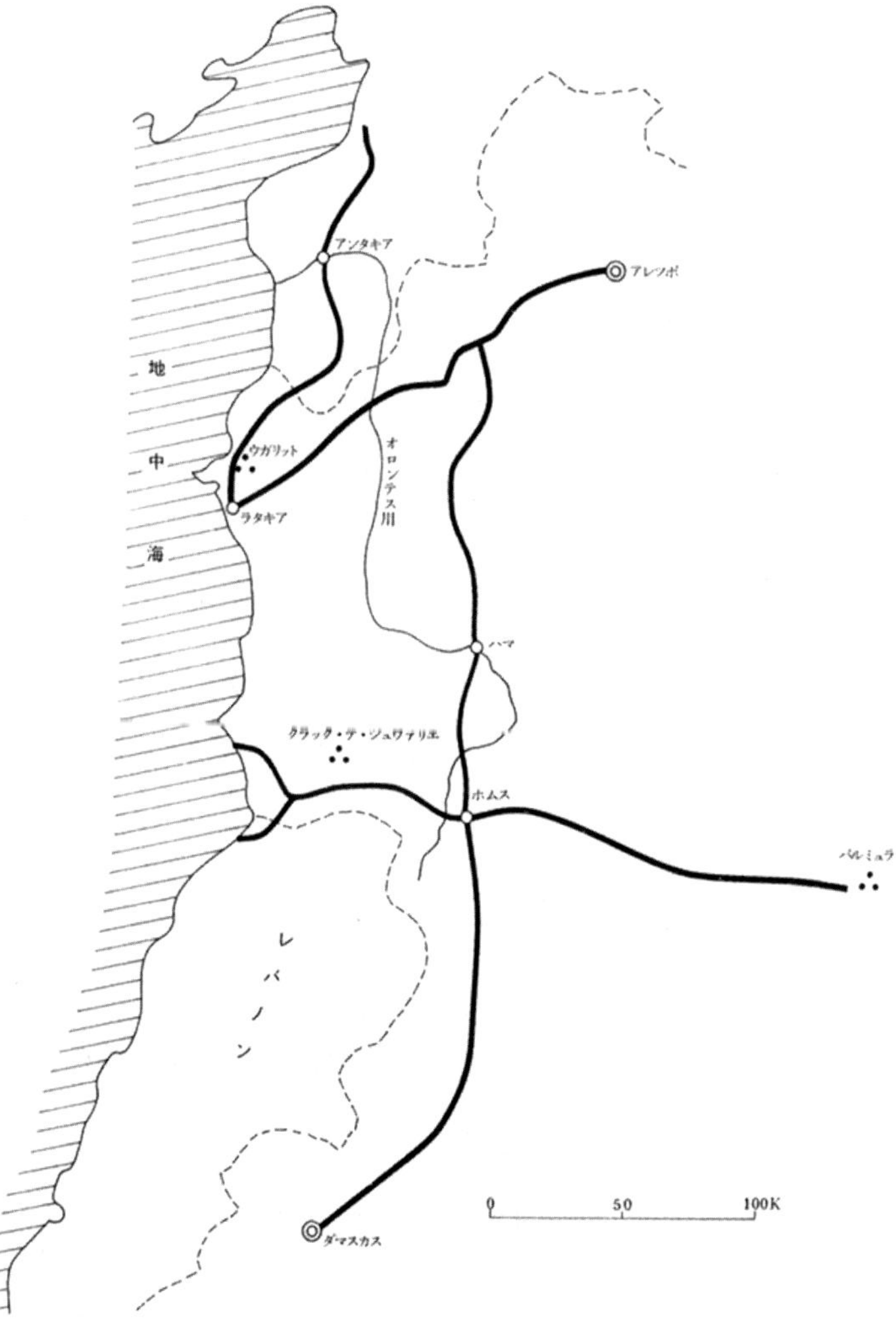


シリア及びトルコ南端での行跡図

# 第七章　東西の十字路・シリア

「シリア、クラック・デ・シュバリエ城」２０１０年撮影

〝ダダダダダッー〟はげしい銃声に思わず眼がさめた。ここはダマスカス市内のホテルの一室。おもてで何事か容易ならぬ事態が発生した様子。とたんに仲間のひとりがドアをバタンと閉めて入って来た。「クーデターだ!」〝大変だ!〟と思う気持と、職業柄〝シメタ!〟と感じるのと殆んど相半ばした。もう夜明けだ。充分カメラはまわせる。「それ行け!」わたしはカメラ・マンに、ジープの中から市街戦の様子を危険ギリギリのところまで撮影するよう命じた。ホテルのマネージャが来て、絶対外へ出ないようにとふれてまわる。一時間後中断していたラジオが、急に勇ましいマーチ調の音楽で再開されると、明らかに放送局を占拠したと思われる反乱軍の首領が市民を相手に演説を開始した。「親愛なるシリア・アラブ共和国のみなさん! われわれはあなたがたの味方である。さわぐことなくわれわれを信頼し、一致協力してほしい……」。その時である。カメラ・マンがまっ青な顔をしてとび込んで来た。すぐうしろには銃をふりかざした三人のシリア軍の兵士が……!?

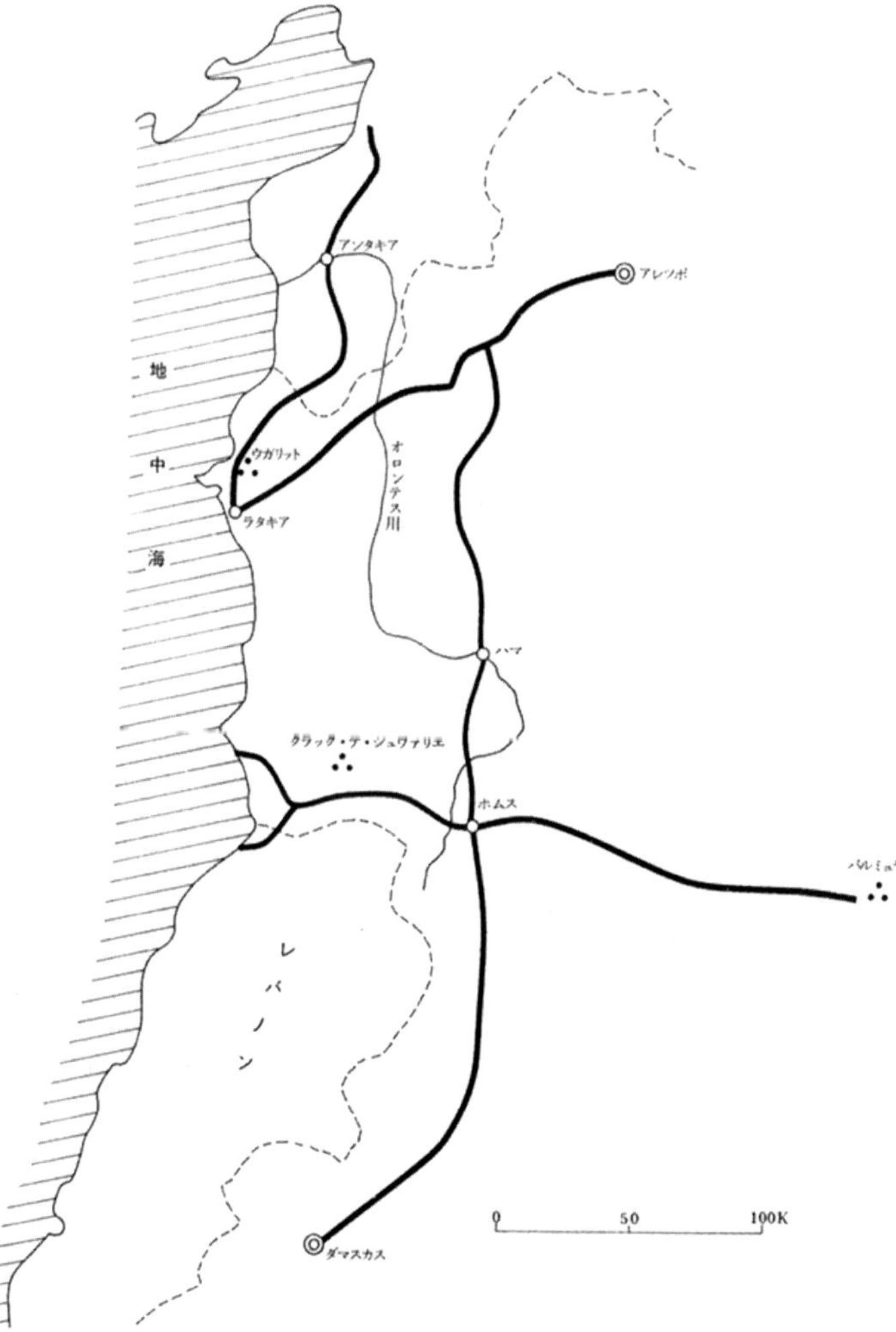


**シリア及びトルコ南端での行跡図**

## クーデターの発生

午前五時過ぎ――突然はげしい銃声とあわただしい騒音で目がさめた。ここはシリアの首都ダマスカス、ちょうど大通りに面したさるホテルの一室である。私ははじめ半分夢を見たのかと思った。するとその時、昨夜から表に駐車中の車の中に寝ていた当番の松谷氏が逃げるように部屋へ入って来た。

「どうしたの？」

と聞くと、

「いや、戦車が三台威かく発砲をしながら車のまよこを通りすぎたんで目がさめたんだ。何か起ったらしい」

外はまだうす暗い。とその時、またもや疾走する戦車のもうれつなカタビラの響き、続いてダダダダと機関銃の音。となりのベッドでも古山氏が上半身をおこして、

「何だ！　何だ！」

とねぼけまなこで叫ぶ。遠からぬ地区で交戦の行われていることはたしからしい。〝クーデターだな〟と私は直感した。そっとガラス窓を細目にあけて外を眺めると、激しい叫び声をあげながら兵隊が走って行く。すでにホテルの中もみんな起き出した様子である。

「トラブルが起ったから、外へ出ないように」

と従業員が告げに来た。

シリア※は一九四六年の独立以来、実に七回に及ぶクーデターを体験している。そして今回の行動がいったいどういう意味をもつかというと、従来の「国粋主義的孤立政策」に対する、親ナセルの汎アラブ主義運動の反動であった。

ちょうどわれわれ調査団がダマスカスへ入った日は二月二十二日、これはかつてエジプトとの間にアラブ連合※が成立したその記念日である。現政府の下でもやはりこの日は祝祭日として残されているらしく、街は休日でひっそりしていた。反乱将校たちは、このチャンスをうまく利用したのである。恒例の式典に大々的な閲兵式をやるという名目で、ひそかに不満分子をダマスカスに集結し、そして今朝突然この挙に出たのだという。もっともこれはあとで聞いた話である。

またたく間に調査団の全員が私の寝ていた三人部屋に集まった。表通りに面しているし、一番広い部屋だからである。

私はカメラマンに命じて、できるだけうまく反乱の様子を撮影してくれるようにたのんだ。もとより市中まで出かけて流れ弾に撃たれるような危険を冒すわけにはいかない。第一、それ以前につかまってしまうだろう。そうではなくて監視の眼をのがれて表通りや屋上、窓ごしのスナップなどを依頼したのである。うまくまとまれば何らかの方法でニュースとして日本の本社へ急送することができるかも知れない。私はひそかにそう考えていた。

斥候兵のような調子で、ホテルの屋上へ出てみる。こっそり見下すと、いるわいるわ、大通りのつき当りは大きな中央銀行のビルだが、その前にソ連製の戦車が三台、銃剣をかまえた兵隊が十数名たむろしている。戦車が生きもののように興奮して、その場でグルグルと急旋回しながらデモンストレートしている。命令一下直ちに脱兎のごとく駈け出さんという勢いである。そして西南の方、市の中心部からはあいかわらず激しい銃声の連続音が聞えてくる。死んだような、そのくせどこかで眼だけをギョロギョロ光らせているような大通りを、時たま数名の兵隊が駈けぬけたり、そのあとを追っかけるようにジープがつっ走ったりする。ひょっとすると向いのビルから、監視兵がじっとこちらを凝視しているのではあるまいか。そう思うとのり出してスチール写真をとるのにも、大へんな勇気が要った。いやそれよりうかうかしていると本当にどこから弾が飛んで来ないとも限らない。スチールを二枚ほどパチパチと撮って、早々に下へ降りて来たら、血相をかえたカメラマンの田中君が外からとび込んで来た。〃どうしたんだ〃と聞く暇もなく、うしろから兵隊が三名追っかけて来てそのままわれわれの部屋へドカドカと乗り込んで来た。何やら口々に激しくアラブ語をわめいている。一瞬私は事情を察した。銃剣をかかえたその中の一人が、田中君につめ寄り、片手をつき出して何かを要求している。フィルムをよこせというのである。田中カメラマンはフィルムのふたをとった。

いやだと言って逃れられる場合ではない。〝うまくやれよ〟と私は心に念じながらその手元を見ていた。〝うまく〟というのは今までに日本でもこういう経験があって、相手がフィルムに無知でさえあれば逃れる一つの手があるからなのである。撮影済みの量はちょうど一リールの半分である。果せるかな彼はフィルムをまん中からちぎりとった。そしてそれをサッと兵隊の目の前に投げ出したのである。〝よし〟と私は心の中で叫んだ。宙に舞ったやわらかいゼンマイのようなその灰色の物体を、兵隊はほとんどとびつくようにして受けとめた。そして表情からややきびしさを撤回しながら、それでも何か二言、三言はげしいアラブ語を投げかけたあとフィルムと共に外へ出て行く気配を見せた。しかし三人の中の一人は執拗だった。まだカメラマンの前を立ち去ろうとせず、何かわめき続けている。おそらく本部まで来いと言っているのか、今度見つけたらただではおかないぞとおどかしているのか、そのへんのことはよくわからない。しかし、もう一人の兵隊が〝まあいいじゃないか、フィルムも寄こしたんだし〟と言った口ぶりで興奮している仲間をなだめて外へ出ることをうながし、やっと危機は去った。

正直なところ、だれもかれもホッとした。おそらく相手が異国人でなければ、こうも簡単にすまなかったことだけはたしかである。たぶん第三番目の兵隊の仲間に告げた言葉は〝こじれて政府間の問題になってもうるさいから、これぐらいにしておけよ〟という意味のものだったかも知れない。しかし同じ異国人と言ってもわれわれが彼らの嫌いなアメリカ人や、イギリス人だったらどうだったろう。いずれにしても幸運であった。そして彼らの持ち去ったフィルムは言うまでもなく、未撮影部分の五十フィートで私たちの仕事には何の関係もなかったわけである。

## 再開されたラジオ放送

十時頃、銃声はほとんど止んだ。それでもホテルの窓のすぐ目の前には、通行人を誰何している兵隊の銃剣のきっ先がキラリキラリと不気味に光ったり、思い出したように戦車が轟音と共に表を通りすぎたりした。

兵隊に追っかけられてから、ホテルの従業員のわれわれに対する監視がすごくきびしくなった。おそらく兵隊たちがわれわれに直接言う代りに、ホテル自体におどかしをかけて責任をなすりつけて行ったに違いない。ちょっと便所へ行こうとしても〝どこへ行くか〟と聞かれたり、窓をあけて空気を入れかえようとすると、あわててとんで来てさし止めたり。おかげで文字通り一室に軟禁状態にされてしまった。われわれTBSとしても、もしまた軽率に行動して東大調査団の方にまで迷惑を及ぼしても大へんだ。仕方なくニュースの件はあきらめて、田中君も私も部屋の中でおとなしくしていることにした。

お昼ごろから、それまで沈黙していたラジオ放送が始まった。国歌らしい音楽に続いて、興奮して上ずった声が「一般市民よ、落着いてわれわれの指示に従え。われわれは市民の味方である……」といった意味のことをくり返しアナウンスしている。どうやら反乱軍はクーデターに成功して、放送局を占拠したらしい。

ホテルの従業員も、ラジオにかじりついたままである。しかしその表情は案外におちついたものであった。おそらくまたかといったわけで何度もくり返されるのが、彼らを不感症にしてしまったのかも知れない。

「いったいどうなるんだ」

と聞いても
「いやあ、そのうちにおさまりますよ」

とケロリとしたものである。たしかにこれはヨーロッパ型の市民革命とはおよそ似つかわしくない。まあいわばアジア的な、典型的にアジア的な軍事革命の一つだ、私はそう思った。

クーデターのラジオ放送に聞き入るダマスカス市民。

## 日本への情報経路

午後日本大使館の塙書記官が、外出禁止の中をぬってわれわれを尋ねてみえた。前日ダマスカスへ入ったその足であいさつに行ったら、祭日だというのにわざわざ出勤して、われわれを待っていてくれた。当時日本にはまだシリア大使館がなく、反対にシリアにだけ日本大使館があった。これはシリアがアラブ連合に統合したり、離反したりした複雑な事情の結果で、以前は領事館だったのが今は大使館になっている。だから館員といっても吉岡大使とこの塙さんのたった二人である。しかしそれでもこういう時、現地におのれの国の大使館があるのは何と言っても心強い。前日お目にかかった時、手頃なホテルを二、三聞いただけではっきりどこへ泊るか言っておかなかったので、このパルミュラ・ホテルにわれわれを探しあてるまで随分歩き廻られたらしい。われわれが無事なのを知って安心されたらしく、〝何らかの方法で本国へ伝えます〟と言われた。しかし何らかの方法というのはどういうことだろうと私は思っていた。もちろん、電信、電報は止まり、国境、空港は閉鎖である。

日本へ帰ってから、そのころの新聞を引っくり返して見たら二十六日付朝刊に次のような記事が出ていた。

「(ベイルート二十五日共同)シリア革命二日后の二十五日夜、初の日本人が現地ダマスカスからベイルートに着いた。三井物産ベイルート駐在員、外岡孝一さん(三二)で、外岡さんは商用でクーデター発生の前日、二十二日夜、ダマスカスを訪れたもの。〝日本人は全員無事だった〟と前置きしながら、クーデター当時の生々しい現地のもようを次のように語った」という説明があって〝二十四日、ダマスカス市内を警備する陸軍兵士(AP)〟というキャプションのついた写真といっしょに外岡さんの談話がのっている。写真はやはりホテルの二階ぐらいの一室から窓ごしに舗道を警備する兵隊二名を附瞰でぬすみ撮りしたもので、中央に窓わくの黒いバアーが画面を邪魔している。おせじにもよくとれた写真とは言えない。しかし現地にいた私としては、これがＡＰとしても入手できたせい一杯の材料だろうということが実によくわかるのである。現に塙さんも、全壊した首相邸近くをこっそり何枚かとったが、全部没収されてしまったと言っていた。たかだか五十フィートだが、後日番組で放送されたクーデターの部分の実写は、そういう意味で大へん幸運なものだし、また上出来のものだと今でも私は思っている。

さて、外岡さんの談話だが、中に「日本人は吉岡大使以下、二十人たらずだったが、（中略）しかし当時訪れた東大イラン・イラク遺跡調査団九人を含め全員無事だった」とある。もちろんわれわれは外岡さんという人には一面識もない。だから首相官邸附近の描写や、ハーフェズ前革命評議会議長※らが殺されたという噂などもすべてこれは日本大使館からの委託情報という推測が成り立つ。二十五日夜というのは厳重な身分調査のもとに証明された外国人だけが、それも出国に限りはじめて許可された最初の時刻である。つまり大使館の塙さんは、日本人最初の出国者・外岡さんにその時点で集まったできる限りの情報を、カバンの奥深くかどこかに入れて運ばせ、ベイルートについた外岡さんはすぐその足でこれを「共同」にとどけた。その「共同」の打電が翌朝の日本の新聞に載ったと、こういう筋道になる。塙さんの撮った写真が没収されていなければ、官邸附近のもっと生々しい写真がいっしょに掲載されたであろう。だがこれは前述のようにだめだったのでＡＰからのものが転載されているわけである。塙さんの言った〝何らかの方法〟というのは以上のようなものであることが、私には二か月後にわかったという、ちょっと推理小説めいたこれは余話である。

## やっと出た外出許可

さて反乱は三日二晩続き、二十五日になってやっと日中の外出が許可になった。商店の一部がヨロイ戸をあけたので市民はいっせいに食料の買い出しに殺到した。しかしうわさによると、北のアレッポ※からは反革命軍が続々南下中とあり、事実アレッポ放送は中断したまま、無気味な沈黙を守り続けている。まだ事態はどうなるか全くわかったものではなかった。

この日まで、ホテルの一室に閉じ込められていて、一番困ったのは食べ物と時間であった。ホテルはレストラン付きという上級クラスでなかったので、クーデター発生日からチャイと少量のバター以外何もストックがなく、かといって外食もできないのでホブス（パン）を焼いてもらって、あとは車につんであった日本製のコンビーフと福神漬のかん詰をもち出してこれらを副食とした。たまには同宿の異国人やホテルのアラブ人に珍らしがられておすそわけをしたほどである。ただし前後七食にわたって全く同じものを食べるのは、乃木大将ならずともいささか苦痛であった。

もう一つ、時間の処置に困った。というのは少しおかしい表現かも知れないが、一室から出られないで、しかもさしせまって何もすることがないというのも全くどうしようもないものである。手持ちの雑誌という雑誌は全部読んだ。ラジオもダマスカス放送はクーデターの抽象的なマニフェストを繰り返すばかり。しかも内容ははっきり言ってよくわからない。ヨーロッパの短波をキャッチしても、雑音が多く不明かついらいらするだけである。ニュースと音楽を聞き続けるにしてもまあ三〇分と持たない。あとはトランプと花札である。順ぐりに申込みをして参加する。こんな時麻雀があれば大いにうけたろう。それでもまだ時間をもてあまして、二十二日に取材した市中のオマイヤド・モスクの資料を再整理したりした。

## オマイヤッド・モスクを見る

結局ダマスカスで取材したのはクーデターのおかげでオマイヤッド・モスクただ一か所であった。二十二日のお昼ごろ、レバノンからシリアに入り、日本大使館へあいさつに行ったあと午後三時頃にこのモスクをみんなで揃って訪れた。市中にある最も重要なそして古い歴史的記念物である。

入る時、先ず苦笑したのはモスレム、つまり回教徒以外は、すべて上ばきとして奇妙な恰好のトルコ・スリッパをはかされることである。大型のダブダブした靴覆いで、いやならハダシにならねばならない。回教徒は入場無料、そしてドンドン裸足になって平気の平左である。タタミほどの清潔さはくすりにしたくともない。しかも中庭は石のペイヴメント。靴下などいっぺんに参ってしまうであろう。

この寺院は、その名のごとく現在は回教寺院であるが、最初はローマ時代に建てられた神殿で、そのあと四世紀に洗礼者ヨハネの聖堂をまつった教会が建てられ八世紀初頭まで続いた。今日もなお残された礼拝堂のステンド・グラスはすなわちその時代の名残りである。

ところが紀元七〇八年オマイヤッド朝のカリフ、エル・ワリド※（七〇五―七一五年在位）は、首都ダマスカスにおのれの権勢にふさわしい立派な寺院を持ちたいと思い、そのビザンチン時代の教会を回教寺院に改築した。

この寺院は三本のミナレット※（尖塔）を持ち、まず西門から入ると左側（北）に中庭が拡がり、右手（南）が礼拝堂である。中庭の三方――北及び東・西を回廊がとりまいているが、この柱や壁の部分の厚い塗料の下から見事なモザイク装飾があらわれた。金に緑を配色した実にしぶい美術品で、主題はさまざまだが、偶像をきらった回教らしく、人物画は一点もない。大部分が樹木やアカンサスの葉っぱ、その他建物などをあしらった風景である。

中庭の西の方に宝物殿と呼ばれるコリント式の柱でささえた八角堂があり、水溜はほぼ中央にある。

礼拝堂は東西一三六メートル、南北三七メートルの長方形で、内部はうす暗く、床には一面にペルシャ絨氈がしきつめられている。これらは全世界の回教徒からの寄進によるもので全部で数千枚もあるという。その上に大ぜいのモスレムたちが坐り込んで、ミヒラーブ※（メッカの方向の壁に造られたくぼみ）に面して一心に祈祷を捧げている光景にはなかなかの雰囲気があった。ミンバル※（説教壇）もまた美しい。

この礼拝堂には一つ変った建造物がある。エル・ワリドが改築した時に、地下の墓場で発見したという、洗礼者ヨハネ※の首を収めたほこらで、勿論真疑のほどはたしかでないが、このモスクが教会であったころのなごりというわけである。

この寺院はエルサレムの〝岩のドーム〟に次ぐ重要なイスラム建築とされている。

## ダマスカスを逃げ出す

二十五日に出た外出許可をさいわい、われわれは逃げるようにダマスカスをあとにした。

ダマスカス市内にあるオマイヤッド・モスクの回廊柱。

まず日本大使館へあいさつに寄ったが、その途中通った市の中心部の首相官邸附近は、見る目もむざん、メチャメチャにこわされていた。まだ黒い煙がくすぶっているかと思うほどで、喉から手が出るほどカメラを廻したかったが、大事の前の小事と思ってじっと我慢した。大使館の塙さんのはなしでは、行き先がパルミラやクラック・デ・シュヴァリエのような政治に無関係な遠隔地だからまず大丈夫でしょうということだった。

ただし適当なところから無事でいる旨の電報を打つことを約束して出発する。

一路、北へ進路をとりダマスカスから一六七キロ、十二時半ホムスへ着いた。ここを西へ折れて更に六十キロ、デカ高原の北縁にクラック・デ・シュヴァリエ（*Krak des Chevaliers*）をおとずれる。十字軍の城あとだ。東地中海沿岸に数多く残された城のうち、もっともよく現

クラック・デ・シュヴァリエ。地中海沿岸でもっともよく保存された十字軍の城。

在まで保存されているもので、近づくと道の左手上方の岩山にその姿が見えてくるが、一番美しい全景は一旦城の足下までたどりつき、更にその表側の山の方へ登って西南方向から見るのがよい。一面の緑なす丘陵地帯の一角に、ドッシリと淡褐色の城塞がそびえている姿は実に荘観であり、かつロマンチックである。

しかしこの城の起源はあまり明らかでない。アラブ人の記録によると、紀元一〇三一年にトリポリ街道を監視するため、ここにクルド人の軍事基地がもうけられた時、すでに城塞は存在したという。十字軍がこの地方を占領したのは一一一〇年であった。そして十三世紀の前半までが十字軍の全盛時代であり、今残っている城の大部分は、その時期に彼らが建てたものであろうと言われている。

東側の入口から中へ入る。むかしはここに外濠があって、その上にはね橋（跳開橋）があった。門には「一二七一年に……スルタン・バイバルスの命によってこの城の補修を云々」という銘があるが、もちろんアラブ人によってあとで加えられたものだ。バイバルス※（一二六〇〜一二七七年）は十字軍と戦って勇名を轟かしたマムルーク朝※の王である。

城は二重のかこみによってとりまかれており、まず外まわりの長くうす暗い石廊下を北へたどって行く。ゆるやかな上り傾斜である。百メートルほど行くと、急に廊下が左に折れ視界が明かるくなって今度は城の中心部へと入って行く。

中心部には中庭、礼拝所、集会所などが作られており、それをとりまくようにいくつかの塔がある。南側

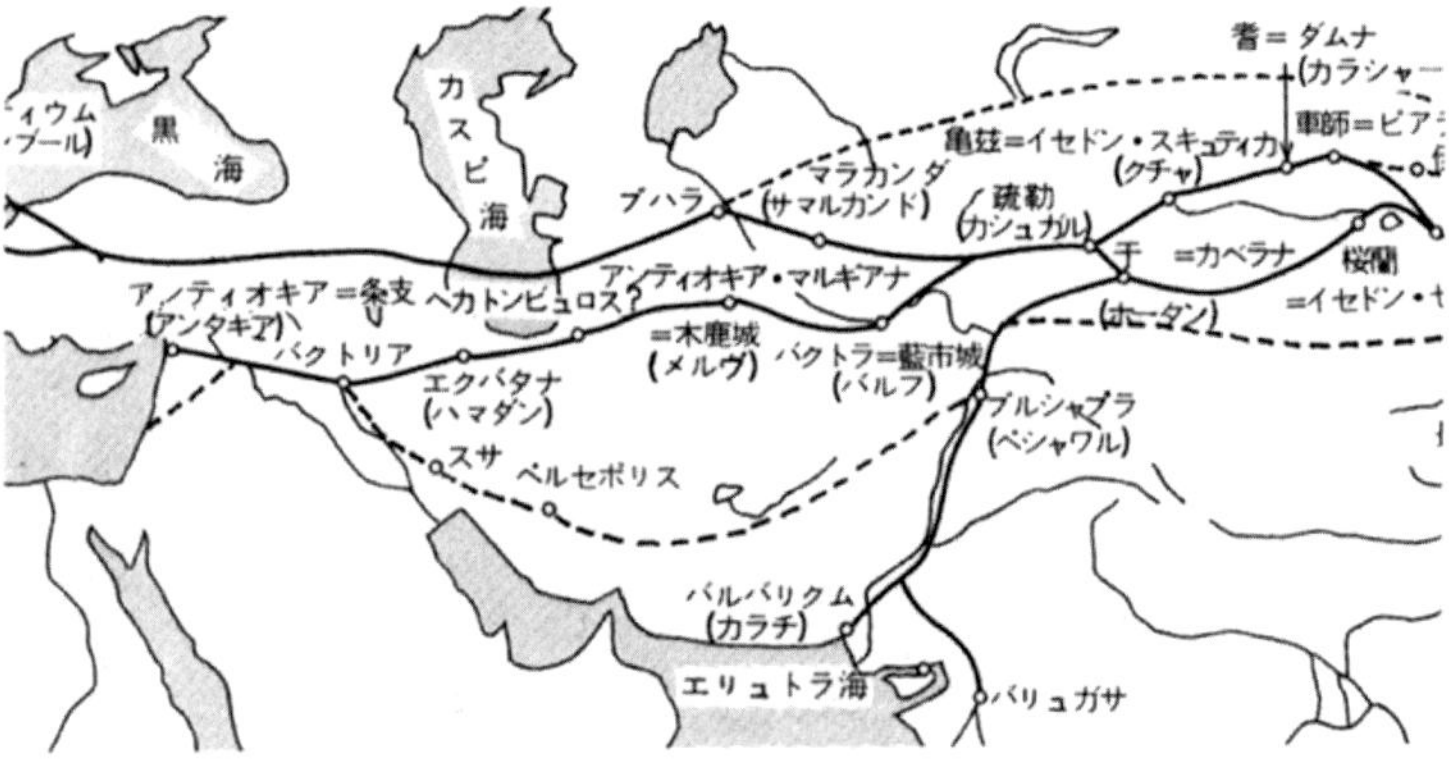


東西文明の交流・古代のシルクロード

の半円形の塔が天主閣である。いたるところに十三世紀フランス建築の特色が見られる。

たとえば集会所の東側の柱廊下の、筋交《か》い骨（光弓形）式に組まれたアーチ型の天井など、その典型的なものである。シドンの場合と同じく見れば見るほど緻密、かつ実戦的に建築されており、一種の迷宮のような感じさえある。

そして中心部に礼拝所や貯蔵庫、広門など、いわば十字軍の生活空間を内包しているのが特色だ。

## 古代都市パルミュラの展望

クラック・デ・シュヴァリエから再び道をとってかえし、今度はホムスから道を東にとる。半月ぶりにまたシリア砂漠へと入る。しばらくぶりに見る羊の群れ、遊牧の民、そして彼らの移動テント。ただ一つ、はじめて見るのはこの附近特有の円錐形の家屋であった。これはシリアの北部に多く、トーナカのような型の黄褐色の泥で作った家だ。住居と共に穀物倉にも使用されている。太陽の炎熱と、砂漠の砂を防ぐためであろう。ホムスから一五八キロ、その日の午後七時半パルミュラへ到着、遺跡のどまん中にあるホテル・ゼノビアへ投宿する。

パルミュラ（*Palmyra*）はペトラ、ジェラシュに続き、紀元前後から三世紀にかけて強大な勢力をふるった第三の隊商王国である。古代名をタドモールと言った。

クラック・デ・シュヴァリエ内部の堅固な構築。

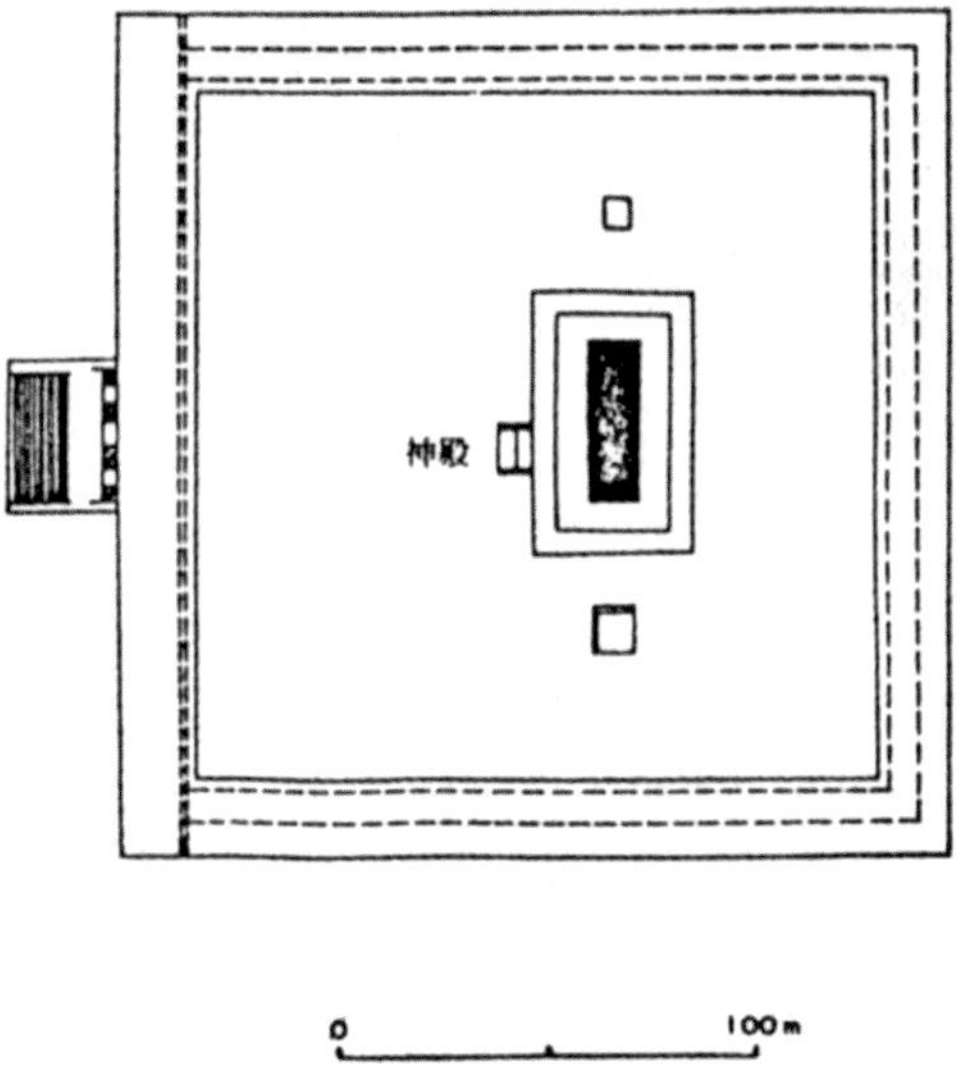


パルミュラ。　バール神殿の聖域平面図。

遺跡はシリア砂漠の中北部、北緯三十四度半、東経三十八度の地点にあり、見わたす限り黄褐色の砂地の中にほぼ三キロ四方にまたがって列柱や墓、神殿などが残っている。附近には思い出したように椰子の茂る緑地帯があり、正に典型的なオアシス都市であったことがしのばれる。

オアシス都市パルミュラの遺跡。

シリア式円錐家屋。アレッポ附近に多い。

その日の朝、空は快晴で、抜けるような青色をバックに拡がるパルミュラの景観は、実に孤独で力強く、美しかった。今までフィルムや写真で見て想像していたのとはかなり違う。やはりこういうものは実際に肉眼で見なければだめだと思った。

まず、ゼノビア・ホテルを出て北域から始めてみよう。二百メートルほど前方にバール・シャミンの神殿がある。紀元一三〇年の建立。バール・シャミンとはシリア、フェニキア神話の天空神である。六本の柱が神殿入口部を支えている。ビザンチン時代は一時教会に改造されていた。

この神殿の東南、数百メートルのところに「ベル神殿」がある。一辺が二二五メートルの壁にかこまれた境内の中央に、最高神ベルを祭った本殿が建っている。ベルは西の方のセム族ではバールで（転意されたバール・ベックのバール）、バビロニアの主神マルドゥク※の別名として用いられた太陽神である。紀元三九年に献堂されたという。周囲の壁や、本殿にほどこされた柱廊様式はすべてコリント風である。大理石の色は黄橙色で、質はバール・ベックなどに比べると大分軟質だった。ここでみつかった「三人

ヴェールをつけた三人の女の石像。

の泣き女※」（ヴェールを被った女たち）の浮彫り、パルミュラの三神※（アグリボル、バールシャミン、マラクベル）の像などが有名である。

以上二つの神殿のほぼ中央部から西北に向って走る百柱道路が、市の中心部だったとされている。一番東の部分、百柱道路のはじまるところに、記念の凱旋門がある。だいたい紀元二百年前後の建立とされ、列柱は十一メートルをおいて二列に向い合い、その外側を更に巾六メートルの散歩道がついていた。一本の高さは九メートル五〇センチ、直径九五センチ、装飾はコリント式である。

この道路は市の中心部を走っていたので、劇場やアゴラ（集会広場）に出られるようになっており、劇場は記念門から二百メートルほど行った左側、アゴラは更にその西北部に残っている。両方共二世紀に建てられた。なお遺跡には東南部に一連の塔墓――塔の形をした墓がある。紀元一世紀に建てられたもので、

パルミュラの遺跡にて。中央の人物は筆者。

野外劇場。かつてはここに女王ゼノビアもその優雅な姿を現わしたことであろう。

切り石を四角に積み上げ、内部はこれを数段に分け、それぞれ死者の棺を収めた。そしてそれらのふたには見事な彫刻がほどこされてあった。ただし今残っているのはその骨組みだけだ。一般にオリエント一帯に拡がるこの種の型の墓は、このパルミュラが発祥地ではないかと言われている。

## 女王ゼノビアの一生

古代名タドモールとして出発した隊商都市パルミュラは、紀元前一世紀ごろにもっとも繁栄した。だがその後新興ローマ帝国のために次第に圧迫され、三世紀に入るとうとうその植民地となってしまう。

しかしこの強敵に一大反抗を試みた勇敢なアラブ人がいる。しかもそれは女性であった。ゼノビア（*Zenobia*）といいアラブ史に残る最高の女傑である。紀元二七〇年、夫オデナトウスの遺志をつぎ、ローマに対して独立を宣言した彼女は七万人の軍隊を編成して、小アジア、ユーフラテスからナイルにまたがる三日月地帯の大半からローマ勢力を駆逐した。パルミュラの全盛期はこのときその頂点に達した感がある。恐らくはこの時分、遺跡に残る劇場には毎夜ゼノビアがその優雅な姿をあらわし、ギリシアやパルティア※の俳優たちが演ずる悲劇に、観衆ともどもあでやかな賞讃の拍手を送ったことであろう。

孤独で力強く、美しいパルミュラ——しかしこの砂漠の隊商王国も二年後の紀元二七二年、ローマ皇帝ア

塔墓。内部には死者の棺がおさまっている。

ウレリアヌス※自らの一大反撃に見舞われる。ゼノビアはユーフラテス河のほとりで捕われた。そして王国は急速に衰運をたどり始める。

ゼノビアはローマに連れ去られ、金の鎖りを足かせに市民たちのさらしものになった。その後、命だけは助けられてイタリアのチボリで忍従の一生を送ったと伝えられている。これがアラブ史に異彩を放つ、女王ゼノビアの一生である。

## アレッポへ到着

二月二十七日　シリア第二の都市アレッポ※へ到着する。反革命軍の根拠地ということで一同大いに緊張したが、なんのことはない。街は平静そのもので、何だか気合いぬけがした。反対にアレッポの市民からダマスカスの様子をいろいろ聞かれる仕末。どうやらクーデターは落着いたらしい。夜は街にネオンが輝やき、人があふれ出て、映画やキャバレーも開いている。この調子だと多分予定通りに、国境を出て無事トルコへ入れそうな様子であった。

翌日、市のシタデル（城塞）を見た。更に道を西南にとること四〇キロ、突然舗装道路を斜めに横切る見なれない石造りの道を発見する。ローマン道路だ！このあたり約一二〇〇メートルにわたって、寄蹟的に残ったローマ時代の石道である。硬質の石灰石で、厚さ一メートル二〇センチ、長さ二メートル前後。これを巾八〇センチ位の角型に裁断し、自然石の上におき並べたものである。ちょうど残っているところは特に堅固に作られており、また土地が傾斜していたおかげで、今に至るまで残ったものらしい。二〇世紀とローマがまぎれもなく同居している風景に、われわれはなぜかちょっと涙ぐむほどの感激を覚えた。

アスファルト道路と交錯する古代ローマン・ロード。

塔墓のある風景。(パルミュラ)

この中に浮彫の石棺が葬られていた。

その夜、ラタキア(*Lattakia*)へ入る。地中海に面した人口四万五千の都市である。シリア唯一の良港で、同時に海軍基地でもある。一週間ぶりにまた地中海を見たわけだ。いよいよ明日の午後はトルコである。

国境は大丈夫だろうか。市中のレストランで、久しぶりにビールで乾杯をして、一同安ホテルへ投宿する。

女王ゼノビアの肖像。

# 第八章　トルコに見るヘレニズム

トルコ人は、われわれ日本人と同じく中央アジアからのびて来たモンゴロイドの後裔である。十二世紀以後、数百年にわたって中近東一帯にまたがる大帝国を誇ったが、第一次大戦に敗れて故国アナトリアにしりぞいた。しかし同じトルコ領でも、この地中海沿岸一帯は気候から言っても、歴史的にみても、いかにギリシア・ローマ的風土の方に近いか、これは実際に現地を体験したものだけが知るおどろきである。たとえばタルソス。ここにはアントニウス※がクレオパトラを迎えたときの凱旋門が今でもそのまま残っている。ポンペイオポリス、明らかにポンペイが築いたローマの植民都市だ。アンタキアにはギリシア・ローマ神話に題材をとったモザイクの名画が山と保存され、郊外の景勝地ハルビエは有名なギリシア神話、アポロンが水の精ダフネに恋をしかけて追いまわし、逃げあぐねたダフネが月桂樹に化身したという正にあの美しい伝説の舞台にほかならない。

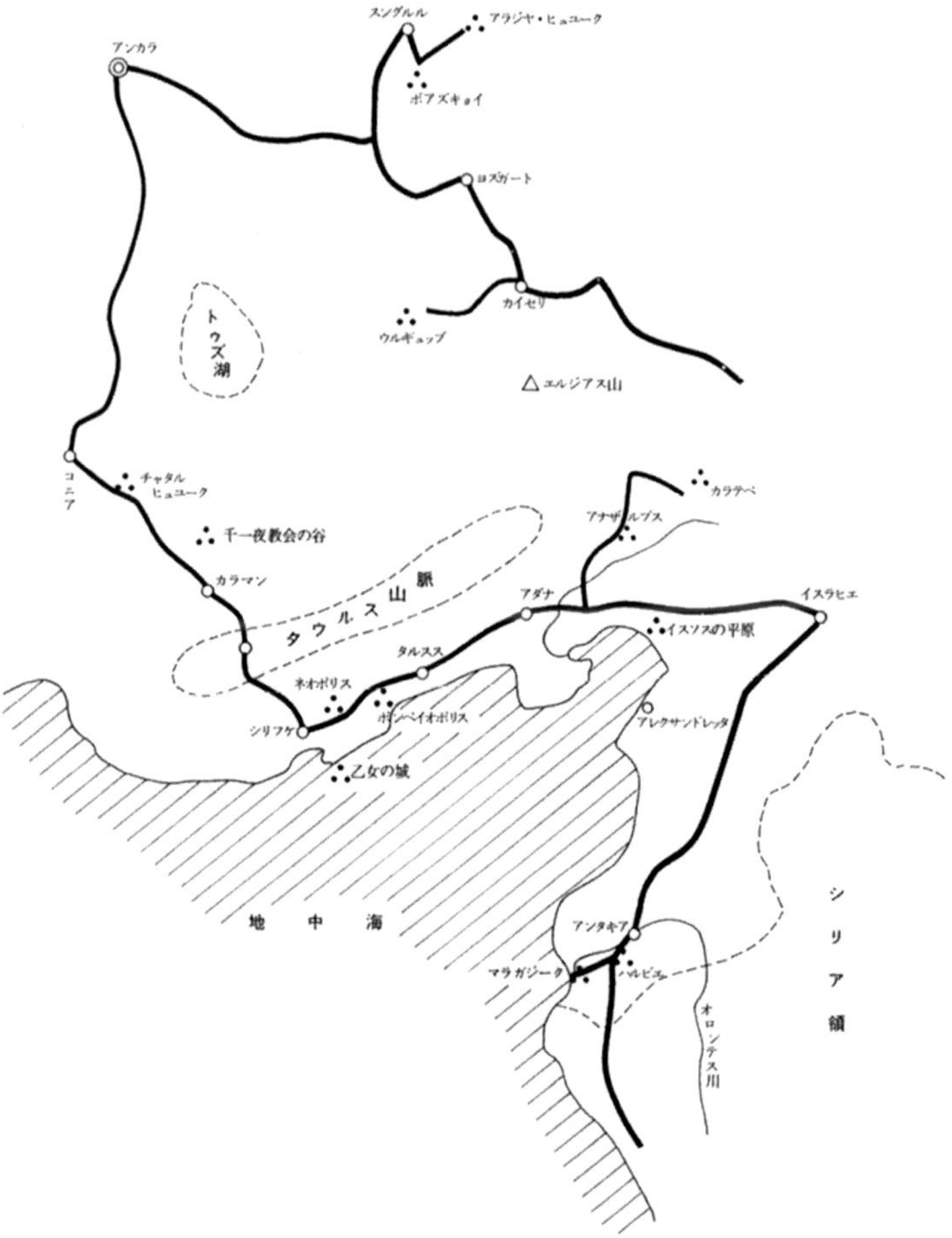


調査団のトルコ国内での後半の行跡図

## 〝ようこそ緑の国へ〟

午後一時、われわれ調査団はラタキアからアンタキアに向かう地中海沿いの道を、トルコ国境へと北上しつつあった。すでに視界からはシリア砂漠の痕跡は全く消え去り、われわれは十五分ほど前「Welcome to Green Land（ようこそ緑地帯へ）」と大きく書かれた道沿いの立看板を通り過ぎたばかりであった。道が少しずつ丘陵地帯へ入る。左側で地中海がキラキラと光りながら少しずつ沈んで行く。しかしカーブの多い道沿いの山の景色は、峨々たる岩石帯のそれではなく松あり、モミあり、杉ありでまるで日本の山道を走っているのと少しもかわらなかった。百キロほど西にはあの広漠たるシリア砂漠が拡がっているなど想像も出来ないぐらいである。ちょっとした地勢の影響でこうも気候風土が違うのだ。このことに気ずいたのは、今朝ヴガリット※（Ugarit）の遺跡をたずねた時からだった。そこで私は現地に来てはじめて牛を見た。また遺跡のまわりを柔かい緑がとりかこみ、子どもたちの服装はまずしいながらも緑、ピンク、黄色と色彩豊かであった。われわれはアラブ圏から少しずつ遠ざかりつつあるのだなと私はその時強くそう感じた。とにかくあと二、三十分で国境に行きつく筈である。そう考えると思わずアクセルを強くふみしめてスピードをあげた。

ラタキア附近にて。子供たちの服にトルコ風な色彩が見られる。

午前中にウガリットの遺跡を訪ねた。ラタキヤから数キロ行って沿道を西へ折れ、更に同じぐらい行った地中海沿いにある。通称、ラス・シャムラ（Ras Shamra）の丘である。

ここはなぜ有名かというと、のちにギリシアに伝わって現在の文字となった古代アルファベットのタブレットが発見されたところだからである。

そもそものきっかけは一九二八年の春にこの附近で畑を耕していた農夫の偶然の発見による。これがフランスの考古学者の注目をひいた。そして翌年から組織的な発掘が開始され、一九三三年、五シーズン目の発掘で、ここがそれまで謎とされていた古代都市ウガリットの遺跡であることを、確認出来たのである。掘りおこされた王の宮殿や図書館などからタブレットが次々と発見された。およそ紀元前十四世紀前後、古代都市ウガリットの最盛期である。

現在、この遺跡を訪ねたものが肉眼で見る墓や街路、住宅などもたいていは紀元前十六世紀から十三世紀ごろのフェニキア期のものである(第一層)。ところが考古学者シエッフェル（Claude F. A. Schaeffer）は、更に発掘をつづけ、遂に第五層に至って前六千年紀の原始村落あとの新石器土器を発見した。発掘は現在も、二十次を越して続けられている。

ウガリットのアルファベット文字。

## やっとの思いでトルコ領へ

午後一時半、とうとう山中の国境線に到着した。トルコへ入るにはいくつもの国境街道があるが、シリアからはアレッポ発の直行路の方が主要ルートで、ここはいかにもこじんまりとした感じの入口である。車を止め出国手続きの小屋に入る。

ところが一沫の不安はやっぱり現実となってあらわれた。たしかに外人に限ってすでに国境は開放されているが、それには身分保証と出国許可書が必要だという。それはどこでもらうのかと聞くと、最寄りのセキュリティ・オフィス（安全保証事務所）だという。最寄りとは即ちラタキアである。やれやれであった。しかし、それでも保証書を手に入れさえすれば出られるのだからまだよかった。丁度小屋の中にはシリアへ入国の意志をもつヨーロッパの若い男女が来ていたが、折角トルコ側で出国手続きをすましここまで来ながら入国は当分みとめないと断わられている。恐らくアンタキアまで帰らねばならないだろう。どちらも国境から六〇キロ、お互さまというわけか。

午後二時半、ふっとばしてラタキアまで帰ったらもう一度やれやれであった。うっかりしていたが、セスタ（昼休み）のため四時半まで事務所が開かない。下手をするともう一度ここで泊らねばならない破目におちいりそうである。一度出られると思った予定がだめになるのは全くいやなものである。ましてやシリアはクーデターで印象がよろしくない。どうしても今日中に出よう。われわれは口々にそう言い合ってまるで獲物をねらう猟師よろしく事務所の前で四時半を待ちかまえて待機した。

例によってアラブ・ペースにさんざんイライラさせられた末、やっと保証書を手にしたのはもう午後の七時であった。それも今日中にはだめだというのを仲間を国境に待たせてあると偽ってサンザねばりにねばった末である。

サア、これでよし。われわれは三度目の同じ道をふっとばした。ただし今度はもうとっぷりとくれた夜道である。

国境着八時三十分、手続きに一時間ほどかかりやっと国境の棚をくゞった。今度は入国手続きである。

トルコ側の小屋ではいかめしい事務官がわれわれを待ちかまえていた。ケマル・アタチュルク※の子孫よろしく堂々たる押し出しの御人である。身ぶりや態度に思いなしか、かつての大国としてのプライドが見られる。おまけに英語がよく通じない。クルクルと口さきでころがすようなトルコ語を悪びれる様子もなく堂々と強要する。こちらは何もわからないからだまっている。すると仕方ないやつじゃといった顔つきで少しずつ英語をまぜる。先生もあまり英語には強くないのである。しかし、別にわるびれる様子の少しもないのはさすがだ。それにここでは係りのすべてが軍人でないところが気に入った。もっとも官僚の意地わるいのも困りものだが。

型通り懐中電燈で車の荷物を点検してやっとパスとなる。午後十時半をまわっていた。これでとにかく予定通り今日中にトルコに入れたことになる。まっくらい夜道をとばす。道路のよいのが助かった。十二時アンタキア着。なんとか夜の食事にありついて、ベッドに入ったのは午前二時前。ホテルのレストランでビールやブドウ酒が安いことを知って今後のトルコ滞在に期待がもてた。シメシメといった感じである。ビール大瓶一本二・五トルコリラ、約百円、ブドウ酒も国産品なら赤、白とも一びんほぼ同様の値段であった。

## トルコと日本人

アンタキアの朝は市中を流れるオロンテス河のカモメで始まった。市の中心部に〝中央広場〟があり、その東側を巾二十メートルぐらいの褐色に濁った川が流れている。これがオロンテス河であり、無数のカモメが橋のたもとあたりをわがもの顔に飛び舞っていた。その白い姿態となき声が朝の序曲を告げてまことにさわやかなひとときであった。

アンタキアは、アレキサンダー大王の東征後、その部将セレウコス※が紀元前三百年頃建てた都市である。古代名をアンチオキアと呼んだ。シリアとアナトリア、地中海とメソポタミアを結びつける要衝地点にあったため、たちまち西アジア最大の商業都市の一つとなったといわれる。現在人口四万六千人、ハタイ県の県庁所在地である。

トルコに入って、先ずわれわれの目をひいたのは到るところに見られるアタチュルク※(トルコの父の意、ケマル・パシャのこと)への讃辞や記念像である。この町の中央広場にも、馬にまたがった彼のブロンズ像が設置されている。近代トルコの生みの親とされるムスターファ・ケマル・パシャ※(一八八〇年〜一九三八年)の功績は、あたかもわが日本における明治維新のごときものであったらしい。

もう一つの大きな変化は視界からアラビア文字が一切消えてなくなったことである。ウムラウト(母音の上の¨)やセディーユ(CやSなどにつくヒゲ)の多いトルコ語は意味はわからなくとも、ローマ文字自体何となくわれわれに近しい感じがする。これもアタチュルクの改革の結果だ。それ以前は、トルコ語の発音にアラビア文字をあてて使用していた。

反対に予期しなかったことが一つある。それはトルコ人の誰一人として今やトルコ帽をつけた人間がいなかったことであった。代ってみんな鳥打帽をかぶっている。こんなことを言うと今のトルコ人は笑うかも知れないが、西欧人の中に今でもわれわれがちょんまげや着物を着ているのと思っている連中がいるのと同じで、私も実はそんな風な想像をしていた。調べたら丁度日本の断髪令と同じでやはりアタチュルクの厳命によるものだそうだ。しかし、われわれは今でも時々着物はつける。おすもうさんはまげを結う。一人ぐらいトルコ帽を見かけたってよさそうなものだと思ったが、滞在期間中とうとうトルコ帽には誰一人として出あわなかった。土産品としても売っていないのである。正確にいうとたった一人見たが、それはラタキア附近の郊外で出合った老人で、そこはまだシリア領であった。

堂々たるアタチュルク廟。

ケマル・アタチュルク。近代トルコの創設者。

通る車は全部アメリカ製である。そういえばトルコはこのころいわゆるC

ENTO——中央条約機構※の中心国であった。民族主義熱の強いおとなりのアラブから云えばちょうど共産圏の中国が日本を見ているような感じであろう。それから道路標識に〝E〟と書かれた立札、つまりヨーロッパへそのまま通ずるインターナショナル・ロード・ナンバーが見られるのもトルコへ入ってからの特色である。ついでだが、トルコという国は、ヨーロッパであろうか。もちろんノーである。それは人種的にも地理的にもはっきりしたことだ。ところが、トルコ人の中にはどうかすると「われわれヨーロッパ人は……」と言う連中もいる。とんでもないと言いたいところだが、あながち彼らをせめられない。日本でもどうかすると旅行や歴史書にトルコをヨーロッパの分類中に入れている場合があるし、オスマントルコ※の末期、列強から「ヨーロッパの重病人」と呼ばれた事実は有名だ。たしかに一時は領土的にもドナウ河領域を確保し十七世紀にはウィーン攻略一歩手前まで迫った。しかし、これはいくら日本が支那本土や朝鮮半島を統治しても、中国人でも朝鮮人でもないのと同じである。

日本人にそっくりなトルコの子供たち。

しかしアタチュルクのめざしたトルコの近代化とは、換言すれば自国のヨーロッパ化に他ならなかった。少くとも制度的にはそうである。そしてアラブからトルコへ入ったとたん、われわれの鼻が何となく嗅ぐものがヨーロッパのにおいであることもまたたしかである。そしてそのにおいはわれわれにこころよい。これはいったいどういうことであろうか。われわれはアジア人でありながら、アジアに於てよりもヨーロッパにおいて共通なのだ。考えてみればおかしなはなしである。

イスタンブールやアンカラへ入るとこの傾向はますます顕著である。道行く人、たたずむ人、もし背景のドームやミナレットさえなければまるでヨーロッパのどこかにいるのだと錯覚さえするだろう。いや「日本」の、と言葉をおきかえてもよい。そしてわれわれは何となく安心感を覚えるのである。

更にこのヨーロッパ化の度合いの点では、どうやら日本人のほうがトルコ人よりももっと先輩なのである。打って一丸となったトルコの近代化は、今を去る約四十年前、トルコ共和国の誕生（一九二三年）にはじまる。日本の明治維新がトルコではちょうど大正末期に起ったと考えればよい。総じてトルコ人は日本を大へん尊敬している。なぜか。彼らの目ざす近代化というものをわれわれが半世紀も早くやってのけたとみるからである。トルコ人の間では今でもゼネラル・トーゴーの名前が知れわたっている。東郷元帥※のことである。それは露土戦争※（一八五三年〜五六年クリミア戦役）で、イギリスやフランスの加担なしにはとうていかなわなかった宿敵ロシアを堂々と単独で撃破し、黄色人の白人に対する勝利を実現したアジアの英雄だからである。トルコの都会には時々「トーゴー（Togo）」と看板に書かれた店舗を見かけることがある。よく見るとそのそばに「Japanese souvenirs」とある。日本品専門店なのである。たとえケネディやレーガンは知っていても、今の小学生が果して東郷元帥といえばわかるかどうか、はなはだあやしいものである。

ずっと後の話だが、イスタンブールでタクシーに乗った。するとわれわれを日本人と知って運転手は片言の英語で熱っぽく語りかけたものである。〝日本人はすごい。ロシアをやっつけた。アメリカと戦争をした。負けたけれどたちまち復興した。カメラやトランジスターは日本が世界一だ。おれの友だちがこの前東京へ行ってびっくりして帰って来た。すばらしいところだと。そして奴さん言ってたよ〟とここで運転手は右手の人差指で自分の頭部を指さしながら強調する。〝日本人はここがいいんだ。国民の誰一人残らず全部

マガラジーク。シルクロードの陸路最西端のひとつ。ここから絹が積み出されたであろう港湾跡が見える。

インテリだ。〟と。

アラブでは日本の向米一辺倒を非難された。ここではその西欧化をほめられる。両者の違いがこの辺にはっきりとあらわれている。そして残る問題は、やはり日本という国がいったいアジアの中のどういう一員であるべきかという問題である。

## ヘレニズムの影響

アンタキアでは考古博物館へ行った。大部分が美しいモザイク作品で、いずれもアンタキア平野やアレクサンドレッタ近郊から出たものばかりである。一名モザイク博物館の別名がある。主題はギリシア神話に因んだものが圧倒的に多い。たとえば「エロスとプシケ※」「バッカス※」「オルフェウス※」「テティスと魚※」などである。テテイスというのはトロイ戦争※の英雄アキレウスの母親とされる巨人族の海のニンフで、膝をくずして海中に坐した彼女のまわりを魚が泳いでいる。モザイクは館内の壁や床はもちろん、中庭の回廊部分にもびっしりとかざられていた。製作はだいたい三世紀乃至四世紀のものが多い。

アンタキアの考古学博物館

ギリシア神話にエロス（キュピッド）のいたずらで、愛の矢を射られたアポロンが水の精ダフネを恋して、これを追いまわした話は有名である。このダフネがさんざん逃げまわったあげく、危うくつかまりそうになって月桂樹に姿をかえたところと言われる場所が、アンタキアの南方九キロのところにある。古《いにし》へのダフネ、今のハルビエ（Harbiye）である。セレウコス時代アンチオキア（アンタキア）の町が作られたとき、別名をエピダフネともいった。「ダフネの近く」という意味である。考古博物館のモザイクのいくつかはこのダフネから出土した。そこでわれわれは午後のひととき、車を駆ってハルビエに向った。ここは国境を越えてアンタキアに入った時通った筈の道だが、夜中であったので何の印象もなかった。しかし今走ってみると、周囲の風景はもう完全にアラブとは別世界である。月桂樹あり、糸杉あり、そしてまた人の服装も色彩豊かで、さすがにギリシア神話の舞台にえらばれただけのことはある。だいたい神話時代のギリシア圏は、ペロポネソス半島、小アジア※の西海岸、東地中海々岸を三頂点として、これをエーゲ海及び東地中海が結んでいると考えてよい。普通の意味にいうギリシアはその一部分なのである。そして古代の地方名で言うと、このあたりはキリキア（cilicia）とフェニキアの中間地帯に当っている。だからいってみればわれわれは今完全にヘレニズム文化圏に入っているというわけである。

ヘレス神話に画材をとったモザイクのひとつ。

しかし、目的地への到着はかなり難行した。道路はよかったのだが言葉が通じないのだ。アラブ語には強い調査団もこれには閉口した。少々軽く考えていたようである。最後には英語をというその極め手の英語がここではてんでだめだからある。これは国境でもすでにうすうす感じていたが、アラブ人がトルコ語を知っていることはあっても、トルコ人はアラブ語を殆んど知らない。これはトルコがつい半世紀前までオリエント、北アフリカ、東部ヨーロッパにまたがる大帝国だったからで、フランス人がフランス語以外、アメリカ人が英語以外をよく知らないのと同じである。第一次大戦の結果、トルコは縮小したが、アラブの世界のようにイギリス人やフランス人が委託統治でのり込んで来ることもなかった。外国語を学ぶ機会や必要に迫られなかったというわけである。だいたい戦前までの日本と考えればよい。もっともわずかながら回教圏の共通語というものはあるにはある。たとえば表現する文字は違っても「寺院」はトルコ語もアラブ語も〝ジャミ〟であり、「共和国」は〝ジュンフーリア〟であり、「書籍」は〝キタブ〟といった具合である。〝ハマム（風呂）〟ももちろん同じだ。

結局行きついたところは清水が谷間へおちる美しい渓谷であった。あたり一帯がいにしえのダフネ地方だという。たしかに美しい。清らかな水、ひんやりとした大気、みどりしたたる樹木、特にアラブから来た人間にとってはまるで天国だろう。しかしわれわれ日本人からみるといささか故郷の山水にピクニックに来たような感じがした。さながら秋晴れのすばらしい上天気の日にである。いかに日本という国は自然にめぐまれているかということをあらためて痛感する。

ダフネは、セレウコス時代から行楽地として知られ、アンチオキアの金持ちたちはここに別荘を作ったらしい。そして祭日などには、街から人が集って木蔭や渓流のほとりで食べたりのんだり、いわゆる野宴をたのしみ、時には音楽や詩のコンクール、ミネルヴァ祭※をまねた行列なども行われたという。当時は神話に因んだアポロン神殿や、アルテミス※やヴィーナスの祠、下界の神ヘカテ※の洞穴などがあって一面に泉がわいていたとあるから、要するにまちがいなく神話的ヘレニズムの舞台だったわけである。それらの遺址は今はない。

アンタキアの西方三〇キロ、地中海々岸沿いの故地、ピエリアのセレウキア、現在のマガラズーク（Magaracık）に向う。

最初ここはセレウコス朝の首都になる筈の街であった。南にそびえるカシウス山（Mt. Cassius）の頂上で行われたゼウス祭の時、鷲がこの地へ犠牲の肉塊をおとしたので、王はただちにここを都市建設の場所に決めたという伝説がある。紀元前三百年のことである。しかし結局首都はアンチオキアのものとなった。

地の利を得てピエリアのセレウキアが最も繁栄したのは、セレウコス※朝末期からその後ローマ時代にかけてであった。イタリア各地の港や、ローマ帝国の諸地方と定期的な交易を交した。今はほとんどその跡をとどめぬ廃跡だが、実はここはシルクロードの一つの終着地だったのである。ここから先は海路、地中海を通ってローマへ荷が運ばれた。だから商業港として栄えたその当時、この港から出る船の積荷にはいくばくかの絹がつまれていたことは、先ず絶対に間違いない。

それを知ってか知らずにか透明な地中海の波は、トロリトロリとまるで追憶の一シーンのごとく不思議や音もなく太陽の下に輝やいていた。

再びアンタキアから北々東方向へ内陸へと向い、イスラヒエ（Islahiye）と呼ぶ小さな町に一泊、翌日その先をもう一度西にとってイスソス※の平原（Issus）を通過した。有名なアレキサンダー大王とダリウス三世の対決の古戦場である。

いかにも決戦場としてふさわしい地形だ。広々とした草原が拡がり、その左右から二つの丘が平原を見おろすようにつき出ているのである。しかし、こういう光景は実は撮影にとっては一番苦手なのである。丘以外凹凸ある被写体が何もない。カメラマンは仕方がないから丘から始まって丘に終る延々三六〇度のパン（映画用語・カメラアングルを移動すること）をやった。フィルモのキイ（鍵）をいっぱいに捲いておいたが、丁度カメラをもとのアングルまでまわし切った途端、ゼンマイの力がなくなった。滅多にないケースだ。

イスソスの平原。ダリウス三世とアレキサンダー大王の決戦場。

## 地中海沿いの古跡

この日、カラテペ（Karatepe）アナザルブス※（Anazarbus）を見て、アダナ（Adana）で一泊する。

前者は、一九六四年にトルコ調査隊によって研究のはじめられた重要なヒッタイト遺跡だが、現在もまだ発掘継続中との理由で一切、写真撮影を厳禁されてしまった。ただ、監視つきで案内だけはしてくれるのである。いつか何かの学術誌で見た写真を思い浮かべながら、有名なライオン像やヒッタイト象形文字※の碑文を肉眼に納めて山を下った。

ヒッタイト文字。凸型象形が特徴。

アナザルブスは、カラテペから地中海へ出るその途中西南へ約四十五キロの地点にある。ローマ時代に栄えた都市でその後十二世紀に、一時アルメニア王国の首都になった。遺跡には三世紀はじめに建てられた凱旋門と、その向うにアルメニア人※の使っていた城あとがある。城の基礎はビザンチン時代にさかのぼるという。ここで困ったのはわれわれ日本人がよほど珍らしいのか、無慮数十名の村人が集まってとりまかれたことだ。丁度夕刻が近く、牛の大群が引きあげて来てよけい混乱状態となった。おまけに誰一人外国語がわからないときている。大ぜいで車の中に首をつっ込んでワイワイガヤガヤとわめくのである。こうなれば人間と牛の区別もへったくれもない。いささかつれなかったがクラクションをならし、自動車の力で追い払うようにしてこの地をあとにし

タルソス市の路上に残る「クレオパトラの門」。

た。そのわれわれを一見さも名残り惜しげに大ぜいの村人がゾロゾロとあとをつけながらいつまでも見送っていた。

翌日、タルソス(Tarsus)を通過して、メルシン(Mersin)に向う。タルソスは早くからギリシア化された都市で、アントニウス※がクレオパトラにはじめて逢った所だといわれ、「クレオパトラ門」と呼ばれる記念の門が道路上に立っている。尚アレキサンダーが病気を直したという水浴場のあともある。

メルシンではユミューク・テペ※(Yumuk-tepe)を見た。紀元前六千年にまでさかのぼる先史時代のもので、一九三七年から四〇年にかけてイギリスのガースタング※(J. Garstang)によって発掘された。古さにおいて先ずヨルダンのイエリコに続くものと考えればよい。

われわれは丁度アレキサンダー大王東征ルートを逆にたどりながら西へと進む。もう完全にギリシア時代にいうキリキア地方（Cilicia）である。

この地中海北岸は、タウルス山脈※のふもとが海にせまり気候も温和で農産物が多い。

ギリシア時代以後、紀元前一〇二年にローマの支配下に入り、附近にはポンペイオ・ポリス※（Pompeio-police）など、そのころの遺跡もある。ただしポンペイオ・ポリスには、今は数本のコリント風な列柱が残っているだけである。

ポンペイオ・ポリスの遺跡。

しかし、実際まっさおな地中海の輝やく太陽、そしてオリーブやバナナ、レモン、オレンジの実のる風景を見ていると現地へ来るまで抱いていたトルコのイメージとはまるで違うことを痛感する。しかしそれもその筈である。前にも述べたように、小アジアの地中海々岸はヘレニズム世界の一中心地、むしろギリシア・ローマ神話の舞台そのものだったからにほかならない。いわゆるトルコという場合、地理的な概念を除外すれば歴史的にはわれわれはこの地方をトルコから除外しなければならない。もっともヘレニズムの世界以後、キリキア地方はビザンチン帝

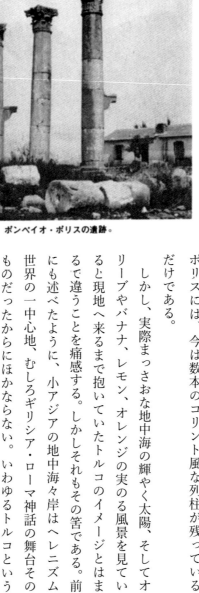

国領、八世紀にはアラブ族の侵入、十一世紀にはアルメニア国家の建設、更に十四世紀に入るとマムルーク朝※、続いてオスマントルコ※の治世下に入るなど、それこそあまたの民族、ヨーロッパとアジアによるたえざる支配のくりかえしを重ねてきた。しかし、めまぐるしいばかりのそれらの変遷を通じて、常に変らなかったものは、快適な気候と明かるい太陽であり、青い地中海の薫風であった。そしてその変らぬヘレニズム風土の上にさまざまな人種、民族がそれぞれおのれの文化に従って、何がしかの固有の美をつけ加えて行ったのである。

その代表的遺跡がメルシン西方四十五キロ、地中海沿いの丘に拡がる広大な廃墟、ネオポリス(Neopolis)だ。ばらまかれた各時代の建物の断片は、さながら歴史の集大成といったおもむきがある。遺跡の中央部に「天国と地獄の穴」(Pit of Hell *and* Heaven)と呼ばれる渓谷のような大穴がある。深さ百メートルもあろうか。一時期、ここへ罪人を投げ込んだところからこの名があるといわれるが、地盤沈下で自然に出来上ったものである。その大穴の絶壁のへりに、十三世紀の都会の建物が、ほとんど外郭だけを残して建っている。そのほかコリント風の柱がある墓地、神殿あと、彫刻された石棺のかけら、アラブ風な稜堡の一部などが遺跡いっぱいに拡がり、一歩丘を登るごとに、誇張ではなく数百年の年月をとびこえ、またいっきょに逆もどりするといった具合に、歴史各時代をはげしく往復し、それぞれの痕跡に相遇するのである。

## コリコスの乙女城

しかし、目のあたりにするそれらの遺址は、残念ながら全体としてはほとんど廃墟に近い。ただ、だいだい色の大理石の断塊が、まっさおな青空をバックにところどころオリーブや權木のみどりをまじえ、さながら自然の三色で描いた歴史のモザイクといったおもむきがある。

あたりはシンと静まり返っている。時々遠くからニワトリの鳴き声が風のまにまに聞えて来る。ポカポカと実にあったかい。惜しみなくふりそそぐ日光をたのしんで遺跡のところどころにロバや牛がのんびりと草をはんだり、ねころがったりしている。すると突然どこからともなく、奇妙なメロディが聞えて来た。それがだんだん近づいてくる。見ると農夫が笛を吹きながら丘へ登って来た。ロバや牛がやおら動き出す。家畜を集めて村へ戻

ネオポリス。広大な地中海沿いの古代遺跡。

「乙女の城」と呼ばれるアルメニア王国の遺跡のひとつ。

る時間なのである。ネオポリスの丘を下り、南に地中海、反対側に丘陵地帯を眺めながら更に進む。午後四時半である。引き続きいたるところ廃墟の洪水であった。ローマの水道橋、古代の共同墓地、列柱や神殿、水槽の一部など、右側の視界に入る岩石のつみ重ねで、何一ついずれかの時代の歴史のあしあとでないものはない。このあたりを一般にコリコス（Corycus）地方と呼ぶ。その昔、キプロス、エジプト、ローマを結ぶ商業の中心地であった。

遺跡は、陸地側ばかりではなかった。海岸に一つ、中世風なお城が建っている。丁度城壁の肩ごしに昼月がかかり、あたりから何か異様な連続音が聞えてきた。何だろうと耳をすましたら何と日本の農家でもよく聞く蛙の合唱であった。更に進むと西方に今度は明らかに今までとは材質の違う、もう少し白っぽい素岩の大理石で作られたお城が見えてくる。これが「コリコスの城」である。キリキア地方に祖国を再建していたアルメニア王朝の王が、十二世紀に海からの敵にそなえて建てたものだ。よく見ると、百メートルほど離れて海の上にも今一つの城が浮かんでいる。通常こちらを「海の城」と呼び、かつて両者は堤防で結ばれていたという。

「コリコスの城」には一つの伝説が伝わっている。それは次のような物語りである。

ブロンズの牡鹿。小アジア古代民族の芸術品。

カルケミシュ出土の鳥人神浮彫。

そのむかし、この土地を支配していた王さまに、たぐいまれなる美しい娘が誕生した。ところが彼女がまだごく小さい時分、ある予言者が〝あなたの娘は、いつか蛇にかまれて死にましょう〃と告げた。そこで王は娘をかばうために海の中にこの城を建てたのである。ところが或る日、人にもらったぶどうのかごをさげて王が城に娘を訪れたところ、その中から毒蛇がとび出して、たちまち王女に噛みついた。ために王の娘は予言者の言葉通り、はかなくこの世を去ったという。

「コリコスの城」が別名「乙女の城（Kiz Kalesi）」と呼ばれる所以である。折しも、太陽が地中海の西に傾き、「海の城」はくっきりとシルエットになって波の上に浮んでいた。物音ひとつなく、ただ地中海の水がまるで宝石のようにキラキラと光って私の視線を射るばかり。まさに伝説にふさわしい、それは美しい夕景の一コマであった。

# 第九章　アナトリア高原で

海岸からタウルス山脈をこえ、トルコの内陸へ向うと、気候も風土も急に一変する。一帯がアナトリア高原と呼ばれる海抜千メートルに近い不毛のステップで、見わたすかぎり半砂漠状の草原が続いている。しかしこれこそ武を尊び遊牧を生業とした騎馬民族トルコ人にとって、もっともふさわしい風景であると言える。その高原のほぼ中心部にあるのが首都アンカラ。公園に憩う市民たちに、おどろくほど日本人に酷似した風貌を発見してハッとしたりする。だが彼らもこの国のヨーロッパに近い西の地域へ行くと顔かたちがすっかり違って来る。日本のテレビ番組で活躍したロイ・ジェームスがトルコ人だったことを知る人は少ないのではないか。明らかにその容貌にはヨーロッパ人の血が混っている。同一国籍でありながら体内の血が別種であるという事実に日本人はなかなかなじまない。だがルッソーの「契約論」を待つまでもなく本来国家とはそういうものなのだ。それを知りながらあえてトルコ人にとっての真の故郷をもとめた人――それが建国の闘士ケマル・パシャであった。

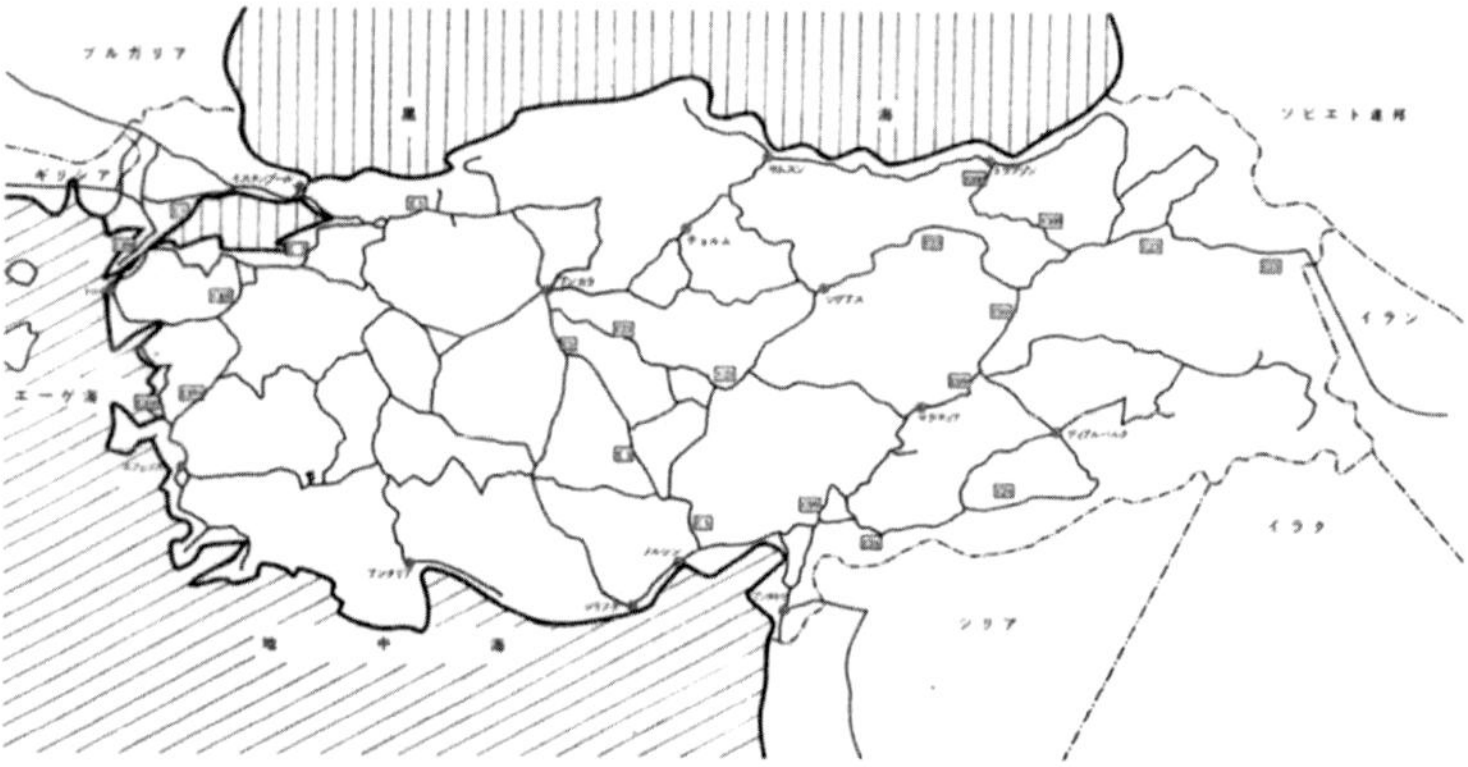


トルコの幹線自動車 E ロード（ヨーロッパへ通ずる国際ロード）

## まるで別世界の高原地方

われわれはアナトリア高原へ入った。

そもそもトルコは、全体の大部分が広漠たる台地におおわれている。そして中部地方に拡がるこのアナトリアは、海抜平均七四〇メートルの高原地帯である。タウルス山脈が地中海々岸に迫っているため、シリフケ（Silifke）から北へ折れて高原へ出るまでの道は、かなりの急勾配であった。そのかわりシリフケから百二十キロ、標高一六〇〇メートルの峠を越すと、それから先は平らな台地状態がはじまり、とたんに高度感覚が消失する。ただ変ったのは気候である。風土である。急に冬が舞いもどって寒くなる。あわててジャンパーを着なおす。視界のところどころに残雪があらわれる。そして一切の緑が消え、ただあるのは拡がる土色のステップ※と雪の白色だけである。二日前まで走っていた地中海沿岸とは、同じトルコ領土でありながら全くの別世界だ。しかしこれこそ本当のトルコであ

トルコの詩聖メルヴァーナ。

る。元来が中央アジアからやって来た遊牧民族であるトルコ人にもっともふさわしい恰好の場所であり、そしてトルコという言葉からわれわれが受けるイメージにピッタリの舞台である。

シリフケから内陸へと向ったわれわれ調査団はまずムート（Mut）で一泊した。ここは古代クラウディオポリス（Claudiopolis）と呼ばれたところで、現在は人口四千五百人の小さな町。ガラマン侯国※時代（十六世紀、後述）の城塞あとがある。

翌日カラマン（Karaman）へ向う途中、道路東側のタウルス山中海抜一二〇〇メートルのところにアラハンの僧院※（Alahan monastery）を見た。ここで掘り出された四人の福音伝道者（マタイ、マルコ、ルカ、ヨハネ）の胸像から「伝道者教会」とも呼ばれる初期キリスト教会と僧院のあとである（五世紀～六世紀）。発掘は新しく一九六一年から二年にかけてイギリスのガウフ（W. Gough）の指導の下に行われた。山奥ふかく、思いがけず出会った石造彫刻の代表的建築であった。

アラハンの僧院から、北々西へ五〇キロ、タウルス山脈の峠を越えてカラマン地区へ入る。アナトリア高原の南端部である。約三〇キロでカラマンに到着。

カラマン（Karaman）は現在人口二万二千人の小さな都市である。しかしなぜここが有名かというと、ここはかつて十三世紀の半ばから二世紀以上にわたって続いたカラマン王朝の首都であり、且つ、その第二代の君主メフメット・ベイ（Mehmet Bey　一二六一年～一三一四年）によってはじめてトルコ語が公用語として全面的採用された発祥地だからである。

そういう地方であるから、ここはトルコの文芸や詩人に関係が深い。神秘詩人メウラーナ・ジエラレッディン・ルミ※（Meulâna Celâleddin Rumî　一二〇七年～一二七三年）は、十二歳のとき家族と共にカラマンにやってきて、八年間を過した。まだトルコ語が常用されていなかった頃なので、ペルシャ語で詩ったが、精神的には完全にトルコ人である。カラマンでトルコ娘と結婚した。

トルコ語で詩った最初の詩人ユヌス・エムレ（Yunus Emre　一二四九年～一三二二年）の墓とモスクもまたここにある。

カラマン侯国は、しかしその後再びセルジュークとモンゴールのために敗れ、いったんコニアから引き上げた。その後もう一度勢力をもりかえし、セルジューク朝なきあと、オスマン・トルコを相手に、アナトリアにおける最後の覇権を争うが、逐にこれに敗れ去って一四八三年カスム・ベイ（Kasum Bey）の死と共に終りを告げる。

## 千夜一夜教会の谷

われわれ調査団は昼食をとっただけでほとんどカラマンを素通りした。そして主道から離れてその北方三

○キロのところに「千夜一夜教会」の谷（valley of Bin Bir Kilise）を訪ねる。
ここは、三世紀にさかのぼる古い教会や僧院あとが一面に散らばっているところからこの名がある。

「千夜一夜教会の谷」遠景。

ところでカラマンからの道の悪さには閉口した。トルコは今が雨季だというのに、もう何日も雨が降らないらしい。しかもこの前降った時に、おそらく泥道と化したのであろう、その時に出来上った車のわだちがそのまま何條もの深い溝をつくってカチンカチンに固まっている。実に始末がわるい。ハンドルはとられるわ、モウモウたる砂ぼこりをかぶるやらで文字通りクタクタに疲れてしまった。調査団の誰を見ても、顔中白粉をつけたようにまっ白である。三〇キロの道を一時間半もかかって到着した。

ところがいざついてみると、どうやらわれわれは「千夜一夜」という名称のイメージにいささかほれ込みすぎた感があった。教会の遺址は、たしかにあるにはあったが、ほとんどアプス※（教会の奥殿）の一部乃至外廊の残骸が残っている程度で、それも、実際には数えるほどしかなかった。しかもその中で比較的それらしい形を残しているのは、ほとんど九世紀から十一世紀にかけてのものであった。というのはビザンチン領※のあとをおそったアラブ族が、おおかたキリスト関係の教会を破壊してしまったからである。その後九世紀の半ばになって、マケドニア朝※の勢力が再びアラブ人をシリア方面へ追っぱらった時、ようやくその一部が再建されたり修理された。現在見られるのはその時の遺址である。

ただ、景色だけは美しかった。カラダーク（黒い山の意）が村落の背景をなしてそびえ立ち、その山頂には無垢の白雪が太陽に輝やいている。カラマン王メフメッド・ベイがセルジュークやモンゴールと決戦をいどんだところだ。

廃墟化した千夜一夜教会のひとつ。

## 古都コニアにて

午後四時、再び悪路を引き返して、幹線道路へもどり一路コニアへと向う。沿道のところどころに、白揚（はこやなぎ）

が目立つ。十五、六メートルから二十メートルぐらいあろうか。ただしまだ芽をふくかふかないかの裸である。そのほかに見るべきものとては何もない。一面ステップが広がる半砂漠地である。それもその筈このあたりの年間雨量は、三百ミリがやっとという。コニアの手前三〇キロぐらいのところで先史時代の遺跡、チャタルヒュユーク※（Çatal Höyük）がある筈だというので探したが、遂に見つからず、明日時間があればもう一度探すということにして暗くなり始める頃コニアへ入った。久しぶりにシャワーのあるホテルらしいホテルにとび込み、砂だらけの体を洗いおとしてさっぱりする。夜、松谷団員の誕生日なので、ホテルの食堂で一同ささやかな祝杯をあげる。飲むのに不自由はないが、トルコのビールは国産の一種類しかないので、いささか飽きてきた。味もまた余りうまいとはいえない。

ここでついでにタバコについていうと、アラブではあれほど自由だった欧米のタバコがトルコではとたんに姿を消す。その代り「イエニ・ハルマン（新しい秋）」「サムスン（地名）」「ヒッサール（城）」など国産のそれは十数種もある。

値段はだいたい二十本入り一・五T・L（六十円）位から、三・七五T・L（百五十円）まで。

あまりうまいとはいえないが、中でフィルターつきの「ヒッサール」が一番よい。トルコでは私はもっぱらこれを愛用した。

コニア（Konya）は先にも述べたようにセルジューク朝※の首都である。コニアはヘレニズム時代イコニウムと呼ばれた。現在人口約十二万。海抜一〇二六メートル、アナトリア高原中南部に位置する。

コニア考古学博物館中庭。うしろにエンピツ型ミナレットが見える。

市の中央、アラエッデインの丘に登る。十三世紀のはじめに出たセルジューク王朝の名君、アラエッデイン・ケイクバート※（Alāeddin Keykubat　一二一九年〜三六年）を記念した丘で、当時の城塞のあとである。直径二百メートルぐらいあろうか。丘の上に同じ名前の回教寺院が残っている。一二二〇年ケイクバートの時代に完成したものでシリア、セルジューク系モスクの建築様式に従っている。このすぐ近くにやはりケイクバートの建てた宮殿があったが今はない。いや細かくいうとごく一部残っている。モスクの北側にコンクリートの屋根で保護されたボロボロの壁の一部がそうである。故事来歴がトルコ語で書かれた掲示板がコンクリートに打ちつけてある。

丘の上には市民たちが三々五々散策に来ている。ベンチに腰かけたり、頭に荷をのせた婦人が通りかかったりする。男はたいていノーネクタイの背広姿で、頭にハンチング帽をかぶった労働者スタイル。荷をかついだ婦人の土着衣服は、日本の戦争中のモンペ姿にそっくりである。モンペは日本でも元来が北国のものだが、それだけトルコが寒いということであろう。ただし、時たま子どもづれの洋装婦人や家族グループに接すると、さすがにここではアラブの世界にはほとんど見かけなかった中産階級の存在というものをわずかに感じとることができる。

丘から東へ、アラエッデイン通りが走り、三〇〇メートルばかり行ったところにヒュクメット広場（政府広場）と称せられる市の中心部がある。オスマン期の回教寺院が、アラブとは違った先のとがった鉛筆型のミナレットと扁平なドームを持って周囲にそびえている。

この広場もまた人の集まるところである。おや、日本人かなと思うような顔の人間にしばしばお目にかかる。

そもそもトルコ人というのは、中央アジアからやって来た騎馬遊牧民族の末裔で、色といい、骨相といい、大へん日本人に近い。いわゆるモンゴロイド（蒙古系人種）である。これが目や鼻の大きいセム系の地中海人種であるアラブ人と決定的に違う点である。言語もまたウラル・アルタイ系の膠着語※で、目的語や副詞句は述語の前にくる。例えばヨーロッパ語のように「私は　ほしい　便りを　国から」ではなく「(私は)

ヘラクレスをあしらった石棺。（コニア考古学博物館）

国から　便りが　ほしい」と日本語と全く同じ順序で表現する。否定形の場合も同様である。〝I do not want〟や〝je ne veux pas〟ではなく〝(mektup) istemiyorum〟と膠着型の否定動詞が一番あとにくる。「ほしい」の原型が〝istemek〟であり「私は　ほしい」が〝istiyorum〟、「私は　ほしくない」なら〝istemiyorum〟そして〝mektup〟は「手紙」のことである。

このへんのことが、一週間ぐらいしてやっとわかった。アラブ語に関しては、調査団員にとうていかなわなかったので、一つトルコ語で先手を打ってやれと、アダナ（Adana）の本屋でひそかに英土辞典を購入し、夜寝る前などに一生懸命しらべたのである。おかげでトルコ語に関しては私はみんなから一目おかれた。

言葉がチンプンカンプンの外国で、先ず覚える必要のあるのは、何といっても数字である。それから次に衣食住に関する名詞である。だいたい集団で生活していて仲間が言葉に達者であると、おくれをとった者はなかなか覚えない。ところがトルコでは俄然事態は逆転した。レストランに入って私が、〝Lüften bir cabuk!（大至急ひとつ!）〟とか〝Portakal suyu istiyorum!（オレンジ・ジュースがほしい）〟とか言うと、ウェイターが〝Evet（はい）〟と答えて、敏捷に動くのを見てみんなは目を丸くした。そして忽ち「トルコ語の大家」ということになってしまったのである。なお、トルコの宗教はもちろんイスラム教である。アタチュルクが諸改革にのり出して、数ある従来の旧習を禁止したが、それでも宗教的関心はなお根強い。これを歴史的に考察すると、セルジューク・トルコ族が、中央アジアから移動して来たのち、だいたい十世紀頃からイスラム教に改宗した。それがオスマン・トルコを経て現在の共和国にうけつがれているわけだ。そして大部分がスンニー派※に属している。

コニアでは、自動車の修理、市内の撮影、考古博物館の取材がやっとであった。午後、アンカラへ出発する前に、是非一見の要ありということで、考古学、人類学の連中（古山、松谷、千代延三調査員）とわれわれだけで大いそぎでチャタル・ヒュユークの遺跡へまわる。深井副団長、堀内、杉山調査団の三人は、その間に更にモスクの撮影のため市中に残った。

## 新しい遺跡チャタル・ヒュユーク

チャタル・ヒュユーク（Çatal Höyük）は、さきに見た「アラハンの僧院」と同じくアンカラ※のイギリス考古学院が一九六一年以来発掘を開始した最新の遺跡である。そのため、まだ地図にも場所が明示されておらず、前日発見することができなかったところだ。しかし、コニアでよく調べて出かけたので今度は迷わなかった。コニアから、もと来たカラマン街道を三十数キロ戻り、東へ折れてチュムラ（Çumra）という村へ入る。更にその北方へ、十キロほど進むと、平原の中に堂々たる規模のテペが見えて来る。高さ二〇メートルもあろうか。「チャタル」とはフォークのこと。「ヒュユーク」はトルコ語で、アラブ語の〝テペ〟、または〝テル〟を意味している。その名の通りフォークをふせたような形のテペである。発掘者ジェイムス・メラート（J.

チャタル・ヒュユーク。先史時代の遺跡。コニアの西南45キロにある。

アナトリア高原で出くわした牛の大群。クラクションを鳴らしても一向に驚ろかない。

Mellart）によれば、チャタル・ヒュユークは、その大きさからいっても、その昔、単なる集落というより、この地方を代表する真の意味での都市であったと考えられている。今から八千年以上前、つまり前七千年紀の先史時代の話である。土地は沖積層で、今でも肥えているが、当時はもっと豊穣で、この附近一帯は森林だったらしい。メルシンで見たユミューク・テペの同時期よりも、更に進化した状態にあったと推定され、この点今ではアナトリアにおける最も重要な遺跡となった。

テペへ登る。ガードが一人いて、監視つきだがわれわれを大いに歓迎してくれた。この遺跡発掘に伴う最大の収穫は、新石器時代にコニア平原に住んでいた人たちのさまざまな生活上の習慣や関心、あるいは条件といったものを、それも極めて具体的な形で解き明かしたことにある。例えば家屋の建築、宗教的関心、葬儀の方法などである。なかでも注目されたのは、赤、白、黒、オレンジ、黄、クリーム色など、さまざまな色彩塗料で描かれた動物の壁画であった。これは現在の時点では、われわれが用いているのと同じ方法で描かれた最も古い絵画である。同じくユニークなのは、牛や羊、ある場合には禿鷹などの角や頭部が、本物、あるいは人工物で、神殿や部屋をいっぱいに飾っていたことである。例えば、第六層の祭壇は明らかに火災に逢って、黒くこげているが、ここに直径数センチ大の穴が数個、横に並んで残っている。これは動物の角をはめ込んだあとだ。これらの絵画や風習は、すべて当時の住民たちの生と死をめぐる宗教的感情や思考を示すものにほかならない。動物はその他、猪や豹の場合もあり、それと同時にたいていは豊穣の女神の像を伴っていた。

午後三時半、チャタル・ヒュユークからもう一度コニアに戻り、残留組と合体、車三台をつらねて北上する。行程二六〇キロ、今日の目標はトルコ共和国の首都アンカラ（Ankara）である。

広漠たる単色の高原——道路こそ整備されてはいるか、行けども行けども起伏のない、茶褐色の視界が拡がるばかり。山もなければ川もない。時たま小さな村落や農夫に引卒された牛や羊の大群に出合うのが、わずかなさぐさめである。しかし、これこそアナトリア高原なのだ。そして今、そのまっただ中をわれわれは時速八十キロで走りつづけているのである。

地図を見ると、道の東二、三〇キロのところに、塩湖として有名なトゥズ湖※（Tuz Gölü）がある。しかし、車からは見えない。冬には凍って面積が拡がり、夏は干上って周辺に塩の結層が出来上る奇妙な湖である。ちょっと行って見てみたい気もするが、その余裕はない。きっと春先の今ごろは塩晶の散らばる沼地状態といったところであろうか。

## 新生トルコの首都アンカラ

見るものがないままに、塩湖の様子に勝手な想像をめぐらしながら同時にわれわれは、車の中で一つのカケをしていた。それはアンカラの官庁が、明日休みであるかどうかについてである。一般にイスラム圏では金曜日※休日が常識であるが、果してトルコではどうなのであろう。この日、三月五日はちょうど土曜日に当っていた。若し日曜休日であれば、あす大使館や官庁へ行って出国ビザその他の申請をすることはできない。だいぶ議論が沸騰したが、大勢は金曜休日説をとって、あすは大丈夫だろうということであった。(因みにキリスト教信者の多いベイルートでは日曜日休日制であった)。

午後七時半、大通りを彩どる近代的な螢光色の街燈に迎えられて、ようやくアンカラの街に入る。ウルス広場のジーハン・パラスに投宿。砂だらけの荷物を整理して、イラク以来はじめてタブの風呂に入った。ホテルにて夕食。すっかりくたびれて十一時頃就寝。

翌日、はじめて街頭に出る。やはりトルコは日曜休日制度をとっていた。おそらくこれもアタチュルクの

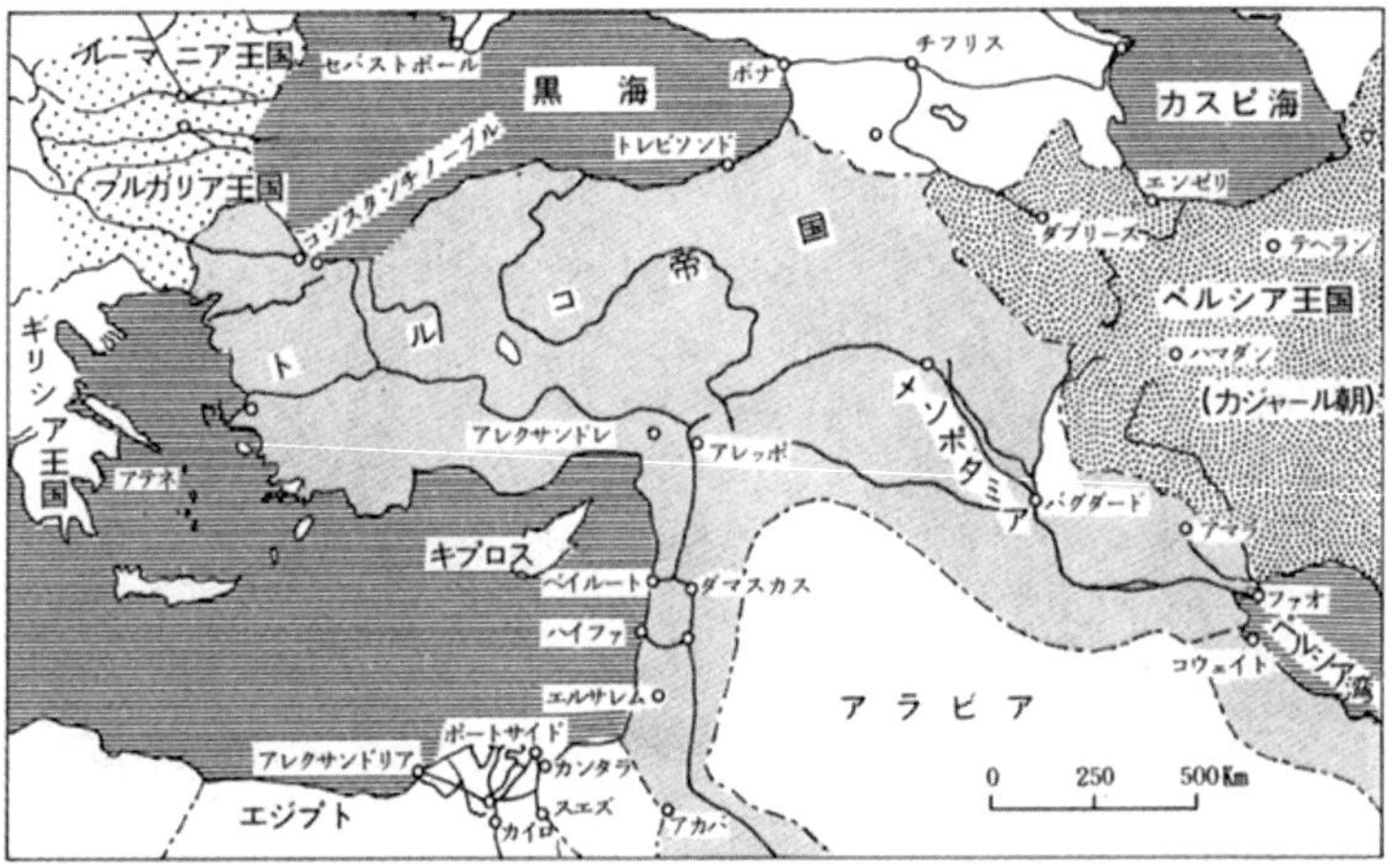


西アジア全域に広がった1917年ごろのトルコ大帝国。

改革によるものだろう。そのアタチュルクの銅像や記念碑が、ここアンカラでは他のどの都市よりも一層数多く目につく。考えてみれば当然である。トルコの近代化を断行した彼が一九二三年、新生トルコ共和国の首都にもっともふさわしい場所としてえらんだのが、このアンカラだったからである。現在人口六五万、海抜八五〇メートルのアナトリア高原中央部に位する。ところでなぜケマル・パシャは歴史と美の都イスタンブールをすてて、わざわざ交通の不便なアンカラに政治の中心を移したのであろうか。思うに彼はトルコ文化の真随はビザンチンにもヘレニズムにもなく、実にアナトリアという気候と風土のただ中にあることを信じたからにほかならない。この点にこそあれだけトルコのヨーロッパという一大目標を掲げ、またそれを実現しながら魂までは売らなかったこの政治家の非凡と偉大さがある。この精神は、例えば市の西南部の丘の上に建つアタチュルク廟を見れば一目瞭然である。

アンカラ市街。文字がローマ字に一変する。

ちょうど日本における明治神宮の占める意味や雰囲気を想像すればよい。そのまつられた位置といい、規模の大きさといいトルコの国民がこの建国の英雄に捧げる敬愛の念の強さを如実に知らされると同時に、建物や記念像に見られる精神はあくまでもトルコ自身のものである。先ず広場へと続く敷石の参道。左右にわれわれを迎える十数匹のライオンの石像は、明らかにヒッタイト・スタイルのものだ。そしてヒッタイト人こそ、アナトリア地方の非ヨーロッパ的古代先住民族にほかならなかったことをもういちど思い出そう。参道の入口の左右にそれぞれ二人ずつの男性像と女性像が立っている。男性側は書記と兵士と農民で「知・武・勇」をあらわし、女性側は娘、母親、老婦で女の三年代、または人間の「喜・怒・哀」を表現している。いずれも新生トルコ共和国の象徴である。

参道をすすむと、回廊にとりまかれた広大な前庭に出て、その東側にいわゆる霊廟がある。階段の左右に革命を記念した浮彫りが彫刻されている。霊廟はパンテオン形式※こそとってはいるか、柱は四角型で、材質は落ちついた黄褐色の石灰華で作られている。内部は黒と白の線模様のある赤っぽい大理石で、一番奥に十四トンもある単一大理石で作られたアタチュルクの墓が安置されている。すべて材料はアナトリア地方で採石したものである。天井のモザイク装飾といい、ギリシアでもアラブでもない、トルコ独特の質実な建築スタイルはさすがにウムとうならせるものがあった。トルコの建築家エミン・オナト（Emin Onat）が一九四四年に着工して、完成したものである。

アンカラには結局足かけ四日滞在した。二日目の日曜日はあらゆる商店が閉っていて、どこもかしこも表に〝KAPALI（閉店）〟の札がぶら下っている。文明国という看板のメンツにかけても、土曜半休、日曜全休の徹底的励行といったところか。ただそのかわりアラブと違って平日に例の〝セスタ〟がない点だけは助かる。

アンカラあたりになると、街のあちこちにヨーロッパ風のキオスク（街頭売店）が立っている。これは日曜も開いていて利用出来る。ただし、新聞や雑誌、せいぜい日用品程度の品しか売っていないからもちろん買い物にはならない。それから博物館や古跡関係なども、平日の一日を休館として日曜オープンである。ついでだが、今度の旅行で、西アジアでもヨーロッパ風にこの種の設備が日曜祭日に限り無料制度をとっているところが大へん多かった。というよりほとんど例外なくそれがふつうなのである。つまりこういった設備は一般市民のために存在するものであり、彼らは日曜祭日の休みにそれらを観賞し、楽しむ機会を持つことができるからだ。税金を払っている以上むしろあたりまえの理くつである。この点ふり返って日本の場合はどうであろうか。お寺や古跡へ行くと近ごろでは必ず高い入場料が規定されている。中へ入ると場所によっては、更に追加の料金をとられることさえある。個人や私営の場合はまだ仕方ないにしても、それでは公立の博物館や設備はどうであろうか。やっぱり同じだ。日本へ来た外国人は、美や文化を鑑賞するのに、こんなにもお金がかかるのかとびっくりしているのではなかろうか。ただで入れるのはケチくさい町中の公園ぐらいなものである。中近東でも出来ることがどうしてだめなのであるか。文明国だという大きな顔をする前に、せめて公立の博物館だけでも一日無料制を早く採用することを望む。

## ヒッタイト博物館

考古学博物館は一名ヒッタイト博物館の別称があり、世界でヒッタイト関係の文化遺物が最も豊富に集められているところである。建物の一部は十五世紀にもと隊商市場として用いられていたもの。古い城塞の丘の北西部の斜面に建っている。有名なブロンズの牡鹿※をはじめ、アラジア・ヒュユーク※、キュル・テペ※、ボアズキョイ※、チャタル・ヒュユーク※などトルコ各地のヒッタイト遺跡からの発掘物が舘内に満展されている。ヒッタイト学愛好者必見の博物舘である。その他ウラルトゥ（ヴァン湖を中心に前八世紀から七世紀にかけて栄えた）やフリギア※関係の遺物もある。舘内は落着いた古典音楽を低く流して雰囲気をもり上げるなど、なかなか神経のゆきとどいた仕組みになっていて好もしかった。

ローマ風呂は旧市街の一角にあり、これもローマ時代の遺址であるパレストル（古代ギリシアの角力に似た競技場）と隣り合っている。一九二六年、ここに国防省のビルを建築しようとして地下測量が行われた時発見された。驚ろいたトルコ政府は直ちにこの場所を「考古学地域」に指定し、ビル建築の計画を変更した。温室、蒸気風呂、水浴場また着換え室などのしきりや、レンガ造りのおびただしく柱の並んだ床下の装置などがそのままに見られる。建築は三世紀のはじめ、つまり例のカラカラ帝※時代の作である。カラカラ帝といえばローマのカラカラ大浴場を思い出すだろう。つまり当時は本物のローマのみならず、植民地の各地にもローマ風呂の建築が大へん盛んだったわけである。ローマ風呂の様子がどんなものであったか、有名なローマの哲人セネカ※（L. A. Seneca 前四～後六五年）の一文を読んでみよう。

ローマ風呂の遺跡。アンカラにて。

〝顔をまっ赤にして紳士が鉛の分銅をふりまわして体操をしている。一生懸命やっているのか、そのふりをしているのかは別として、とにかく彼はうなり声を立てている。おさえていた息を吐き出すときは、かん高い声を出し、ゼイゼイとあえぐ。向うの方を見ると、安いマッサージに陶然としている怠け者がいる。肩を打つ手の音、平手で打つときと、手を丸めて打つときとでは音が違う。時には酔っぱらいやスリがつかまって引き立てられて行く。浴室内には自分の声を聞きたいばかりに、がなり声を立てる男、傍若無人な大声をあげて、しぶきを立てて水浴場に飛び込む男。そしていろいろな調子で叫びたてるケーキ売り、ソーセージ売り、菓子売りたちの声。みんなそれぞれ独特な節まわしで食べ物を売り歩いている。〟

セネカが半ば腹立たしく、おそらくは渋い顔をしながらローマ風呂を眺めていることはこの文章からみて明らかである。あるいは後世、日本のゴルフとプロ野球、そしてかのトルコ風呂について、同じような描写が残ることは考えられないだろうか。それとも現代人はすでにこのような文章を書くには、あまりにも現世享楽派でありすぎるかもしれない。

## 街なかの人肉市場

月曜日からは、やっと週末がおわったので、日本大使館への連絡、イラク、シリアへの出国ビザの申請、期限切れの注射の再受、フィルムの送り出し手続き、自動車の整備、洗たく物の注文など、久しぶりの都会ゆえあまりにもなすべきことが多く、取材はほとんど市内のスナップ程度にしかはかどらなかった。ただし月曜日の夜おそくようやく雑務から解放されてカメラマンの田中君とホテル附近を散歩していたとき偶然すさまじいものを見かけた。

それは今や日本人におなじみのアムステルダムの〝飾り窓の女〟にそっくりのトルコの売春街である。前にも述べたようにわれわれのとまったホテルは、ウルス広場の傍にあったが、このあたりはいわゆる旧市街地区である。一般にトルコの大都市では旧市街と新市街の対照が実にはっきりしている。ホテルの東北部にビザンチン時代に築かれた城砦の丘がある。その一角をブラついていたら、城壁の一部に妙にさわがしい、そのくせ何だか秘密めいた奇妙な雰囲気がある場所を発見した。近づくと人が十数人たたずんでいて、そのうしろの壁に小さな門がある。妙奇心の命ずるまゝ二人で中をのぞいてみてアッと驚ろいた。中は無慮、百数十人の黒だかりの人の山である。しかもみんな男ばかりで、それがただ何となくガヤガヤとうすぐらい雰囲気の中に立ちよどんでいるのである。それでもこれが一体何を意味するのかまだわからなかった。入口の門を入った両側におまわりさんが立っている。だから一瞬死刑執行場かと思ったぐらいだ。別にとがめられる様子もないのでそのまま中へ入って行ったら、この一角は二十軒ばかりの家にとりまかれ、それがみな皓々と中に明かりをつけている。そして男たちの視線はどうやらみなその家屋の内部に一種異常な真剣さをもって凝結しているのであった。
人垣きをかきわけるようにして、彼らの背後からのぞき込んだとき、私はやっと一切の意味を了解した。

トルコ地中海海岸、ローマン風呂の床に残る美女のモザイク。

女である。二百ワットぐらいの明かるい部屋の内部に二、三人から四、五人の女たちが、ほとんど全裸の恰好であやしげな視線を男たちに投げかえしている。色の白いのもいれば、褐色もいた。そして若いのも中年も。ビキニパンティ一枚で、乳房もあらわに自信ありげにニヤニヤ男の欲望をあおり立てているのはたいてい若い女である。透けたシュミーズに体をくるみ、意識的にか習性か、立てひざ姿のくずれた股間をちらつかせながら、出前ものの食事をしているのはもう中年。そんな肉市場の光景が二十数軒あるどの家の部屋にも展開されるのである。なかに二人ほど黒人の女もいた。そして一軒の家屋のごとに、部屋の上部に値段表らしい木札がかかっている。〝VISIT 8T.L〟などとかいてある。安いのは五トルコ・リラからあった。最高で十二トルコ・リラ。俗に言うチョイの間の二百円から五百円のあいだというわけだ。その値段表を横目で眺めながら、労働者風の男たちが、窓柵にしがみつくように少しでもいい女をと物色に懸命だ。視線がかち合うと女たちは、ウインクして〝入れ入れ〟と首を振って勧誘する。その物腰にはおよそデリカシイとか羞恥というものがない。たまには腰を振ってみせたり、人差指でカム・オンの合図をしてみたり、執拗に誘惑の度合いをましてくる。男はと見れば、予想される享楽と金銭との差引関係を一刻も早く明確にしたいと懸命に思考しながら、なおじっとおのれの欲望にたえている様子である。

風態からみて、今夜の飲み代またはあすの朝食か、それともそれを犠牲にしてこの女かと、烈しく迷っているのだろうか。やがて欲望が金銭に打ち勝つ。

あらゆる疑問と逡巡をいっきょに振り払うように、男はサッとドアを押しのけて乗り込んで行く。女がいそいそと彼を迎え、嬌態をふりまきながら、半ば抱きかかえるように男を連れて奥の部屋へと消えて行く。いく部屋あるのか知るよしもない。入れかわるように用を足した他の男が出て来る。

だが彼の足どりはきまって重そうだ。欲望のイリユージョンが消え失せた途端、現実が彼の頭の中に舞い戻ってきたのだ。朝めし抜きの明日の一日が憂欝である。しかも疲れた体に鞭打って、早朝からその日の労働を探さねばならない。

異国で見たこの人肉市場の印象は、あまりにも強烈すぎた。三百円の肉体。入れかわり立ちかわり、挿入

トルコ中部タウルス山麓の草原風景。

され、そして投げ出されるファロスとヴァギナのはげしい往復。流れ出る精液、むき出しの性器、イラクやシリアではどこにもなかった娼窟を、偶然にもここアンカラで発見したとき、それは人間らしい欲望を刺戟するには、あまりにもショッキングであり、かつまたリアルでありすぎた。私とカメラマンは、まるで交通事故の現場を目撃したあとのようないやーな気持で、呆然とその場をあとにしたことであった。

# 第十章　謎のヒッタイト文明

〝ヒッタイト学〟という耳なれない特別の名称がある。紀元前二千年から千二百年ごろにかけて、小アジアを中心に活躍したヒッタイト民族を研究する学問の謂だが、今世紀に入ってドイツのヴィンクラーという学者が、ここアナトリアの遺跡を発掘してから急にさわがれ出した。トルコの中部高原には到るところにヒッタイト遺跡がある。ボアズキョイ、ヤズルカヤ、アラジャヒュユークなど。面白いのはその独特の芸術である。玄武岩で出来た自然の巨石の、たいていはその前面だけを立体的に彫り込んで、あとの部分をそのまま城門や壁の腰板に使用している。タッチはあらけずりでしかも漫画的であり、お魚はナメクジラ、スフィンクスはこうもり、有名なライオンの門もわたしにはすっとんきょうな顔をしたタヌキにしか見えなかった。中でも弓をひく兵士をのせた鉄の戦車の浮彫りが多く、世界でもっとも早く鉄を実用化した民族といわれている。古代中東での最大の戦闘カデシュでの戦いでは、この新兵器の前にエジプト軍が遂に敗退を余儀なくされた。

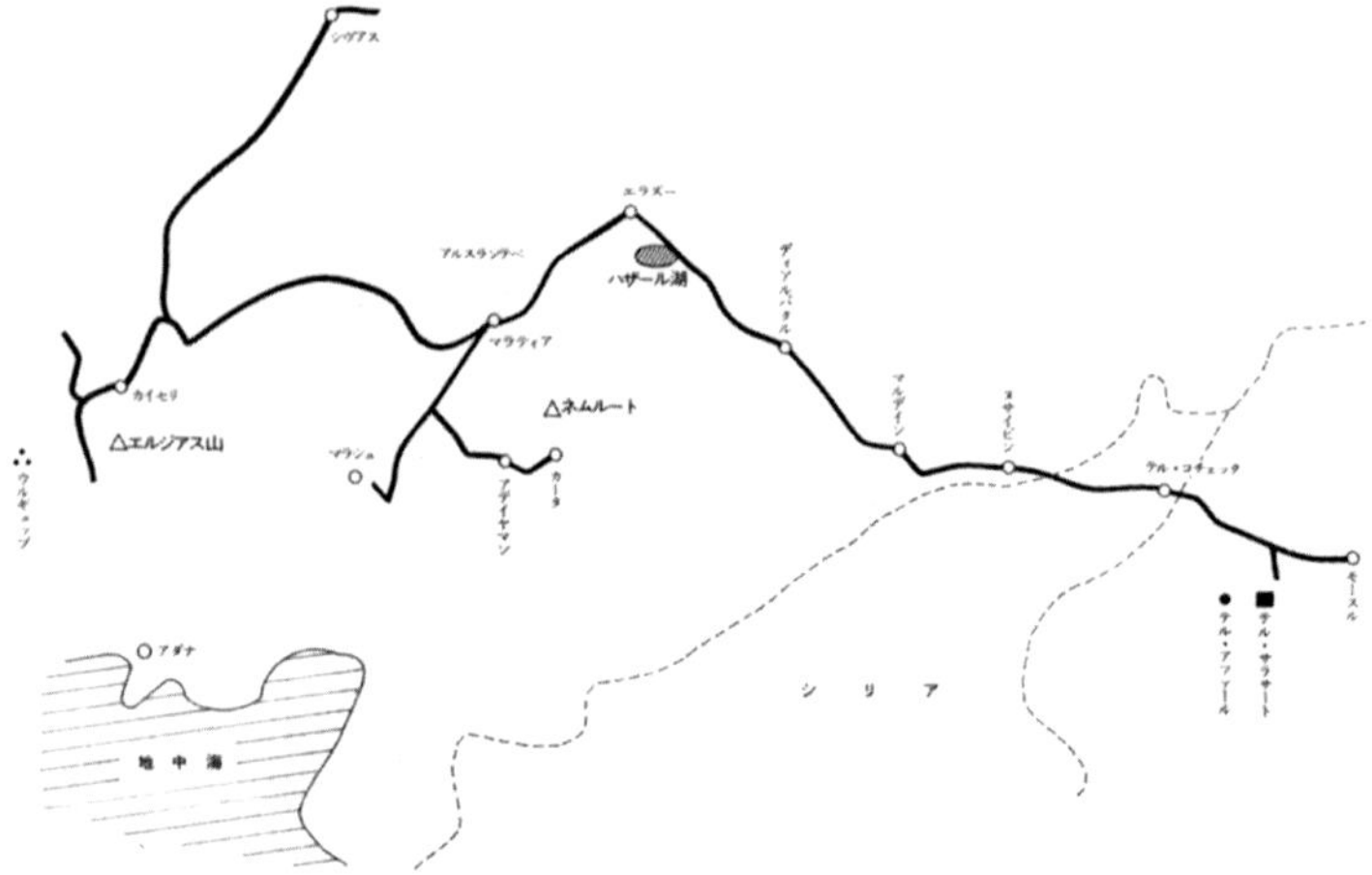


調査団のトルコ国内での後半の行跡図

## ボアズキョイの城砦

午後、アンカラを出発。一路ボアズキョイ（Boğazköy）へ向った。いよいよヒッタイト文化の本拠地にお目にかかれるわけである。

アンカラからボアズキョイ※へ行くには、道を東へまっすぐヨズガート（Yozgat）へ向って進み、途中一三〇キロの分岐点でチョルム（Çorum）、サムスン（Samsun）方向へ左折する。サムスンはもう黒海沿岸の港である。古代都市アミソス（Amisos）だ。ただし分岐点からはまだ三〇〇キロも先にあって、もちろんそこまでは行かない。約五〇キロほど北進したところに、スングルル（Sungurlu）という人口一万人ぐらいの小さな町がある。その先をもう一度右折して三十数キロ東へ行くと、そこがいにしえのハトシャシュ※（Hattuşaş）、つまり今のボアズキョイ※だ。この日、われわれは夜七時ごろ、一度ボアズキョイの入口までたどりついたが、宿泊設備がないことがわかって、スングルルまで引き返し、結局そこに泊った。例によってノミの出そうなきたないホテルだ。もちろん風呂はない。神経質な千代延氏など、スリーピング・ザックにくるまってベッドへもぐり込む。そうしないと気になって一晩中ねむれないのだ。これは気のせいではなく私自身もイスラヒエ、アダナのホテルではたしかにノミにくわれたし、また実際に何匹かを殺した。

翌朝午前八時スングルルを出発。再びボアズキョイへ向う。夜中にかなりの雨があって、そのため道がわるい。トルコの雨季は二月から三月にかけてだが、アンカラあたりからポツポツ来る日が多くなった。日照りの時はすなぼこり、ひとたび降るとたちまち泥沼。やっかいな道路である。

遺跡の地肌には、まだらに雪がつもっていた。明らかに昨夜のものである。それがちょうど高地にある遺跡の部分だけにつもっていて、下の村落にはなく、期せずして、時代区画を明示する、あざやかな雪線を形成していた。

一九〇六年ドイツのアッシリア学者ヴィンクラー※（H. Winkler）は、ちょうどインターンの医学生がはじめておのれのメスで人体を解剖するときの興奮と期待とをもって、ここボアズキョイの発掘を開始した。というのは、それまでかつてヒッタイト関係の遺跡はどの学者によってもまだ手を染められたことがなく、いわばこれが今世紀に入ってからはじめて試みられた、いわゆるヒッタイロジー（ヒッタイト民族関係の研究を特にこのように呼ぶ）の嚆矢だったからである。

そもそもヒッタイトとは、前二千年紀のはじめに、アナトリアに大量に出現した民族で、そのピーク期には、有名な「ヒッタイトの戦車」でもって、バビロニアやエジプトなどをなやますオリエントの一大強国であった。はじめてヒッタイトの名が歴史上の記録にあらわれるのは、紀元前一九〇〇年頃から小アジアに植民地をもっていたアッシリア商人の〝カッパドキア文書※〟と呼ばれる粘土板の中である。それによるとアッシリアの錫や布に対してかれらは銅、穀物などを交易したらしく、これら商人の存在のおかげで、メソポタミアの輝やかしい文明と接触をたもつことができた。アッシリア学者ヴィンクラーが、最初どうしてもボアズキョイの発掘に手をつけざるを得なかった動機は、実はむしろこの「カッパドキア文書」の徹底的解明を欲したからである。その後発掘は、同じくドイツのビッテル（K. Bittel）の手に受けつがれた。

遺跡は低い方の町の部分と、上方の城砦とに大別されて一帯に大きく拡がっている。地層は五期に分れ、最も古いものは前三千年期の中期である。ただしこれはインド＝ヨーロッパ系でもセム系でもない起源不明の原住民ハッテイ族※（Hattite）のもので、ヒッタイト族がそのあとを襲ってここへ入ったのは紀元前一六七〇年前後であったという。それはおそらくアニッタ（Anita）と呼ばれる王の治世下らしいが、そのあとを継いだラバルナ二世※（Labarna II　前一六八〇年～一六五〇年頃）は、このハトウシャシュを、ヒッタイト帝国の首都とした。彼はハトウシャ一世※の別称がある。この王からその後のムルシリ一世※（Muršili I　前一六二〇～一五九〇年頃）にかけてが、ヒッタイト古帝国の最盛期で、前一五九四年にはメソポタミアのバビロニアに攻め入ってこれを占領している。しかしヒッタイト帝国はこのムルシリ一世が暗殺されて、長い衰勢期をたどる事になる。以上を一般にヒッタイト古帝国と呼んでいる。

紀元前、一四六〇年頃、ヒッタイト民族の新しい王朝が起って、かれらはシリア方面へ勢力をのばし始めた。最も有名な王はシュピルリウマ※（Šuppiluliuma 前一三七五年～一三三五年）で、オリエントからエジプト勢を一掃し、ユーフラテス河畔のカルケミシュ※に要塞を建設した。これがヒッタイト新帝国である。

## ヒッタイト芸術の独特な味

先ず遺跡の下町の部分から見てみよう。町をとりかこんでいた囲壁の塔の部分に、生々しい石門ドアのすりあとが残っている。家屋と街路はすべて同じ規格で作られ、家のまわりを敷石道がとりまいている。所々に排水井戸のあとがある。材料の石は、すべて石灰石である。ドイツ調査団による一九五六年の発掘のときには、この下町の部分に、アッシリア商人たちの家屋群が発見されている。

上方にのぼる。途中岩に刻み込まれたヒッタイトの象形文字を見ることができる。三千有余の年月がほとんど肉眼では判別しかねるほどすりへってはいるか、おそらく市民に告示された法関係の文章であろうか。例によって凹刻でなく、凸刻であるのが特徴だ。ヒッタイト象形文字は少しずつ解りかけているインド・ヨーロッパ系の言語だが、不明の点が多く大勢としてはまだ未読である。

丘陵地帯をたどりながら、次第に上部に出る。今立っているのは、どうやら城砦の見張り台らしい。見下ろす深い谷間は、地の利を最大限に利用し、おしよせる敵軍を一人残らず射殺そうというヒッタイトお得意の戦法か。更に戦時には出撃用、平時には通用門として用いられた城壁底部のトンネルを見る。通常、〝イエルカプ〟※の出撃門と呼ばれ、入口部分は敵の目をくらますために、昔はやぶの中にかくされていたらしい。いかにも戦闘民族ヒッタイト人らしい築城術である。

ボアズキョイの〝ライオンの門〟ヒッタイト彫刻の例。

このあたりの遺跡の上の方はすべてヒッタイト新帝国時代のものである。〝アルスランカプ※〟と名の付く西の部分に有名なライオンの門がある。下から登って来て、門の反対側に出ると、右左にそれぞれ一頭ずつヒッタイトのライオンが直接岩に彫まれている。なぜ「ヒッタイトの」と言うか。われわれの感覚からすると、それはまるでタヌキであって決してライオンには見えないからである。いったいにヒッタイト人の造形感覚には、一種ユーモラスなとぼけた味がある。稚拙といえば稚拙だがなかなかすてがたい。どんな動物にしろ人間にしろ、ひとたび彼らの手にふれるとたちまち線の太い、ある種の抽象化が行われ、ヒッタイト独特の芸術となるのである。それはある場合にはいっそう「カリカチュア」とさえ呼びたいぐらいだ。ギリシアやローマの「リアリズム」とは凡そ対蹠的な感覚である。

王を抱くシャルマの神。ヤズルカヤ。

ヒッタイト彫刻の面白さは、ボアズキョイを下ること四キロ、ヤズルカヤ※（Yazılıkaya）の聖所で、もう一度満喫することができる。元来小アジア地方は岩山が多く、古くから巨岩崇拝や、山岳崇拝が行われた。ヤズルカヤは首都ハトウシャシュに近いところから、ヒッタイトの王たちから重要視された宗教地である。天然の岩石を巧みに切りひらいて礼拝所とした。壁面や天然の岩石に、さまざまな浮彫りがほどこされている。「テスブとヘパトゥの神秘的な結婚」「神々の行列」「シャルマ神と王」などが、王位の象徴である翼のマークや、例の象形文字などといっしょに、到るところにほり込まれている。テスブ（Teshub）はヒッタイト人やフルリ人※の信仰した最高神。シリア、フェニキア、あるいはカナーン地方のハダドの神（Hadad）に相当する。ヘパトゥはその妻、シャルマは息子である。いずれも新王国の後期、前十三世期代に彫られた。

　例えば奥まった岩壁の左側、「神々の行列」のななめ向うに彫られた「シャルマ神」を見てみよう。彼は左手で胸のあたりに王を抱いている。右肩にある翼状のマークは王の象徴である。シャルマは右手に剣の柄をにぎっている。これはアレキサンダー大王東征以前におけるオリエント史上最大の合戦といわれる「カデシュの戦い※」での、エジプトに対するヒッタイトの勝利を記念して製作されたものである。いずれの浮彫りを見ても稚拙さはまぬがれないが、そのタッチは北方民族独特のものであり、西方風な写実性は全くない。

どことなくユーモラスなヒッタイト彫刻。ボアズキョイで。

ヒッタイトの遺跡をつきっきりで案内してくれたのはボアズキョイの中学校の先生であった。これはアンカラの日本大使館が紹介してくれた方である。彼は最後にある考古学の機関紙を見せてくれた。そこにはかつて三笠宮がボアズキョイを訪問された時の記念の写真が掲載されていた。われわれはこの知日派の親切な案内者と別れを告げてから、この日更にアラジャ・ヒュユーク※(Alaca Höyük)へまわった。これまた初期ヒッタイトの都市で、市の周壁の入口あとに有名なスフィンクスの像を見ることができる。ちょうどボアズキョイのライオン門のように自然石から前半身だけを凸形に彫りあげたもので、やはり左右一対になっている。片方の脚部に双頭の鷲にまたがったヒッタイトの神の浮き彫りがある。

そばに珍らしくきれいな清水がコンコンと湧いていた。折しも雲が切れて、水に影をおとした白楊の梢に太陽の光が銀のウロコのようにまぶしい。ここはヒッタイトの昔、クッサラ※（Kuššara）と呼ばれハトゥシリ一世（Hattušili I）が亡くなった場所である。彼は幼少の後継者ムルシリ一世の行く末を案じて、この孫のために王子の教育に関する楔形文字の遺書を書き残したという。そんなドラマを秘めながら、遺址の上の青空には白いわた雲がまるで舞台の書割のようにポッカリと浮いているこの日のアラジア・ヒュユークであった。

## 村の婚礼式に出合う

三月十日——銀嶺に輝やくエルジャス山（Erciyaş Daği）は一行の背後にあった。

さきほどから視界に七分咲きのアンズの樹が多くなり、急に土壌が砂状化して何となく今われわれは一風変った世界へ迷い込みつつある予感を胸にうけとめていた。

カイセリ（Kayseri）を出たのはもうかれこれ十時半だったろうか。ほんとうはもっと早く出かける予定だったのだが、ガレージをたたきおこすようにしてそれぞれの車を洗車、注油してさて出かける段になったらなんと「トヨタ」のスプリングが一枚折れていることに気がつき、あわてて修理工場を探してほうり込んだ。おかげで今日は私とカメラマンは、東大の三菱ワゴンに一人ずつ分乗である。一台に四名といっても、荷物を満載しているので車内の窮屈なことこの上もない。おまけにカメラマンに〝あれを撮ってくれ〟、〝これをたのむ〟などと、とっさの指図や連絡が出来ず、また東大側の車を入れた客観ショット※がとれないのには弱った。

三十分も走ったであろうか。俄然周囲の光景はその奇妙の度合を増し始めた。両側に拡がる畑の向うに松かさ状の砂山が連なり、それらのあちこちにまるで蜂の巣のような無数の穴が見えはじめたのである。最初は自然のいたずらかと思っていたらそうではなかった。これらはすべて人の手によって掘り込まれたものであり、しかもその中には人間が生活しているという。つまりこの地方の住民たちのれっきとした家屋なのであった。

へえー、二十世紀の世の中にそんなこともあるのかなと、思わず車を止めて感心していたその時である。今度はまたいとも奇妙な音楽がどこからともなく聞こえ始めた。どうやら左手の、一連の岩山附近からららしい。チャルメラのような笛の音と、明らかに大小の太鼓の複数音である。あわてて車にとびのって、更に二、二百メートル近づいた。見れば見るほど奇妙な形の岩山である。あるものは三角錐あるものは円錐形に、とがった頭部と次第にひろがる裾部をもち、それらが背や腹の部分で全部連なっている。そして遠くからではよくわからなかったが、穴の部分にはどれも少しずつひっ込んで木のドアがはめ込まれている。明らかに住宅用に使用している証拠である。

狐につままれたような気持でソロリソロリと目を転じた時、まずわれわれの視線に最初に入ってきたのは、白頭布をつけた大勢の女たちの群れであった。全部で三十名もいただろうか、それが一団にかたまって何処か一か所を見つめている様子である。その視線の先をたどりながら更に十数メートル進んだとき、とうとうわれわれは先ほどからの風がわりな音楽の出どころをつきとめることができた。女たちが遠まきに眺めていたもの――それは村の連中の、それも男ばかりの舞踊と音楽だったのである。

鳥打帽をかぶった一人の男が、大型のクラリネットのような笛を天に向って吹きならしていた。切れ目のない、チャルメラ風の何とも哀感のこもったメロディである。他の一人が笛の男につれそうように、大太鼓でリズムをとっている。少し離れて上衣をぬいだシャツ姿の三人目は小太鼓であった。この小太鼓を右のはじにして、十数名の男の連中が一列に手をつなぎあって踊っているのである。前へ進んだり、そしてそのたびごとに足を上げ、踵で拍子をとりながら時には横移動をまじえたりする。一種のフォークダンスだ。ただ明らかに彼らは酒気をおびていた。そしてアルコールでトロリとなった眼と、聞きなれないそのメロディーのせいで、最初の一瞬私は、彼らがまるで夢遊病者の集まりであるかのような錯覚におち入ったぐらいだ。

奇妙な踊りと音楽は、いつ果てるともなく延々と続いた。そのまわりを子どもたちがとり囲んでいる。われわれは遠慮なくカメラをまわし、シャッターを切った。しかしそのうち踊りの連中の一人がわれわれの存在に気がついて、列を離れてやって来た。何かわけのわからぬトルコ語でペラペラと話かける。怒っているのか、歓迎しているのか。それにはおかまいなく、うろ覚えのトルコ語で、

「ブー　ハンギ　カサバ？（ここ何という町？）」

と言ったら「カライン」

と答えた。するとまだウルギュップ（Ürgüp）ではないらしい。答えてやったから今度はお前の番だぞといわんばかりに、男は立て続けに何やらわめき続けた。吐く息がアルコールくさい。どうせお前たちは、どこの馬の骨だと言ったようなことを言っているに違いないと思ったから、

「ベン　ジャポンヤルイム（日本人だ）」

と言うと、果してコックリうなずいて、

「ジャポンヤ（日本）」

とくり返した。こんな辺鄙な田舎でも日本人といえばわかるのだから、やはりトルコではわれわれが有名だというのは本当らしい。しかし次は私の番になって〝いったいこの踊りは何を意味するのか？〟という質問はトルコ語では表現しかねた。村の娘と青年の結婚式のお祝いだということがわかったのは、あとになってからである。遠まきに見物していた女たちの中の誰か一人が花嫁であり、踊りの連中の誰か一人が花婿だ

ったわけである。あるいは列を離れて私のところに来た、あの若い男がそうだったのかも知れない。いくら当時の光景を思いうかべても、それらしい服装をした男女は一人もいなかったからである。

余談だがこの思わぬ情景にぶつかりながら何が残念だといって、この日に限ってジープの故障したことがこれほどくやまれたことはない。何となればおかげで私はこの珍らしい音楽を録音しそこねた。カイセリでスプリングの故障を発見したのは、さて出かけようとする直前であったので、どうせ使うことはないだろうとカメラ以外の器材は、鍵をかけた上でジープの中におきっぱなしだったからである。その中にテープ・レコーダーもあった（このころの録音機はまだ肩から下げて取材する大型のデンスケという代物だった）。皮肉にもジェネラル・サーベイへ出てからこれほど恰好の〝音ネタ〟（音の材料）にお目に——いや、お耳にかかったのは実にこの日が最初にして最後であったといえよう。いつも手元においていたテープ・レコーダが、まさかと思うこの日に限って使用することが出来なかったことかくやまれた。しかしジープの故障をせめることは出来ない、おのれを甘やかした私がいけないのである。油断大敵を絵に書いたような見本だった。（放送のときにはイスタンブールで探したもっとも感じの近い別のレコードを使用した）

## 天下の奇勝地

カラインをあとに、更に西へ進むと奇怪な岩の姿はいよいよ奇怪の度を加えていった。今や地形は完全に火山層の様相をおびて毒キノコのような岩がニョキニョキつっ立っているかと思えば、その向うにヒョータン形の白土の砂山が月世界の風景のようにウネウネと続く。カイセリ西方五〇キロ、天下の奇勝地ウルギュップである。その昔、今は死火山となったエルジアス山が活動していた頃、大量にふき上げられた灰や泥が風に流れてこの地に集中した。火山質のやわらかい白土帯なので、長い間に雨風によって色々な具合に侵食された結果、これら奇怪な地形が出来上ったのである。白土を掘るには大した力も器具も要らなかった。人々は喜んで穴ぐらを彼らの住居として住み続けてきたのである。

頭部は吹き出した岩塊で、下の部分に比べ硬質のためこのような形で残った。

ウルギュップの一番西のはずれの部分は特にギョレメ（Göreme）の渓谷と呼ばれている。ここには岩の奥ふかく、ひそかに掘り込まれたキリスト教の礼拝所が数か所にわたって散在している。ウルギュップでわれわれは英語のできる一人のトルコ青年をガイドにやとった。彼に案内され白っぽい白土の地肌をたどって行くと、とある入口に近づいた。背をかがめるようにして中へ入ること十数メートル、突然目の前に色あざやかな岩肌のフレスコ画※が展開する。岩にくりぬかれた教会の聖殿あとである。赤、黄、茶、オレンジ、黒を配色してキリストやマリア、伝道聖者などの宗教画が天井や壁一面に描かれている。

婚礼式に立合う村民たちのお囃しと踊り。

　これらは一か所にとどまらない。表からは全くわからないがすぐとなりの岩山にも一つ、まさかこんなところにと思うような入口の奥にも更に一つ。その他僧院や僧院に伴う食堂もある。正しく古代のマジックランドに迷い込んだ思いだ。折から紅白色ににおうあんずの五瓣までが一層この世のものならぬ桃源境を強調する。

　これらキリスト関係の諸設備がいったいいつ作られたかはあまり定かではない。しかしはっきりしているのはこの地には昔からアナトリアにおける初期キリスト教徒が、数世紀にわたって住んでいたことだ。そして七世紀から八世紀にかけてアラブ族が侵入して来ると、教徒たちは集団防衛のため岩穴や僧院に閉じ込って執拗な抵抗を続けたという。ある場合には何日も何日も岩かげに身をひそめながら、掠奪をほしいままにするアラブ人たちが立ち去るのを、じっと我慢して待ち続けた。アラブ禍の去ったあとは九世紀の半ばから、マケドニア※系の王国がこの地を支配した。その保護下に彼らの信仰はいよいよ堅くなり、当時、多くの教会やフレスコ画が新たに制作されたらしい。特に十世紀から十一世紀にかけてウルギュップは重要な司教の一中心地として栄えた。しかしその後、アナトリアにおけるトルコ族の征覇と共に次第に昔日のおもかげはうすれた。そして遂に十四世紀に入るとその重性を失ってしまうのである。

風化した岩石から出来上っているウルギュップ村の奇観。カイセリ北方90キロの地点にある。

　われわれを案内したトルコの青年は珍らしく英語が達者であった。おそらくここを訪れる観光客の案内を一手に引き受けているのであろう。その彼にふとカラインで見た異様な光景のことを話したら、それは結婚式の祝宴であると言下に答えた。こうしてさきほどの謎はこの時やっととけたのである。おまけにこの男は例の音楽を収録したテープさえ持っているという。これぞ天の恵みとこおどりした私がいきおい込んでかけ合ったら何と二百ドルを要求された。そしていくらおがみ倒しても一ドルもゆずろうとはしない。残念ながら私は断念せざるを得なかった。失敗は簡単には償えないというよい例である。

カイセリは、かつてヨーロッパとアジアを結ぶ交通の要地としてヒッタイト時代から栄えた都市である。アレキサンダー大王時代は、小アジアに君臨したカッパドキア王国※の首都であり、ローマのトラヤヌス帝※の治世以来カエサリアの名で呼ばれた。市の中心部に十三世紀のはじめ、セルジューク朝下に完成した城砦があり、その内部は青天井のバザールになっている。市街風景の添景としていつも背後に標高三九〇〇メートルのエルジァス山が聳えている。トルコ一の高山である。そして道行く人のたたずまいに何となく中央アジアの匂いがする。そう言えば十四世紀には、当時崩壊期にあったイル・カン国※の貴族で、モンゴール人だったエルトナ※（Eretna）が突如独立を宣言、アクサライ、シヴァス、アマジアにまたがる王朝を建設して、カイセリをその首都とした。これが二代、約六十年にわたって続いたエルトナ侯国だが、そのあとチムールの勢力圏下に入りカラマン侯国※の属領となったりしている。

## 小疲労と小休止と

ウルギュップを訪れたその夜、カイセリで久しぶりにハマムに行った。モスル、イスラヒエと共にこちらへ来てこれで三か所だが、ここのが一番規模も大きく清潔だった。脱衣や休息用の個室もあって、マッサージ、浴後のサービスもゆきとどいている。入浴料はマッサージ、ジュース、チップ共で一人五トルコ・リラ、約二百円だった。

カイセリ市。城壁沿いのバザール（市場）。

翌日、修理の完了したジープを受けとり、ついでに他の二台もラジエーターの点検、オイル交換などをすまして正午頃カイセリをあとにする。考えてみると、イラクのテルサラサートから二か月、バグダッドを出発してちょうど一か月目である。ヨルダンでは砂漠になやまされ、レバノンでは吹雪、そしてシリアのクーデターと、いろんな目にあいながら、走行距離はすでに六千数百キロをマークしていた。凡そ予定の七割を走破したことになる。あとバグダッドまで数日だ。日時のほうは今日以後はオーバー分なので、ここ二、三日リーダーである深井副団長のいそぐこと、いそぐこと。前日アラジア・ヒュユークを見たあと、スングルルで朝食以後はじめて食事にありついたのは午後七時頃だった。そのあとキルシエヒール（Kirsehir）経由で、カイセリまで三百二十キロの夜道をノンストップでとばした。カイセリへ入ったのは午前一時過ぎである。またカイセリからキュルテペ（Kültepe）、スルタンハヌ※（Sultan-hanu）のキャラバンサライ※（隊商宿）を見たあと、やはりマラティア（Malatya）まで、三百キロを一気に直行した。午後一時ごろ街で見かけた最初のホテルへ行き当りばったりにとび込む仕末である。食事の方もいきおい二食のことが多かった。ひどい時は朝、チャイとパンを一切れ口にしただけで深夜まで全然食事らしい食事にありつけなかったこともある。その上運転という不可欠の仕事があるので、余計くたびれる。若い連中、特に千代延氏などは大分音をあげ出した。特に彼は酒もタバコもたしなまないので、唯一のたのしみである食事をとりあげられて人一倍こたえたのであろう。時々車の中で横になって、必要なときも出て来ないことがあった。これがまた深井副団長のカンにさわる。〝何だ、根性のない、おれの若いときはあんなじゃなかった〟と。時々二人の仲に険悪な空気が流れた。人おのおのにはそれぞれ、固有の体力的限界もあり、また運転するとしないとでは、よほど疲労度の違うこともたしかである。だからこそまた鍛錬というものが必要なのであろうが、とにかく二人の確執を見ていると、色んな点で、年代差による同じ日本人の中にある考え方のギャップといったものをつくづくと感じさせられた。

キュルテペ※はカイセリ北方二〇キロのところにあり、前三千年紀から存在した集落あとである。古代名をカネシュ（Kanis）と呼ぶ。アッカド帝国※（前二四七〇年～二二八五年）の支配を受け、その後ヒッタイト人が侵入した。同時にアッシリア商人が植民地として出入りしたところで、有名なカッパドキア文書※のいくつかはここから出土している。紀元前一二〇〇年フリギア人※がヒッタイト帝国を滅ぼしこの地に新しい街を建設したが、紀元前五世紀に至るその遺層が発見されている。その後主力はカエサリア（カイセリ）に移った。

キャラバン・サライ（隊商のための宿）。セルジュクトルコ時代のもの。

キュルテペの近くで牛の大群に逢う。別に珍らしいことではないが、無慮数十匹の大群がわれわれの行く手を道一杯にふさいでしまったのには参った。いくらクラクションを鳴らしてもビクともしない。およそ二キロメートルにわたってフロントグラスに牛の尻をにらみつづけながら、それこそ牛歩のスピードでフォローする。中には図々しいのがいてまるでワザとのように車の前を横ぎりながら、ジグザグ進行を続けるやつもいた。村の入口まで来てやっと解放される。

なおスルタンハヌのキャラバンサライは十三世紀セルジュークトルコ時代のものである。大へんよく保存されていてほぼそっくり原型を見ることができた。

## 悪路に悩まされて断念

三月十二日、早朝マフティアからネムルート・ダーイ※（Nemrut Daği）へ向った。地図上の直線距離で言うとたった東南へ五〇キロの地点だが、車の通れそうなよい道をと、グルバシュ（Gölbaşı）、アドゥヤマン（Adıyaman）経由の迂回路をえらんだ。ところがこれはリーダーの深井氏のミスであった。結局その日一日かかって、とうとうネムルートまで到着できなかったのである。

はじめのうちは予測どおり道がよいのでかなりのスピードで飛ばせたが、途中ポツポツ雨の降り出すころから次第に道路が険悪となる。能率が目に見えて落ちてきた。約二百二十キロを迂回してやっとネムルートの南三〇キロ、カータ（Kâhta）の村に達したのはもう午後二時だった。少くともわれわれはマラティヤからまっすぐ南下してチエリクハン（Çelikhan）経由で来るか、若しくはアドヤマン泊りを計画して来るべきだった。なぜならあと三十キロとはいえ、カータからの悪路の甚だしさは実に言語道断のものがあったからである。ちょうどトルコの雨季というのもいけなかった。道というよりそれはむしろ泥沼であった。道がついていることはついているのだが、雨あがりでちょうど粘土をこねまわしたような状態でスリップに次ぐスリップ。われわれは歩行の速度よりもなお慎重に車をすすめねばならなかった。歩行で三〇キロといえばどうしても七、八時間はかかる。どうしてその日のうちに到着することなど可能であろうか。一時間ほどかかってやっと数キロ進んだ時、とうとう私の運転するジープが腹部を泥にこすりつけてしまった。表面がうすくかわいているので、最も安全だろうと思う部分にタイヤを走らせたとたん、ずるずるとめり込むように車が泥中に沈んでしまったのだ。

頭の欠けた鷲を乗せたローマン柱。

泣くに泣けなかった。全員がよってたかって腹部の泥をほり出し、ジャッキーに石をからませてわずかにボディを地上から浮き上らせた時にはすでに小一時間を経過していた。ロープをゆわえつけ、前から一〇三号の力で思い切り引っぱる。やっと動いた。万才！　成功だ。と思ったのもつかの間、数十メートル進んだところで今度は一〇二号がやった。あっと思う間にスリップして道路わきの柔らかい部分に前輪がめり込んでしまったのである。入れかわってジープが引っぱり役だ。相身互いとは、正にこのことだ。前輪駆動をかけ、バックギヤでフル・アクセル。十メートルほど引きずられてやっと右前輪が固土《かたつち》の上にのる。これで大丈夫だ。再び道の中央に出た一〇二号を見て一同ホッと胸をなでおろす。

しかし相次ぐ二つの事故でわれわれは一時間半もの貴重な時間を空費した。時計はすでに四時をまわっている。しかも悪路はなおその先をエンエンと続いているのだ。

更に三キロほど進んだころ左手の丘にローマン風な石柱が見えてきた。すでに日はかたむきはじめ、あたり一面見わたす限り山ひだの連続である。丘の上に登って見た。石柱は頂にワシの石像をのせている。しかしよく見ると顔がもぎとられていた。

羊のむれがやって来た。変な動物を見かけたぞと、一匹が立ち止ってじっとわれわれを見つめる。何の動物かとこっちが驚いたのは羊飼いの衣装の方であった。羊の皮でつくられた白い角型の防寒着だが、そでがなくまるで山田のカカシといったところだ。大気がひんやりと冷たい。オレンジ色の落陽が羊たちの上に斜めにふりそそぐ。なんという孤独で悲しい風景——われわれは今二十世紀をさまよい出ていったい、歴史のどのあたりに迷い込んでしまったのであろうか。

かくしてわれわれはネムルート※の山麓まで到達しながら、ついにコンマゲーネ朝※の雄大な遺跡グレコ・ペルシアン芸術の傑作をこの目で見ることができなかった。空しくマラティヤへと引き返したのはその日の午後十一時三〇分であった。

## チグリス、ユーフラテスの上流

翌日午前中にマラティア近郊のヒッタイトの遺跡アルスランテペ※（Arslantepe）と、中世期の町エスキ・マラティア（Eski-malatya）にモスク、ウルジャミ※（Ulu cami）を見る。七世紀中葉に建てられ、その後、バグダッドの創始者カリフ、アル・マンスール※によって再建されたが、ビザンチン時代にキリスト教徒に使用された。現在残っているのは十四～五世紀セルジューク期のものである。一部にキリスト教会としての痕跡が残っている。

ちょうど正午頃、マラティヤからエラズー（Elazi）へ向いつつあったわれわれは、ユーフラテス河の上流をわたった。

エラズーまで一二〇キロ、ほぼその中ほど六〇キロの地点である。さすが大ものの面目躍如、すでに山中にして悠々たる大河であった。

午後一時、エラズー着。朝食兼用の昼食をとる。ここ数日は一日二食があたり前になった。

人口六万。約百年ぐらいの歴史の町である。そのせいか全体が何となくモダンっぽい。エラズーを南下すること一時間。われわれは行く手に輝やくばかりの雪山を見た。その雪山へ向ってゆるやかな舗装道路を登りつめると、突然視界が拡がり眼前に見事な湖が展開する。

アルスラン・テペ。フランス考古学者L.ドラポルトによって発掘された。

トルコ領内のユーフラテス河。
点在する羊の群。

ハザール湖(Hazar Gölü)である。水面五万平方メートル。まるで氷点一歩手前のように澄みわたった湖面に、雪山が楚々たる影をおとして実にすがすがしい光景だ。そして実はこの湖こそかのチグリス河の、アナトリアにおける水源地なのである。

東端の湖尻を過ぎて二、三十キロほどは、ずっとそのチグリス河の渓流添いの山道だった。ところがせんだんは双葉よりかんばし、あれほど澄んだ湖から出たのが不思議なぐらいにこの山中にしてすでに水が暗褐色に濁っている。濁流がおどるように岩間をたどる。いわゆる、渓谷の清流といったおもむきは全くなかった。ユーフラテス河、チグリス河とそれぞれ個性豊かな二つの河。明日はおそらくイラクに入るだろう、そのトルコ最後の日に、期せずしてオリエント史を飾るこの二つの大河の源を見たのもまた何かの因縁であろうか。

チグリス河の上流。タウルス山中。

ハザール湖。標高1220メートル。チグリス河の水源湖。

## 三たびシリア領を横断

その夜はディアルバクル（Diyarbakır）に泊る。マラティアの東方二六五キロ、町全体が玄武岩の黒い市壁でとりまかれた人口八万の軍事都市である。街に軍人と職業女性が溢れている。古代名をアミダ（Amida）といい、中心部にダマスカスのオヤマド・モスクに似た大モスクがある。モスクの前の広場には何をしているでもない市民たちが一杯あふれ、思わずイラクのテル・アファールを思い出した。ただ鳥打帽をかぶった服装だけがアラブと違っているだけである。

翌朝モスクの取材後、午前中に出発。南下すること九〇キロ。マルディン（Mardin）で昼食をとる。町や人のたたずまいなどもうすっかりアラブ風だ。あと三十キロ南はシリアとの国境だ。町のうら側に出てみたら、何とメソポタミア平野の北端が一望のもとに見わたせた。マルディン側から地形が急におちこんで北は山、南は平野とはげしい変化をみせている。

午後二時、国境の町ヌサイビン（Nusaybin）につく。バグダッド鉄道の通過地点だ。出国手続きは割合い簡単にすんだ。これでいよいよトルコとおさらばである。半月の滞在を終えて、文字通り今われわれはアナトリアからメソポタミアに帰る。ところがシリア最初の町カミシュリエ（Kamechliye）へ入ったら税関の役人が席をはずしたまま行方不明。さがし出すのにひと苦労した。のんきなものである。おかげで暮れる頃やっと入国手続きを完了。シリアはイラク領に入るために百キロを通過するだけなのに、えらい手間をくったものである。おまけにこの百キロはとたんに大へんな悪路だった。道路までが国情を反映するからこわい。カミシュリエで税関にたのまれて、三菱のワゴンに、シリアの兵隊を一人テル・コチェック(Tell Kotchek)まで乗せた。深井副団長が彼に二十日前のクーデターのことを聞いたら、前首相のハーフェズ※は片足を失い追放されたと教えてくれたそうである。そしてしみじみとつけ加えて兵隊の曰く、〝このように頻繁にクーデターの起るのは、全く外国に対してもはずかしい〟と。苦脳するアラブ人の告白であろうか。

午後九時まえ、テル・コチェック着。ここでまたしても出国手続きである。今度は比較的簡単だった。むしろ時間をとったのは、イラク側に入ってからである。尊大ぶった係りの兵隊に何やかやと荷物の点検をされた。結局OKということになって一路モールスへの路上にすべり込んだのはすでに十時半ちかくてあった。われわれのつもりとしては、イラク側にも国境の街があるだろうからそこで食事をと思っていたら、これがなんとただ兵舎が一棟あっただけ。とにかくまっ暗い夜道を最初のチャイハナを見つけるまであてもなく飛ばすより仕方がなかった。幸いイラク側から再び舗装道路である。ただし荒っぽい工事で凹凸がはげしい。食事は昼にトルコのマルディンでとったきりである。それも私は羊肉がくさくてあまり食べなかった。全員一刻も早く宿泊所がみつかってくれと、ただひたすらに車を走らせる。こうなると雄大なメソポタミア平野がかえってうらめしい。視界にあかり一つ見えるでなし、もちろん東西南北も定かでない。しかしとにかく道は一本あるきりである。そして少なくとも最終的にはモスルへ通じていることだけはたしかだ。最悪の場合は今夜の泊りはモスルか。しかし百三十キロの道のりはどうしても二時間はみなければならない。元気な時なら大したことはないが、何せここ数日の強行軍でみんなすっかりくたびれ果てている。ヌサイビンで運転を交代したカメラマンも私のとなりでかなりつらそうである。

## なつかしいテル・サラサートへ

十一時半をまわった。心なしかハンドルが右へ左へグラリグラリゆれている。〝これはいかん〟と感じた私が再び運転の交代を申し出ようとした途端、めったに弱音をはいたことのない田中君が言った。「だめだ、眼をあいていられない。鵜飼さんたのみます」と。

いねむり運転がはじまっていたのである。車をとめて入れかわった。三月のメソポタミア平野をわたる夜風がなまあったかい。バグダッドはもうすっかり春だろう。

十五分も走ったであろうか。やっと行く手に明かりがひとつ見えた。

〝しめた！〟思わず心の中で叫んだ。チャイハナ（茶店）だ。先導のワゴンが停止する。間違いなくそれは茶店であった。やれやれといった気持で一同食事にありつく。チャイ（茶）とホブス（パン）とベーダ（卵）

なつかしのテル・サラサートへもどる。五号丘の遠望。

と。しかしいったいここはメソポタミアのどの辺りなんだろう。半月ぶりに通用するアラブ語に気をよくして調査団員が店のあるじに話しかけたら実に思いがけない返事が返ってきた。つい一か月ほど前までここから三キロ離れたところで日本の学者たちが、テルを掘っていたという。

「それはわれわれの事だ！」

と思わず深井氏が叫び返した。何とここはテル・サラサートからすぐ北寄りの、最寄りの茶店《チャイハナ》だったのである。

「万才！」

誰かが大声をあげた。それはまぎれもなく人間が長の不在ののち、やっとの思いでおのれの故郷へ帰って来たとき立てるであろう喜びの歓声にほかならなかった。

翌朝、その故郷は間違いなく目の前にあった。さわやかなメソポタミアの朝やけであった。一点のかげりもない大空を背に、なつかしい〝三つの丘〟が小さく浮いて見える。

われわれは半ば狂気のようにブーブーとクラクションを鳴らしながら丘の方へと近づいて行った。そこには小屋の中にガードのハッジが家族と共に留守番をしている筈である。はずむように手を上げたハッジの姿が小屋の入口にあらわれた。と次の瞬間、喚声をあげながら顔中歯をむき出しにして、もうれつな勢いでこちらへ向って走って来る。車を止めるのと、われわれが次々とはげしくハッジに抱きしめられるのと、ほとんど同時だった。

「サラーマレーコム！」

「サラーマレイコム！」

ハッジは大きな体をかがめるようにして、一人一人の両頬に顔をすりよせた。いつの間にやら小屋の入口には彼の奥さんが子どもを抱いてニコニコしながらこちらを眺めている。

私は使いなれたトランジスターをプレゼントした。他の連中も車の中からいろんなものをとり出して、彼や彼の家族に進呈する。もうここまで帰って来た以上、あとは裸になってもかまわないのだ。

「はい、これはヘルメット、これは奥さん用の手袋」

ニコニコしながら珍らしくはしゃぎまわっている深井氏のひげづらを見ながら、私もまた胸いっぱい人間らしい「しあわせ」の感情をかみしめていた。

# 座談会　西アジア、その多層的文化と美

## 世界文化の源流・伝播の地／西アジアのシルクロードを体験的に語る

●出席者　鵜飼宏明／鈴木董／田辺勝美／堀晄／松谷敏雄
（五十音順・敬称略）

### ■西アジアとの出合いと体験

**鵜飼**　ご出席の皆さまは、それぞれのお仕事で西アジアでの生活を体験された方々ですが、まず自己紹介からお願いいいたします。

**松谷**　私の専門は文化人類学です。人類の歴史は実年代で、四、五百万年か、八百万年ぐらいといわれていますが、この長い歴史の中で、わずか一万年ぐらい前に、農耕や牧畜という食糧生産の手段を人間が獲得して、以後、人類学の目で見れば、ほんのわずかな間に、急激に今の段階まで進んでくるわけです。その観点

からすると、食糧を生産しはじめたということ自体が非常にエポック・メーキングな出来事の一つであったという認識を持つわけです。

食糧生産を始めたところは、西アジアのほかにも、アメリカ大陸や、中国の北方、東南アジアの稲が栽培されたような地域、それから恐らく、西アフリカを中心としたところとか、いくつかあるわけです。従って、私の出た文化人類学の教室では、アメリカ大陸、特に南米のそうした歴史を調べています。

東大では、イラク・イラン遺跡調査団を昭和31年に江上先生が組織されて、第一回の調査をされました。そのテーマの中に、食糧生産経済の開始というのがあった。そういうことから、お前、手伝ってみないかと言われて、調査団のメンバーに加えられ、今日に至っているような状況です。

**田辺**　私は現在、イラン系の美術を専門としていますが、東京大学に入って最初からイランの美術をやろうという気持ではなかった。東大の教養学科では、フランス分科に進学しまして、フランスの美術に関心を持って、卒論も十七世紀のニコラ・プッサンという古典主義の画家を扱いました。しかし、大学院に入りましたら、私の指導教官であった吉川逸治先生に、ガンダーラの仏教美術をやってみないかとすすめられたんです。吉川先生は西欧の中世美術の専門家ですが、若い時にアフガニスタンに行かれ、仏教美術に非常な興味を持たれたが、ご自分が出来なかったので、私にやれと言われたわけです。私は日本に生まれ、私自身も仏教徒なんですが、どうも抹香臭い仏教美術は性に合わないと思っていましたので、不本意ながら転向させられたような形で、ガンダーラ美術の方に専門を変えました。

暫くやってみたんですが、ガンダーラ美術の研究は西洋では十九世紀から始まりA・フーシェの『グレコ・仏教式ガンダーラ美術』の大著をはじめ、非常に蓄積がある。私が少々やったぐらいでは新しい問題点も出てきませんし、これじゃ修士論文も書けないということで、実物を沢山見たり、ガンダーラ仏教美術が作られた環境というものを勉強しようと思い、パキスタン政府の給費留学生として、一九六七年から二年間、パキスタンのペシャワールに行ったわけです。といっても実際にはそんなに勉強したわけではなく、ペシャワール大学の学生寮でブラブラしてたようなものですが。

帰ってきまして、ガンダーラの彫刻で修士論文を書き、大学院の博士過程に進んだわけなんですが、ガンダーラ美術はそれ以上進めない。たまたま指導教官がイラン美術の深井晋治先生に替ったところ、『ガンダーラ美術みたいなものをやっていたら根なし草になる。とにかくイランをしっかりやらなくては駄目だ』ということで、イラン美術に転向させられたわけです。ガンダーラ美術というのは西暦一世紀から四、五世紀まで栄えた東西文化の混血・融合した仏教美術ですが、それと関連の深いのは、イランで言いますとパルティアとかササン王朝の美術ですので、パルティア・ササン朝美術を研究していたわけです。

一九七六年に改めて東大のイラン・イラク学術調査団が深井晋治先生を団長として組織されまして、私も一員に加えて頂き、ササン朝末期のターク・イ・ブスターンの磨崖浮彫の調査へ参加。それが本格的な西アジアとの私の最初の出合いです。

**堀**　私はずっと考古学を専門にやり、東大の考古学研究室に籍を置き、最初の頃は弥生時代の日本文化などを勉強していました。しかし、東大には二年しか専門課程がない。それで卒論を書く段階になり、こんな勉強をしていても、実際に現場で発掘している人を超えることができないし、古代日本文化の研究をこのまま続けてみても私自身のそれまでの蓄積も足りないので．あまり進展も望めないと知り、もう少し源流を本格的にやった方が良いということで中国研究へ転向しました。

私が師事しました佐藤達夫先生に型式学とか、様式学などを教えていただきました。中国の古い彩文土器の文化などを中国人がいろいろ論じてはいますが、非常に大雑把な論じ方なので、日本人がきちんと型式などを押えていくと何か出来ると思い、卒論では中国の彩文土器と、もう少し南の青蓮岡（揚子江下流域の新石器時代の文化）文化などをやりました。修士課程に進んでからは、中国は自分なりに理解できたと思ったので、もっと西の方の中央アジア、特にトルクメニアあたりの初期の農耕文化を勉強しようと思い、トルクメニアとイランの彩文土器を主に研究しました。

博士課程に進学してからは、トルクメニアは西アジアからみれば周辺地域ですから、もっとメソポタミアの方を勉強したいと思っていました時に、東大のイラン・イラク調査団から、イラクのテル・サラサートの整理を手伝わないかという話があり、それに加わって、出土遺物を初めて本格的に調査するという体験をしました。今はイランを中心に、イラン・イラクの先史文化を研究しています。

**鈴木**　私たちの仕事というのは、いろんな先生の知恵をお借りしまして、『シルクロード』を作っているわけです。たまたま中国政府が了解してくれましたので、西域のタクラマカン砂漠を中心にして、撮れるだけ撮っていた。すると、『シルクロードは中国だけではないぞ』という声が圧倒的に多く、それじゃもうちょっと西へ行こうかというので、パミールを越えはじめた。当時、中国とパキスタンの国境はまだ閉鎖されていたものですから、そこを越える時が、われわれにとって一番厄介でした。しかし、とにかく地上を歩いてローマまで行くというのが眼目でありますから、どうしても国境を突破することが必要なんです。そこで、パキスタンのハック大統領に直談判して、何がなんでもやらしてくれと話したんです。

他方では、中国とパキスタンは、共同でカラコルム・ハイウェーを作った経緯があるので、中国政府高官にも、中パ国境突破の実現について、バックアップを依頼したわけです。それでようやく、中パ国境の峠、クンジェラブ峠を針の穴を通るような感じで抜けることが出来たんです。それからどんどん西へ向ったわけですが、最初に申しましたように、私たちは知恵袋に頼るしかない。ですから、西アジアについては江上波夫先生、お隣のイラクでは、いま向うで発掘をしてらっしゃる国士館大学の藤井秀夫先生、中央アジアは、国立民族学博物館の加藤九祚先生、京大を退官された樋口隆康先生には、中央アジアのメルグからパキスタンへ行っていただきました。中国については九大の岡崎敬先生とか、早稲田の長沢和俊先生とかで、そういう方々に現場に行っていただき、ご指導を願ったわけです。

**鵜飼**　皆さんの中で、アマチュアといえば私が一番そういうところに属する人間かとも思うのですが、西アジアへ行ったのは、一九六五年から六六年で、当時は西アジアも現在のようにひどい状態じゃなくて、今から思えば平和な時でした。私はＴＢＳに二十数年おりまして、社会教養畑でずっとやっており、第五次の東大の調査団と一括にテル・サラサートに行き、ゼネラル・サーヴェイということで、イラクから始まって、ヨルダン、シリア、レバノン、トルコというあたり一万キロに近い距離を回って、それを番組にしたんです。以来、それなりに関心を持つようになり、今回、本社から『太陽と砂との対話』という、取材記者からみた西アジア観というような本を出版しまして、それだからというわけではありませんが、今日は司会役みたいなことで、皆さんのお話を伺いたいと思います。

日本は単一民族、単一国家というふうに、まとまりがあるということでは世界でも特殊な国ですから、歴史文化的に、多様・多層の西アジアというのは、日本人にとって一番つかみにくいところだと思います。まして自然風土的にも東南アジアとは全く逆の、乾燥したステップ砂漠地帯で、しかも文明の十字路と言われるように、あらゆる文化が東から西から行き来してて、時代によって全く違った文化が見られます。テル・サラサートに見られるように一つの文化が文字通り灰燼に帰すといいますか、砂の中に埋ってしまって、その上にまた新しい文化が別種の民族によって築き上げられていく。ですから時代的に見ても非常に多層性を持つと同時に、地理的に見ても、いろんな民族が通過して、その痕跡である文化を残していく。あるいはミックスされた独特の文化が出てくるということで、その多様性はちょっと他に類を見ない。ですからどこを切れば西アジアになるのか、ちょっと群盲撫象の図といった工合で、どうもまとまりが出ないのではないかと思います。それで、西アジアとは一体どこを指すのかというあたりから始めてみたいと思います。

**松谷**　西アジアという言い方は、割合に新しいと思いますが、われわれはあえて西アジアという言葉を定着させようという意図を持って使っている面があります。英語文献でウエスタン・エーシアという言い方はないわけではないですが、非常に少ない。日本でも、ただ西アジアと言わないで、西南アジアと言って、ほぼ同じ地域を言うこともあるわけです。地域区分というのは難しくて、地理学ならそれですむでしょうけれど、文化や歴史が絡んできますと、時代的に切り方が変わってくるわけで、純粋に地理的に切るというわけにはゆきません。

しかし一方、歴史世界というものが過去に形成されたという認識があるわけで、そういう中に、東アジア世界あるいは漢字文化圏と言ってもいいかも知れない、中国の影響下にあった部分がありました。日本、朝鮮、南の方はヴェトナムあたりまで含めた東アジア世界があったでしょうし、最近はインドというよりも南アジアという言い方で定着しつつある地域がある。それとヨーロッパとの間にあって、かつて非常に重要な役割を果した地域があるわけです。これに対して日本では適切な名称が今までなかったわけで、われわれは西アジアという言い方でその地域を設定しようとしているわけです。

**鵜飼**　アジアという発想はギリシアから出たそうですが、ヨーロッパ中心じゃない言い方として、今の国で言うと、どの辺をイメージするのでしょうか。

**松谷**　それがまた歴史世界というものと絡んでくるわけですから難しい。例えばアラブはアフリカの北海岸にずっといるわけですが、さらに一部はヨーロッパまで入りこんでいた。そういう歴史状況が入るものだから、現代史をやっている人が中東という場合には、モロッコまで含めてしまって、アジア大陸に限らないわけです。われわれは、ちょっとそこまではついていけない。現代史では、アラブ世界というものを、本当はアラブではないイランまでも含めて中東といっていますけど、その概念をそのまま定着させてもらっては困るという気がしますね……。

**鵜飼**　西アジアというと、アナトリア、現在のトルコ。これは必須か、落していいのか、どうでしょう。

**松谷**　あの地域にトルコ系の人間がやって来たというのは新しいんです。話にならないくらい新しい。それ以前のレベルから言いますと、トルコは西アジアに入れていいと思うんですが、問題なのはエジプト。東地中海から国の名前で言えば、トルコ、レバノン、イスラレル、ヨルダン、シリア、イラク、最近は湾岸地域も問題になりますけど、今まではあまり研究対象になっていないわけです。あとは東へ行ってイラン、それから入れるとしたらアフガニスタンまでですね。これが難しいとこなんです。

**田辺**　アフガニスタンの南ですね。ヒンドゥ・クシュ山脈で切れますでしょうか。アフガニスタンが難しいと松谷さんがおっしゃった通りだと思います。メソポタミヤの低地に比べ、アフガニスタンは高地です。だからむしろ中央アジアの方につながっていく要素を多く持っているので、難しい。もし広い意味で切るとすれば、シースタンぐらいまでを含めてよいのではないかと思うんです。

## ■西アジアの興亡と美術的特徴

**鵜飼**　それではわれわれが学校時代に習った世界の四大文明発生地の一つであるメソポタミアの、チグリス、ユーフラテス流域を中心にして話を進めたいと思います。アレキサンダーの東征はすこぶる広範囲にわたり、その中枢であるメソポタミアを中心に、東はイラン、西はイラク、地中海沿いのヨルダン、イスラエル、レバノンまで、それから北のトルコということです。

時代的には、ヘレニズムとオリエンタリズムが初めて合体したアレキサンダー時代から、セレウコス時代とかパルチア時代とか、イランのササン朝あたりまでが中心です。その美術工芸作品となると非常に多様性を持っていますが、その特色について田辺さんからお話し下さい。

**田辺**　西アジアの美術史を考える場合、アレキサンダー大王の東征というのは画期的なことで。西アジアの美術の性格を一変する契機となっていることは確かです。その前の時代ですと、ペルシャのアケメネス朝、メディア王国、その前には新バビロニアとかアッシリア帝国の美術があります。こういった美術は、メソポタミアのウル第三王朝とかアッカド王朝とか、イランですとエラム王国とか、やはりメソポタミアの文化の伝統の上に栄えた美術で、一定の明確な特色を持っています。それはギリシアの写実的美術に対し、非常に抽象的で、形式美を重要視しており、はっきりと西アジアの美術としての性格を持っています。

西アジアに生まれたいろいろな美術が集大成された時代がアケメネス朝ペルシャであったわけです。その美術というのは宮廷を中心として、帝王の権威を宣伝するために最大限に活用されたわけですが、どの分野の作品を取ってもアケメネス朝に作られた作品だということがわかる一つの明確な様式美と図像学的特色を持っています。しかし、アレクサンダー大王の東征によって、それまで西アジアで数千年かかって発展してきた美術の伝統が壊滅してしまった。つまり、あまりにもアケメネス朝の王室と一体化しすぎていたので、アケメネス朝の滅亡によってそれを支えていた支持者を失って、いったん古代西アジアの美術は滅ぶわけです。

アレキサンダー大王の支配がはじまると、マケドニア人を中心としたギリシア人が沢山西アジアに入ってくるわけです。その中には兵隊もいればいろいろな技術者もいて、彼らが西アジア各地に都市をつくったりして定着していき、大王の死後も、シリアに都したセレウコス王朝が大王の政策を継承するわけです。前三一二年頃、バビロンからシリアのアンチオキアに都を移したセレウコス王朝（～前一世紀）の時代に本格的なギリシア文化の移植が始まったのだろうと思います。ギリシア人の植民地や植民都市が各地に出来、そこから新しい西アジアの美術が生れてきた。セレウコス王朝の美術というのは、当然のことながら、ギリシア系（ヘレニスティック）のもので遺品はあまりないのですが、貨幣などを見ると、芸術面で非常に優れていることが分かります。

紀元前三世紀半ばになりますと、今度は西アジアの民族じゃなくて、中央アジアの西トルキスタンからパルティア（安息）民族がイラン高原に入ってきて、セレウコス朝の勢力を駆逐して、イラン系民族が主体となった美術を作っていく。しかしイラン系の民族というのは大体が騎馬遊牧民族で、彼ら自身は造形技術や美術的な伝統がないんです。だから今まで住んでいたギリシア系の工人を使って美術作品を作っていかざるをえない。そうすると当然、ギリシア系の技術・図柄が用いられ、最初はギリシア的な要素が非常に強いわけです。しかし世代が交代していくに従ってギリシア系の美術がだんだん衰えてくる。そして、パルティア王朝が滅亡するのが西暦後二二四年ぐらいですから、この頃になると、ギリシア的な特色は分らないくらいになっています。一方、ギリシア系の技術とか美意識などが衰えるのと平行して、土着の要素が息を吹き返してくるわけで、そういうものは、かつてアッカド王朝以後、アケメネス朝ペルシャまでの間に見られたような美術と似ているところがあるわけですから、或る意味で古代オリエントの復興ともいえるでしょう。

**鵜飼**　パルティというのはササン朝のために、消滅しちゃうわけですね。

**田辺**　そうです。パルティア、即ちアルサケス朝は中央アジア出身で、侵入した所がイランの北東・現在のホラサン地方ですから、アケメネス帝国の版図を考えれば田舎者で、蛮人として軽蔑されていたわけです。それに対して、ササン王朝は中央で、アケメネス朝の子孫を標榜してたわけで、だからパルティア王朝をひっくり返す。つまり、パルティアはギリシア文化愛好をとなえていたので、ササン朝は、西アジア原住民のいわば反ギリシア的感情を利用して、パルティア王朝を倒す正当性（イラン主義の復興）を宣伝したわけです。

**鵜飼**　もう一度、南から入ってきて、失地回復というような形で表面に出てきたわけですね。

**田辺**　ササン朝発祥の地、イスタフルはペルセポリスにも近いアケメネス朝の故地ですから、イランの南、ファールス地方になりますが、だからといってパルティア王朝の美術全体を完全に否定するわけじゃなく、いろいろ学んでいるのです。

しかしササン王朝というのは目を西方に向けています。当時はローマ帝政の末期で、ローマが東西に分裂するちょっと前です。ローマとササン朝がユーフラテス川をはさんで、始終戦争をするわけです。で、シャープール一世という帝王などはエデッサの戦いで大勝を博し、ローマのいろいろな工人を連れてきて、都城や橋を作らせたり、ダムを作らせたり、彫刻を作らせたりします。ローマの技術や美術などを利用してアケメネス王朝と同じように、ササン王朝と帝王の偉大さ、神聖さを宣伝するために、美術を最大限に利用する。だからササン朝美術は本質的にはやはり宮廷中心の美術ということです。

**鵜飼**　アレキサンダー大王以後のセレウコス朝もパルチア朝も、一種のヘレニズムだとおっしゃったと思いますが、ササン朝が入ってきて、もう一度、東が全面的に西を否定してしまうのでしょうか。

**松谷**　いや図太く生き残っていきますね。

**田辺**　やはりヘレニズムの伝統というのは非常に強いのです。ヘレニズムの定義というのも難しいんですが、私が言っているのは、西暦前三世紀から前一世紀の小アジアの美術を念頭においています。このヘレニズムの伝統はローマ帝国、ビザンチン帝国にまで継承されていますが、一方、西アジアでもギリシア的な要素はササン王朝末期イスラム初期まで残っていきます。

**松谷**　技術のレベルではみな引き継がれ、吸収されていって、それを集大成するのがアケメネス朝であり、ササン朝であるということでしょう。イラン人は今でもそうだと思うけれど、自分では何にもやらないんです。何にも発明したりしないけど、総合力が優れている。その典型がペルセポリスです。部分を見てるところはアッシリアのものだなこれはバビロニアのものだなとわかります。エジプトのものもかなりありますが、ああいうものを何んでもかんでもまとめてしまう。恐らくあの時にはイラン人は何も仕事をしないで、やらせていたんだと思いますよ。

**田辺**　適材適所ということを最大限に配慮してバランスのとれた仕事をする。

**松谷**　それがイラン人の才能だと思うんですよ。

## ■体験的西アジア像とは

**鵜飼**　鈴木さんは東から西へシルクロードのシリーズをおやりになって、西アジアへ来た時に一番の違いを感じたのは何でしたか。

**鈴木**　まあ、何といっても縁遠いという感じでしたね。中国文化圏は、漢字があり、漢字で表現されていますからまあ分かる。インドはまた、これは仏さんのいたとこだということで、これもわりに親近感がある。そして西アジアの向うはギリシアとかローマで、これまたわりと親しみがある。ところが西アジアだけが、スポーッと空いているんです。イスラム文化圏と言ってもいいと思うんですけど、そこが本当に空白なんです。名前を聞いても、漢字の名前だったら二回ぐらい聞けば覚えるんですが、あの辺のアブなんとかというのは、三回も四回も聞いても覚えない。地名もそうで、その縁遠さというものが非常にありました。

かつて大文化の一つが花咲いたところで、今だって世界を制するかも知れないようなアラブ人がいるわけですが、私の持っている認識と向うの存在感の違いのギャップが圧倒的にシンドかった。これはもう恐ろしいぐらいでした。

**堀**　僕の場合は向うの体験というのはそんなにないけれども、タイまでは分かるんです。飛行機のスチュワデスにタイ人がいたりすると顔を見てもすごくやさしい顔をしている。しかし、インドになるともう違うんです。ニューデリーで飛行機が故障して三十分ぐらい待ったんですが、その時に眼にしたインド人の作業員を見ると、目つきが鋭くて、じろじろと無遠慮に見る。怖いところへ来たなというのがインドの最初の印象でしたね。その意味では、仏教がインドに生まれ、我々が仏教徒といっても農耕とか基本的な生活タイプが異なるので、インドは西アジア、に含まれると僕は思っているんです。

**鵜飼**　西アジアを扱うには七世紀以後のイスラムというものを避けて通れないとは思うんですが、紀元前後について言いますと、西アジアにはそれなりの半地球的な文化交流と一種の統合といったものが初めて出現した。そこで、その時分の人間の営みとしての美術品を見るにはどこがいいのでしょう。

**堀**　僕はイランとイラクしか知りませんが、今度シリアのパルミュラに調査に行くのでシリア全体を見てこようと思っていますけど、やはり中心的なのはイラクでしょうね。彩文土器があり、次に神が来て、それから王。それが美術作品の中心になる時代が来る。そういうのが段階的にずっと揃っていると思います。

**松谷**　堀君が言ったことはまさにそうで、チグリス、ユーフラテスの流域の地でそういう文化が発展したからこそ、イラクでは現在そういう展示ができるんです。他の地域では逆立ちしたって出来ることではない。

まさにあの地域が最初に農耕や牧畜を始めて、徐々に徐々に発達して都市というものを作り上げ、神だとか王だとかも、あの地域で作り上げていった。だからこそ自分たちの土地で起った歴史を、発掘品の展示ということで示そうとしているのがイラクの博物館で、非常にうまくやっていると思いますよ。

**田辺** テヘランのムゼ・イラン・バスターン（考古博物館）なんかに比べたらよっぽど整然としています。ただ、西暦前後のヘレニズム美術の実状を知るには、イラク博物館ももちろんだけど、モースルとかダマスカスの博物館、パルミュラとかテヘランの考古学博物館なども非常にいいものを持っています。

**堀** 僕は一度「オリエントの風貌展」という展覧会を企画し、古代オリエント博物館でやったんです。その時、地母神というのをメイン・テーマにしまして、それに関わるいろんな資料をパルティア時代まで集めたんです。僕から見ると、地母神信仰というのが非常に強くて、そういうものが文化の根底に常にあったところが西アジアだろうと思っているんです。インド、パキスタンを含め、アフガニスタン、トルクメニアなどの世界が、日本にある資料を見ただけでも、メソポタミアと同じような生活をしていたんだなあということがよく分りました。

**田辺** 地母神信仰というのは基本的には農耕民に共通するもので、農耕文化の信仰ということですね。

**堀** ええ。そういうものと一緒に動いていたわけです。その外側になるとどんな風になるのか分からないのですけど。

**鈴木**　先日、イラクの考古総局の総裁が来まして、僕らがイラクで撮影したテレビ映画を見せたんです。その中で彼が非常にこだわったことがあって、僕は面白かったんですけど、神殿建築の様式でイワーンというのがあるそうですが、それをわれわれは、日本人の先生方にお話を聞いて、それは元々はイランで発生したという話をやったわけです。するとイワーンというのはイラクが源流だと言って絶対に譲りませんでしたね。

**松谷**　考古学にナショナリズムが絡んでくるんです。かってイランやイラクの考古学を研究したのはヨーロッパ人で、日本人がちょっと遅れて加わった。だからナショナリズムなんて関係なく、われわれは国境なんて考えずに見ているわけなんです。ところが今はそうじゃない。何でも自分のところで起ったと言いたいんで、彩文土器もそうなんです。彩文土器というのは西アジアからの影響で起ったというのが一般的な考え方だったんですけど、まあこれだって根拠があるとは言えないんだけど、中国では彩文土器は中国で起ったんだと言う。こういう傾向が今は大いにあるんです。

**鈴木**　神殿建築の様式で、イワーンというのはどうなんでしょうか。

**田辺**　イワーンという言葉は本来、謁見の間を意味したものですが、それは三方の壁に囲れ、正面だけが開いている形式で作られていたのです。しかしアラブ系とかメソポタミア文化の中から発生したものではないと思います。やはりイラン系のものでしょう。

**鈴木**　一番古いことを証拠だてるものは何かあるんですか。

**田辺**　イラクで一番古いのはセレウキアのレンガ製建築（一世紀）。石造のものではアッシュール、ハトラ（パルティア時代）のイワーンでしょう。今までにああいうイワーンの形式が早く出てきたとすれば、堀君がさっき言ったトルクメニア、パルティアの故地であるわけで、あそこからホラサンにかけてです。だけどトルクメニア、ホラサン地方では石造建築はやっておらず、粘土建築です。もともとイワーンは遊牧民のテントから発想を得たというようなことが言われているので、やはり農耕民より、イラン系の遊牧民が定着していった時に作られたという方がいいのかも知れないです。

**鈴木**　ついでにもうひとつ。そのイラク考古総局総裁が言うには、ハトラの玄関がアーチになってますが、それについてアーチ型の玄関のやり方は、メソポタミアの下流のマーシュランドにある芦の家が一番の元祖で、これは大体五千年前のシリンダーシールに出てくるというんですがね……。

**松谷**　その人は力学の一切を無視していますよ。アーチというのは何なのかというと、形だけのことを言うのではない。ハトラの場合は半円の単純なアーチなのですが、アーチにもいろいろあって、にせのアーチといって、持ち送りのアーチもある。これは力学的には何の意味もなく、レンガを半分弱ずつ出して送れば出来るわけです。それに対して、ラジエーテッド・アーチは、放射状になっていて、力が分散して下におりていく。それの証拠として芦の家かなんかを持ち出すのでは話にならないわけです。今ある証拠では、ガウラの第八層に出てきているものが一番古いものですね。

## ■日本と西アジア

**鵜飼**　西アジアと日本との関係ということで、ササン朝と正倉院の宝物との関連については如何なものでしょう。

**田辺**　正倉院文化の源流はササン朝といっても全く間違いとはいえないでしょう。確かに、シルクロードを介在としてササン朝ペルシャと正倉院が接続するんですが、あまりにもササン朝ペルシャが強調されすぎてると思うんです。実際、正倉院の文化に直接的な影響を与えたのは西トルキスタンのバクトリア、ソグド、東トルキスタン、唐、の文化です。ササン朝ペルシャで作られたという瑠璃碗。あれなどは確かにそうだと思いますが、むしろ例外的存在と把えるべきでしょう。

**鵜飼**　法隆寺の壁画はどうですか。

**田辺**　法隆寺の壁画の直接の原流は唐美術だと思うんです。唐の美術というのは、グプタ朝以後のインドの古典美術も入ってますし、中央アジアで変形したガンダーラ系美術も入ってきています。インドとイラン系の要素が入ってきて、中国人は自分たちの文化を持ってますから、それで統一したんですね。

**松谷**　ササン朝のものがダイレクトに来たのではなくて何かのフィルターを通して来たということ。

**田辺**　そうですね。これからはそのフィルターを重視していかないといけないと思うんです。ただササン朝ペルシャと正倉院や法隆寺を結びつけるのではなくて、その中間をもっとキメ細かにやっていくと、今までササン朝と言われていたものの源流が、意外に西トルキスタンとかソグド地方にあるものがある。特に六世紀から七世紀にかけてのササン朝ペルシャの後期には、インドとか中央アジアなど、東の方から彼らはいろんなものを受け入れていたんじゃないかと思うんです。

私はターク・イ・ブスタンの調査に二回ほど行ってきたのですが、あそこに帝王が猪狩をしている大きな浮彫と、鹿狩をしている浮彫がある。その勢子たちの衣服を見ますと、ササン朝ペルシャのものじゃなくて、むしろ中央アジアのものなんです。ベルトについている飾りなども中央アジアのもの。またインド象を使っているんですけど、それを御しているのはイラン人でなくてインド人なんです。インドの象使いの突き棒をアンクスというんですけど、そういうものを持ってちゃんとやっている。ですから、今までササン朝ペルシャと言われているものが、実はその源流は中央アジアにあって東西に広がっていったと見る視点を無視しない方がよいと思います。今までは発掘された資料が少なかったから仕方がないけど、中国のトルキスタンとソ連領トルキスタン、シルクロードの一番大切なところの考古学的発掘と研究が進めば、正倉院の本当の源流が分かると思います。

**鵜飼**　最初に申しあげたように、西アジアというのは巨大な象で、とても巨象の全貌が見えるはずはないのですが、最後に、ひと言ずつお聞きしたいと思います。

**松谷**　西アジアの場合、どこから見てもわれわれが生活してきた日本の文化とは異質であり、象の体のどこを触ってもわれわれとは違うという実感の味わえる文化だと思います。例えば役所へ行って滞在許可を取る場合、日本だったら、ある窓口からぐるっとまわってくればいい。ところが向うはそうじゃなく、どこの窓口へ行けという。そして一度ずつその窓口へ戻ってから、また別の窓口へ行けという。まあ、それであるステップを踏んだかどうかチェックして、次の窓口へ行かせるわけでしょうけど、最初のころはそれが分らない。

そういう仕組みさえ分かれば。異質であることをあまり恐れる必要もないけれど、あまりなめてかかるのもいけないと思ってます。

**堀**　とにかく以心伝心は通じませんね。自分はこうしたいんだということをあくまでも論理的に主張して、言う時は言って、あとは友達としてつき合っていく。

**鈴木**　シルクロードが終ったら、是非手がけてみたいと思っているのはユーフラテス川です。おそらくあれは西アジアの背骨を作っているので、あの背骨を日本人がキチッと理解できれば、西アジアのイメージというものがフワーッと出てくる。あそこだけは西アジアの風土とは違って、特殊な沃野ですけれど、あれを源流から下るか下流から上がるかすれば、西アジアの文化のトータルが理解できそうな感じがしますね。黄河についても、ナイルについても同じようなことが言えると思いますけど。

**松谷**　その企画は面白いですね。

**田辺**　西アジアの美術作品というのは、ギリシア彫刻のように眺めれば美しいから感動するという、そうしたものじゃないですね。感性に訴えるというよりも、悟性というか、彫刻家や画家が何を表現しようとしたか考えてみて初めて分かる。そういったタイプのものだと思うんです。たとえばギリシア美術の影響が及んだ以降の、パルティア、ササン朝の美術にしても、ギリシア美術をそのまま受け入れてるわけじゃなく、あくまでも技術と図像を借用しただけなんで、表現しようとした内容は違うわけです。ギリシアのディオニソス、ローマのバッカスの図像に似たものをパルティアとかササン朝の美術は作っています。しかしギリシアの信仰や精神文化までが伝わってきたわけじゃないんで、それに類似した土着の信仰が既にあったと思うんです。ただ、イラン系の民族、特に遊牧民たちは、彼らの宗教なり観念を表現すべき図像を持っていなかったために既製のものを借りて表現しただけで、原理的には、ヘレニズム以前の西アジア美術を見るのと同じ態度で見ないといけない。その意味でも、できるだけ現地の風土に触れることが大切で、そこから出発して、美術館へ行って、帰ってきて一所懸命勉強する、やっぱり努力しないといけないということでしょうか。

**鵜飼**　巨象の全体は相かわらず見えないにしても、西アジアへのアプローチの手がかりとしての一端が示唆されたような気もします。シルクロードブームの中にあってあまり欲ばらず各人がおのれ独自の好みの一点を見つけ出すことが、最終的な理解への第一歩かも知れません。なにせどこをどうついても、美味満点の魅力ある生物であることだけは間違いないですから――

――本日は大変有意義なお話を有難うございました。

初出：「目の眼」里文出版　１９８４年５月号

# 脚注と年表――西アジアの理解のために

本文中に※印のつけられた語句や表現は、この脚注に五十音順に分けて説明がついています。

〈あ行〉

**アイゼンハワー・ドクトリン**

一九五七年一月、アイゼンハウワーアメリカ大統領は中近東政策に関する教書を発表、安全保障計画以外にこの地に毎年二億ドル、合計四億ドルの経済援助を与えることを要請した。スエズ紛争によるイギリス、フランス勢力の後退に乗じて中東にアメリカの支配権を確立し、民族運動の発展を阻止しようとしたものであるといえるだろう。アラブ諸国はバグダッド条約加盟のイラクと、西欧色の強いレバノンを徐き、これに激しい非難を浴びせかけた。ヨルダンは四月中旬のいわゆる〝王さまクーデター〟によって態度を一変、急速にアメリカの政策に接近した。これに対し、アメリカは原爆塔載の第六艦隊を東地中海に派遣して国王支持のデモンストレーションを行った。

**アウレリアヌス（Lucius Domitius Aurelianus 二一二頃～二七五）**

ローマ皇帝。騎兵隊長から二七〇年皇帝の位につき反乱を鎮圧、パルミュラの女王ゼノビアを捕える。ローマの城壁を建設、皇帝礼拝をとり入れたが、のち部下に殺された。

**アタチュルク**

ケマル・アタチュルクを見よ。

**アッカド**

都市及び国家の名。この国の最初の王はサルゴンであり、王朝は二百年つゞき前二十四世紀におわった。アカデと呼ばれることもある。一方アッカドは地名としてチグリス、ユーフラテス下流域のうち、ニップルから北を指す名称としても用いられる。

**アッシュール**（Ashur または Assur）

現代名カラート・シァルガート。アッシリア王国の首都の一つだったところ。チグリス河の右岸にある。シュメール人の屯田市から発達して王国の主要地となり、首都が他に移ったのちも宗教上の中心地として重要視された。

**アッシュールバニパル王**（Assurbanipal）

アッシリアの王。在位前六六八年～六三一年。英

アッシュールバニパル王狩猟図。（英国博物館）

国博物館にある《狩猟》、あるいは《庭園の場面》などの浮彫によって一般に有名になった。

## アナザルブス（Anazarbus）

多分前一世紀に建てられたと思われるこの市は、ローマン期には大いに栄えた。名はカエサリアであったが、その後ササン朝に征服され、更に下ってビザンチン時代には、ユスチニアノポリスと名のる。七世紀と八世紀にはアラブ族に侵入されて要塞などが再建されたが、十世紀のおわりになるとアルメニア人の勢力下に入って、一一〇〇年ギリシア・アルメニア王国の首都となった。これは十二世紀の末、又は十三世紀のはじめまで続き、その間重要な商業の中心地であった。だが十三世紀から十四世紀にかけてマムルーク朝に何度か攻撃され、ついに荒廃して放棄されるに至った。

## アナトリア高原

ギリシア語でアナトーレ（Anatole）は〈太陽ののぼるところ〉を意味し、ギリシアから見て東方にあたる小アジア一帯、すなわち現在のトルコ共和国を指す。アナトリア高原はその大部分を占める海岸線以外の中央ステップを呼ぶ呼称。

## アバシッド朝

サラセン帝国第三次カリフ制の王朝である。三十七代にわたって続いた（九五〇～一二五八）マホメットの伯父にあたるアッバースの子孫サッファーフがオマィヤッド朝を倒して建国した。バクダッドを中心に東西文明を吸収融合したが、最後はフラグの率いるモンゴル軍によって滅亡した。アッバース朝とも言う。

**アバシッド・パレス（Abbaside Palace）**

バグダッド市北門の附近にあり、小さな博物館となっていてアラブのレリーフが展示されている。中庭の一部はカリフ時代にさかのぼるものといわれる。

**アプス**

古代のバジリカ（聖堂）を言い、半円形あるいは多角形をした教会の奥室。後陣とも言う。

**アブダラ王（Abd Allah bin Husayn　一八八二〜一九五一）**

第一次大戦でトルコが敗れ、ヨルダンはイギリスの委任統治領になったが、一九二九年メッカの太守の次男アブダラーがトランス・ヨルダン政府を樹立、今次大戦後の四六年にイギリスと条約を交わしてようやく独立国家となり、名もヨルダン・ハシミテ王国とあらためた。この人物が先王アブダラである。四十九年四月イスラエルとの休戦のさい、パレスチナの東部を占據、五〇年四月正式にこれを併合して、結果エルサレムの東半分をふくむいわゆるウエストバンクはヨルダンのものとなった。だがその翌年七月、彼は自ら手に入れた聖域エルサレムのどまん中でアラブ民族主義者の凶弾によって暗殺された。

**アブラハム（Abraham）**

イスラエル人の祖。ウルで生まれた。その子イサクとイスマエルによって、アブラハムはヘブライ人、アラビア人共有の祖先であり、あらゆる信仰の精神的父祖とされる。創世記にその叙述がある。前二〇〇〇年頃生存。

**アフロディテ**

美と恋愛のギリシア女神。エロスの母。ヴィーナスはそのローマ名。

**アポロ**

太陽神。医術、音楽の神でもあり、詩、数学、予言の守り神でもある。ゼウスとレトの子。アルテミスの兄弟。

**アラエッディン・ケイクバート**

ルーム・セルジューク朝の生んだ名君。賢明にして有能な政治家、外交家そして一級の軍事指導者のみならず、多才で芸術的資質においても優れ、さまざまな技能を身につけていた。首都コニアを中心に同朝空前の繁栄をもたらした。一二二〇―一二三七年在位。

**アラジア・ヒュユーク（Alaca Höyük）**

数々のヒッタイト文書にクッサラ（Kussara）の名で出て来る都市の遺跡。一九〇六年にヴィンクラーとマクリディがまず手をつけ、その後一九三五年以来H・コシャイ博士（Koşay）の指揮下でトルコの調査団が継続的に研究・発掘を続けている重要なヒッタイト遺跡のひとつ。

**アラハンの僧院（Alahan）**

ムートの北約二〇キロ、カラマンの南約五〇キロの地点にある。山中だが道も整理され、峠になっていてゴクス（Göksu）渓谷を見おろす視界は仲々の絶景。僧院に併置された教会は正確に言うと二つあって、一つは五世紀末、東側のテラスの奥にある方は六世紀のはじめに建てられている。遺跡では礼拝堂の玄関口の天使や獣たちにかこまれたキリスト、聖ミカエル、聖ガブリエルなど大天使のレリーフが見られ、また掘りおこされた何本もの石柱が、渓谷を見下ろす台地に一列に並べて設置されている。

ギリシア神話のモザイク。（アンタキア博物館）

**アラビアのローレンス**

イギリスの探検家で考古学者、そして軍人。本名をトーマス・エドワード・ローレンス（Thomas Edward

Laurence　一八八八―一九三五）といい、オックスフォードで考古学を学んだ。一九一〇〜一九一四年の間大英博物館の探検隊に加わりオリエントを調査した。第一次大戦がおこると、トルコの支配下にあったアラブの反乱を指導して奇襲隊長の名を馳せた。

**アラビアン・ナイト物語**

「千一夜物語」のこと。シェラザードという女性がアラビアを中心とするおもしろい諸地方の物語を千一夜も続けるという仕組みで、大部分は五、六百年前エジプトで編まれたとされるが著者も不明。十七世紀末にフランスのカラン（A. Galland）がシリアで四巻の稿本を入手し、そのフランス語訳を発表しはじめたのがヨーロッパへの紹介の最初。その後バートン（R. Burton）の英訳本が出て、日本へはそれからの重訳が出版された。ただし最近では前島信次氏の手による直訳本が刊行中。

アラビアのローレンス。素描肖像。

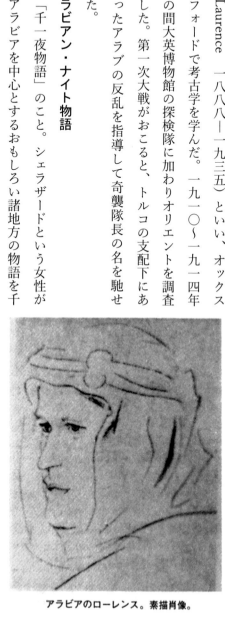

**アラブ連合の記念日**

シリア共和国は一九五八年二月一日、カイロにおいてエジプトと共同宣言を行い、国民投票の結果四月二十日二国を合併して〝アラブ連合共和国〟を成立させた。その結果シリアはアラブ連合共和国のシリア州と呼ばれることになる。しかしこれは同国内でシリア出身の将校たちの不満を呼び、三年半たった一九六一年九月にクーデターが発生して結局解消してしまった。以後シリア共和国は現在の〝シリア・アラブ共和国〟を名乗ってエジプトと袖を分ち今日に至っている。ただし二月二十日は当時を記念する国民祝祭日として残されていた。

**アラム語**

セム語系の言語で、前七世紀ごろから用いられた。アッシリア帝国の公用語、のちペルシャの公用語、そしてまたイエスと弟子たちの母語でもある。アラマイ語。

**アルスランカプ**

Arslankapı。アルスランはライオン又は勇士をあらわすトルコ語。〝ライオン門〟が文字通りの直訳。

**アルスラン・テペ（Arslantepe）**

古代都市ミリド（Milid）の遺跡。一九三〇年代にフランス人ドゥラポルト（L. Delaporte）の手によって発掘され、ヒッタイト期の城門や神殿の壁、またその上部にサルゴン二世の建てた宮殿などが明るみに出た。狩猟や戦いを描いた浮彫や、ヒッタイト神話に因んだ蛇の図などがアンカラの考古学博物館に展示されている。その後一九四〇年代の後半シャッフェルの手によって、更に前二千年及び三千年紀の地層の発掘がなされた。

**アルテミス（Artemis）**

ギリシア神話の女神で、ゼウスの子、アポロとは双生の姉。女性とその生活の保護者であり、また狩や月の神とされる。ローマ神話でのディアナ。

**アル・マンスール（Abū Ja'far al-Manṣūr　七一二〜七七五）**

アバシッド朝第二代のカリフ。在位七五四〜七五。首都をバグダッドに建設、天文学研究を導入した。

**アルメニア人**

元来がインド・ヨーロッパ系の人種だが、身体的には短頭、黒髪、黒瞳で特殊な型に属する。いわゆるアルメニア高原地域に住み、今日の政治的区分ではソ連邦の一つであるアルメニア共和国（85％がアルメニア人）と、トルコ領に二分されている。十四世紀ジンギスカンやティムールに征服されて国家機構が崩壊してからは近東各地で商業民族となったが、独自のアルメニア文化を保有し、一九世紀後半からは市民的な文学も生れた。宗教は古代キリスト教の一派のアルメニア、グレゴリー正教で、教会が民族団結の中核となっている。

**アレッポ**（Aleppo）

北部シリアの都市。人口約四十万。マリの遺跡から出土したタブレット（前十八世紀）に、ハラブの名ですでにこの町の記述が見える。セレウコス時代にはベロエアと呼ばれていた。歴史上その変遷はめまぐるしいが、常に東西交通上の要地であることに変りはなかった。

**アレフ**（Abdul Salam Aref　一九二一～一九六六）

カセム政権下では副首相をつとめたが、一九六二年の反乱で大統領におされ、コミュニストらを弾圧する政治をすゝめた。六六年の飛行機事故で急死したあとは、弟のラーマン・アレフがそのあとをついだ。

**アンカラのイギリス考古学院**（l' institut Britannique d' Ankara）

同学院のプロジェクトとして、カラマン地方におけるいくつかの重要な古代遺跡の発掘が行われた。即ちアラハン僧院、ユミューク・テペ、ジャン・ハサン、チャタル・ヒュユークなどである。

**アンジャールの遺跡**

ベイルートからダマスカスへ向う道の、国境近くを左折した、ベカ盆地にある。オマイヤッド朝のカリフ、エルワリド（七〇五～七一四）が避暑のために建てた宮殿の名残りで、アンチレバノン山脈の雪景を春にした石壁や門のアーチは往時の華麗さをしのばせるに充分だ。付近は水が豊富で、以前には湖もあったという。

**アンチレバノン山脈**

レバノン山脈の東を走る山塊。〝レバノン山脈〟参照。

**アントニウスとクレオパトラ（Marcus Antonius and Kleopatra Ⅶ）**

アントニウスはローマの政治家。カエサルの部将として、ガリア遠征などに従軍、のち、第二次三頭政治をアウグストウスらと組織、反対派のキケロを殺害する。この間エジプトのクレオパトラ七世との関係が深くなり、妻オクタヴィアを離縁して結婚した。二人は専制支配者として君臨してアウグストウスと対立、アクティウムの海戦で破れてアントニウスは自殺、クレオパトラは捕えられたが、身を毒蛇にかませて死んだ。

クレオパトラのレリーフ。

**アンドレー（Walter Andrae　一八七五〜一九五六）**

アッシュールの発掘者で一九〇三年から一九一四年にかけて従事した。著名なドイツの建築家であり、考古学者コルデヴァイの弟子であった。

**イエリコ**（**Jericho**）

ヨルダン川の流域にある世界最古の町。旧約聖書では〝棕梠の町〟として知られ（申命記ほか）、ここに植えられたバラの美しさは、たとえとしてよく用いられる。もともとイエリコには〝芳香の場所〟または〝月の都〟という意味がある。ヨシュアによって破壊された。

**イエルカプ**

Yerkapı。イエルは地面とか大地の意。カプーはゲート（門）をあらわすトルコ語。

**イサク**（**Isaac**）

アブラハムとサラの子。創世記第二十一章に見える。

**イザヤ書**

旧約聖書の四大予言書のはじめにおかれ、メシアとエマヌエルと神のしもべとに関する予言の殆んどがこの書に述べられている。

**イシュタル門**

イシュタルは戦争と愛の女神の名称。この名を冠したバビロン遺跡の北にある有名な凱旋門は新バビロニア時代の作品で、壁面は五七五の竜と牡牛の浮彫によって装飾されている。これに対し門から続く行列路の左右の壁には一二〇頭の獅子が彫刻されている。これらは全部焼成煉瓦で造られ、地色の青味をおびた色彩はラピスラズリの粉末によるものである。今日イラク国の現地には模造ゲートが、そして東ベルリンにあるベルリン博物館には現地から持ち帰った本物を用いて組立てた巨大な復元建築が、入館者の鑑賞に供されている。

**イッソス**（Issus）

地名。前三三三年十一月、アレキサンダー大王はペルシャのダレイオス三世と、このシリア海岸に近いイッソス平原で決戦をいどんだ。結果ダレイオスは完敗、大王は世界帝国建設の基礎をかためることになる。

**犬の川**

アラブ名はナール・エル・ケルブ（Nahr el Kelb）。ベイルートから海岸沿いの道を北上、一五キロほど行くと同名の川の河口近く、溪谷の岩肌に、紀元前四千年の昔から、ここを通過した歴史上の人物がさまざまな言語で銘文を刻みつけている。例えばヒッタイト征服帰還時のラムセス二世、フェニキア征途時のネブカドネザル、アッシリアのセンナケリブ、トルコのスルタン、セリム一世など。それはさながら象形、楔形、ギリシア、ラテン、アラブ、英語、フランス語と多種多様の文字による歴史の絵巻物に例えられようか。

**イマーム**

回教の高僧で教団の指導者。スンニー派ではカリフをもこう呼び敬称として学説の始祖などに用いるが、シーア派では初代イマームはマホメットを養育した叔父の息子のアリーであり、この人はマホメットの娘の夫となった人物。
　そしてその直系の子孫で人格学識の卓権な人をイマームとしていただき十二代まで続いた。

**イラク博物館（Iraqi Museum）**
　バグダッド・ウエストにあり一九六六年に完成した最新の博物館。メソポタミア文明の貴重な資料が豊富で、日本隊の発掘になるものも少なからず陳列されている。博物館の入口になっている大門と人頭獣の二つの石像は、共にアッシリア芸術の発掘品である。

**イル・カン国**
　蒙古四大汗国の一。元の太祖の孫にあたるフラグ（旭烈兀）がたてた国。チムールの攻撃をうけて滅亡した。一二五八〜一四一一年存続。

**ヴァレリイ（Paul Ambroise Valéry　一八七一〜一九四五）**
　フランスの詩人・思想家。パリに出てマラルメに師事、一八九五年「レオナルド・ダ・ヴィンチの方法序説」を発表。その後一七年間の文学的沈黙を経て、一九一七年長詩「若きパルク」を書き、同時に評論「精神の危機」（一九一九年）「ヴァリエテ」（一九二四年）などによってその地位を確立した。

**ヴインクラー**（Hugo Winckler　一八六三〜一九一三）

ドイツのアッシリア、ヒッタイト考古学者。ベルリン大教授。一九〇六年〜十二年にかけてトルコのボアズキョイでヒッタイト王国の首都、ハトゥシャシュを発見、その楔形文字文書の解明で一大センセーションをまきおこした。

**ウカイル**（Ugair）

バグダッドの東にある。前三千年紀はじめの神殿、絵画などを出土している。

**ウガリットの遺跡**（The site of Ugarit）

シリアにある古代遺丘ラス・シャムラのこと。カナーン人ウガリット国の首都だった。一農民の発見に端を発し、一九二九年以来フランスの調査団シェッフェル指揮下の調査発掘で重要な成果をもたらした。それは紀元前二〇〇〇年のシリア文化の様相を明らかにしたことである。最も注目されるのは、前十四世紀初頭に考案された三つの楔形文字によるアルファベットで、バール神を中心としたその宗教文学と聖書との間には深い関連がある。しかしウガリットは前一三六五年ごろの大地震で破滅的被害をうけ、更に前一二〇〇年ころペリシテ人の来襲によって遂に滅亡した。

**ウラル・アルタイ系の膠着語**

膠着語（agglutinating language）はまた〈粘着語〉〈漆着語〉などとも呼ばれ、語の文法的機能を語根と接辞とのゆるい結合によって示す言葉を言う。フィンランド語、トルコ語、朝鮮語、日本語などがこれにあたり、発生源を中央アジアのウラル・アルタイ地方に持つといわれている。〈屈折語〉〈孤立語〉に対する分類概念。

**ウラルトゥ**

アルメニア地方で前二千年期の前半のころ、群少国家を統一しておこった国で、ヴァン湖を中心としたグルジア南部をもその勢力圏に加えた。後はアッシリアとも争ったが、その文化はイランのルリスタンに酷似し、鉄器文化が特色。

**ウル・ジャミ**（Ulu Cami）

最初は七世紀の中葉に侵入したアラブ人たちによって建てられたが、百年ほど経て東ローマ帝国のコンスタンチヌス五世が完全にこれを破壊し、そのあとカリフ、エル・マンスールがまた再建した。しかしその後さまざまな人種によって街が占據された結果、今日残っているのはアバシット期のものでなく、大部分がセルジュークトルコ期、すなわち十三世紀の建築物である。

**エリドウ**（Eridu）

南メソポタミアの都市で、水の神エンキ（エア）信仰の中心地とされる。この地の発掘の結果、ウバイド期以前のメソポタミア原史時代の一段階が明らかにされた。

**エルトナが突如反抗して**

イル・カン国は十三世紀の半ば、元の太祖（ジンギスカン）の孫にあたる旭烈兀（フラグ）が建てた国。彼はバグダッドを含む中近東一帯を席捲したあと、ペルシャ西北のダブリスに退いて広大な領土を支配した。エルトナはモンゴール人で、十四世紀のはじめモンゴル総督ティムータシュの代官としてカイセリにあったが、反旗をひるがえしエルトナ候国を樹立した。カラマン候国の項で説いたベイリーク時代の前半にあたる。この候国は後継者を経て一三九七年まで続くが、このときオスマントルコの第四代バヤジット一世にカイセリを占領されて終った。

**エル・ワリド（Abd al-Malik el-Walid　六七四頃～七一五）**

オマイヤッド朝第六代のカリフ。ダマスカスに生れる。モスク・病院・学校を建設して文化を保護し、オマイヤッド朝の絶頂期を現出させた名君。レバノン国境アンジャールの宮殿も彼の建てたもの。

**エロス（Eros）**

ギリシア神話に出てくる恋の名射手。だが自ら王の末娘であった美しいプシケに恋をしてしまい、母親のアフロディテにそむいた。エロスはローマ神話ではキューピッドにあたる。

**王さまクーデター**

一九五六年の選挙で民族主義・共和主義派が大勝し、行政改革を迫ったことにあわてたヨルダン国王フセインは、五七年四月ナブルシ首相を罷免して共和主義・民族主義への露骨な弾圧を強行した。この政治危機を〝王さまクーデター〟又は〝国王クーデター〟と呼ぶ。

**オスマントルコ**

オスマン・ベイ（一二五七—一三二六）が、セルジュークトルコの衰微に乗じて建設した王朝であるところからこの名で呼ばれている。オスマン一世以後三十六代のスルタン、メフメット六世（一九一八—一九二二年在位）まで六百二十年の長きにわたる帝国であったが、その絶頂期は十六世紀、アジア、アフリカ、ヨーロッパにまたがる領土を持ったころである。第一次大戦に敗れたあと、ケマル・パシャの率いる国民革命勢力によって逐に消滅した。

**オベリスク（obelisk）**

古代エジプト固有の建造物。巨大な一つの石材で造り、方形の断面は上に行くほど細くなり、頂上だけがピラミッド型になっているのが特色。柱面には象形文字その他の銘文や図案などが刻まれていることが多い。

**オマイヤッド朝**

正統カリフ時代のあとをうけたサラセン帝国第二期の世襲王朝。前期と後期にわけられ、前期は六六一年～七五〇年に至る十四世、後期はスペインに君臨した王朝で、一〇三一年ごろまで続いたが、分裂して衰退に向い、最後にキリスト教の反抗にあって滅びた。ウマイヤ朝とも呼ぶ。

**オルフェウス**（Orpheus）

たて琴の名人とされたギリシア神。妻のユウリデイケを死者たちの間からとりもどそうとして、下界タルタロスへ下りて行った。

## 〈か行〉

**ガイラニ・モスク**（Abdul Qadir al Gailani Mosque）

バグダッド市の中央部チグリス河左岸にあり、同名のカディール派の始祖のために建てられたモスク。彼の墓もある。ドームの美しさはピカ一で、墓を覆う銀製の円天井は一四三六年に建てられた。

**カクズー**（Kakzu）

チグリス左岸の支流である大サブ河東方にある遺跡。一九三三年フルラニ指揮によるイタリア調査隊が発掘を行った。

**ガースタンク**（John Garstang　一八七六～一九五六）

イギリスのオリエント考古学者。リヴァプール大学教授（一九〇七―四一）の任にあったが、退官後アンカラのイギリス考古学院の所長に就任、ヒッタイトを中心とする遺跡の発掘に従事した。(アスケロン、メルシン、イエリコなど)。ベイルートで没。

**カセム** (Abd al-karum Qāsim　一九一四～一九六三)

一九一四年バクダッドに生れ、四八年のパレスチナ戦争に司令官として征軍した。その後イラク王制打倒を目ざす。自由将校団の議長にえらばれ、同グループを率いて五八年ついに共和革命に成功する。イラク共和国の指導者となってからは、ナセルのアラブ連合に対抗、独自の共産主義路戦をすすめたが、しだいにアラブ諸国内で孤立、六三年バース党系の軍人によるクーデターで倒れ銃殺された。

**カッパドキア王国** (Cappadocia)

カッパドキア地方はアレキサンダー時代、アケメネス朝ペルシャの勢力圏を脱してカイセリ(当時の名称はマザカ)を首都とする王国を建設した。その後セレウコス朝に帰属したが、四世紀からまた独立して王を立てた。しかし七世紀にはローマの属州となった。

**カッパドキア文書**

カッパドキアは小アジア(アナトリア高原)の中央部から東部にかけての一帯のラテン呼称。このカッパドキアの古都カネシュやハットゥーシャシュ、またアリシャルなどから出土した前十八世紀以後の楔形文字文書をカッパドキア文書と呼ぶ。アッシリア植民地における交易や法制の記録を記したものでアッカド語の方言が多いが、中に楔形文字で転写されたハッティ語があることから、前二千年紀と一千年紀のこの地方の主な住民がヒッタイト人であったことを示している。

**カディマイン・シュライン**（Kadhimain shrine）

バグダッド市ノースゲート（北門）の広場から北西方向八キロのチグリス右岸にある。一名ゴールデン・モスクの異名があり、金色に輝くドームと四本のミナレットが美しいペルシャ様式の建築美を訪問者に強く印象づける。だが異教徒は絶対に門から中へは入れない。四角い聖域を外から眺めるばかりである。十九世紀にイランのシャーの手によって修復されたシーア派の寺院。アバシッド王朝時代こゝは大きな墓地であった。二人の高僧とはムサ・エル・カサムとその子ムハマッド・エル・ガワムを云う。

**カデシュの戦い**（Kadesh）

カデシュはオロンテス河の谷にあるシリアの遺跡。この地でエジプトのラムセス二世とヒッタイト新王国のムワッタリシュとの間で、前一二八六年大決戦が行われた。両軍が数万の大軍を動員した会戦であったが、ヒッタイト軍優勢のうちにエジプト側は兵をかえした。

**カマリヤ・モスク**（Qamariyah Mosque）

一二二八年に建てられたが、その後たびたび改修されている。バクダッド市ビクトリー橋北側の右岸、川をへだてて裁判所の正面あたりにある。

**カラカラ帝**（Caracalla　一八八～二一七）

本名はMarcus Aurelius Antoninus。ローマ皇帝。カラカラというのは彼が身につけていたガリア風の長衣からついたもの。二一二年、弟のゲタを殺して単独で皇帝となり軍事力を強化した。残虐な性格で快楽にふけったといわれる。パルチア征伐の途中メソポタミアで部下に殺された。

**カラテペ**（karatépé）

アダナ地方、タウルス山脈の支脈上にある新ヒッタイトの遺跡。一九四七年以降、トルコの調査隊によって発掘され、ここから出たヒッタイト語とフェニキア語の二ケ国語で併記された文書は、ヒッタイト象形文字を解読するのに手がかりとなっている。

**カラマン侯国**

十三世紀のはじめから約二世紀のあいだは、コニヤ宮廷の衰退と共にアナトリア各地に十三にも及ぶ侯

カラテペとその発掘品。

国が輩出し、俗にベイリック時代と呼ばれているが、その中でもっとも力のあった国がこのカラマンである。初代はケリミュデイン・カラマンで首都はその名に由来する。そのあとメフメット・ベイが力をつけてコニアを占拠、それまではペルシャ語であった公用語に初めてトルコ語を採用した。一二七七年のことである。その結果メウラーナ・ジェラレッデイン・ルーミーやユヌス・エムレなどのトルコ系の詩人が出てトルコ文芸の黎明期を作った。この侯国はしかし一四六七年オスマントルコのメフメット二世によって征服されて終りを告げる。

**カルケミシュ（Karkemish）**

北シリアにあった新ヒッタイト王国の最も重要な都市のひとつ。ユーフラテス河に臨み、現在はトルコ領。一八七九年及び一九一一年〜一四年にかけて、イギリスの探険隊によって発掘された。

**ガンダーラ（Gandhāra）**

インド北西境ペシャワル近く。インドとアフガニスタンの国境を占める地域の古代名。いわゆるガンダーラ芸術は前三世紀ごろから伝わっていた仏教と、アレキサンダー大王遠征によるギリシア文化とがこの地で接触し、独自の様式美をもって紀元後の最初の数世紀に花ひらき、東トルキスタン、さらには東アジアにまで大きな影響を及ぼした。

**貴人像頭部**

等身大の青銅製人物頭部。サルゴンかその子ナラム・シンを現したものらしい。眼のあたりが破損している。サルゴン王は前二三四〇年に新しい王朝を建設した。この国は世界で最初の「帝国」で、それまでは都市国家しかなかった。王の威力はイラク国外のシリア、小アジアのほかキプロスにまで及んだのではないかといわれている。この帝国の首都はアガーデと呼ばれたが、バグダッドの近くのようだが、どこにあったか現在も不明である。この貴人像頭部は一九三〇年頃、イラク北部ニネヴェの遺跡で、クュンジュクという都市にあった神殿の中で発見された。これと一緒に初期アッシリアの王の一人のシャムシ・アダド王（前一八〇〇年頃）の持ち物とみられる金属製品もいくつか発掘された。貴人像頭部はアッカド王朝時代に一般化していた美術の傾向を示しており、とくにリアルな表情と髪の表現にその特徴がある。これはアッカド王朝時代の彫刻芸術に共通したものである。この彫刻はイラクの職人たちが、特定の作品を作る進んだ技術をもっていることを示す重要な遺品である。

**客観ショット**

行動の主体者を第三者的に外からとらえた撮影。この場合は調査隊の走るジープを、車の外（又は別の車）からのアングルでフィルムにおさめた画像を指す。しかし車が一台では自由にそれが出来ない。

### キャラバンサライ

キャラバンサライは隊商たちのために提供される快適な宿泊所の謂で、馬蹄形の門を入ると中央が広場で泉水があり、そのまわりに馬やラクダの〝いこい〟の場にあたる家畜小屋が用意されている。コニアとアクサライの中間地帯にあるスルタルハヌのキャラバンサライは、一二三六年に竣工を見た最も重要かつ栄えた宿泊所として有名。スルタンハヌというのは一方でキャラバンサライの別名でもある。

### キューピッド

愛くるしい恋の使い手。ギリシア神話ではエロスと呼ばれ、アフロディテ（ヴィナス）の愛息である。「エロス」の項参照。

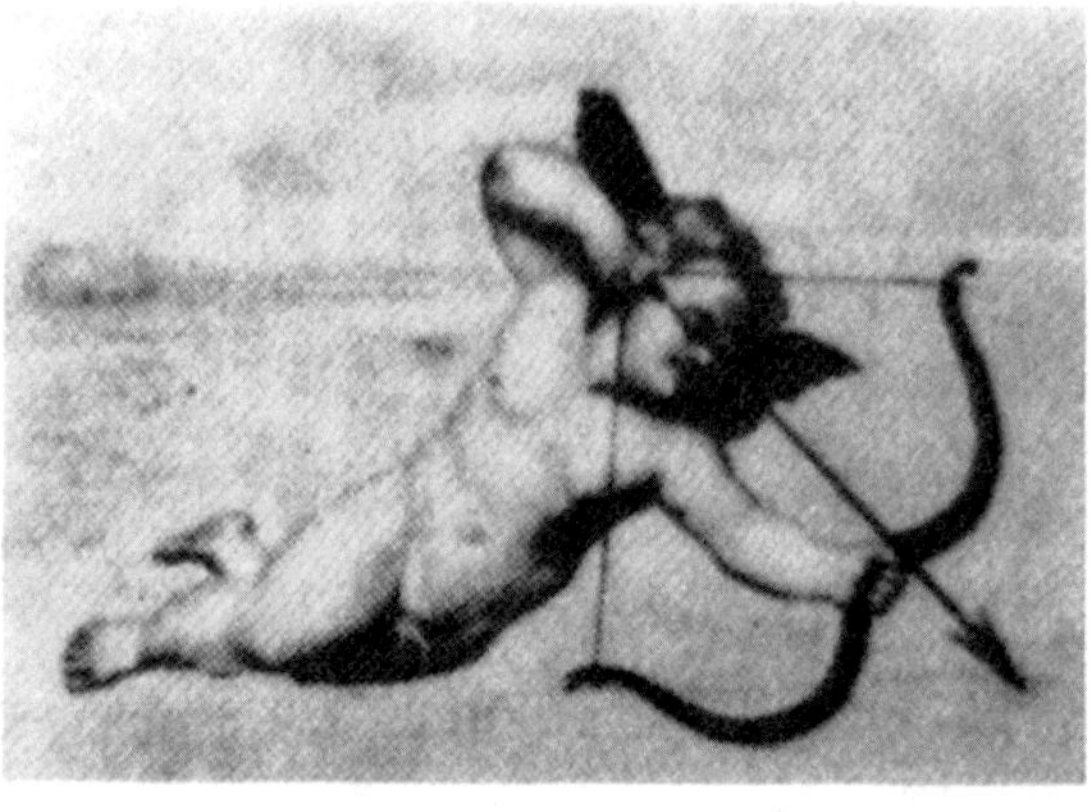

ラファエル画くキューピッド

### キュル・テペ（Kültepe）

小アジアの青銅器時代の遺跡。カイセリの付近にあり、一九二五年にチェコスロヴァキア、一九四八年にトルコの調査隊（Türk Tarih Kurumu）が発掘して、ヒッタイトの昔カネシュ（Kanesh）と呼ばれたこの街の概貌を明らかにした。アッシリア人の植民市として商業が栄えたところである。

**キルクークの油田**

イラク第一の石油都市。一九二七年に広大な油田が発見され、にわかに発展をとげた。北西郊外にある巨大な精油所から地中海沿岸都市まで八〇〇キロを越える送油パイプが引かれている。それ以前はクルド族の中心地で、羊毛の集散地として知られていたところである。産油量は一時三〇〇万バーレル／日を誇ったが現在はイラン・イラク戦争のあおりで八〇万バーレル前後、輸出もバスラ港が破壊され、トルコ経由のパイプラインにたよっている。

**金曜日**

イスラム教にとっての安息日《サバート》、すなわち公式礼拝の日である。すべての店舗、役所はヨロイ戸をおろし、一切の業務は停止される。われわれにとっての日曜日と同じだが、ユダヤ教では土曜日がこれにあたることは周知のとおり。

**クテシフォン**

チグリス河の中流の左岸にあり、パルティア人によって建設され、パルティア、ササン両朝の首都であった。テシフォーンともいう。

**クルド族**

Kurd 族。クルディスタン地方を主たる居住地域とするところからこの名がある。現在約四〇〇万人を数えるといわれ、身長が高く、毛髪は褐色でたくましい。彼らの中の遊牧民は黒いテントに住んで移住放牧を業とし、又農民系は被征服民の子孫であることが多い。その反動からか一様に独立立国の志が強く、東部トルコ、西部イラン、北部イラクなどで屡々ゲリラ的暴動・決起の挙が多く見られる。
宗教は大多数がスンニー派。

**ケイスン**
Caisson.カスーンとも言う。建築用語で格間のこと。すなわち天井をいくつもの格子に仕切ったものを鏡板天井（格天井）と呼んでいる。

**ケニヨン（Sir Frederic Geoge kenyon　一八六三〜一九五二）**
イギリスの古典・古代学者。一九〇九—三〇年、大英博物館館長。一九一二年ナイトの爵位を授けられ

イ、遠景

ロ、近景

バールベック神殿の天井に見るケイスンの例。

た。

**ケマル・アタチュルク**（Kemal Ataturk　一八八一〜一九三九）

トルコ共和国の創立者であり、初代大統領。第一次大戦後、トルコ民族の独立を堅持するため民族解放軍を組織し、一九二〇年革命政権を樹立して、二三年トルコ共和制を宣言、スルタン制を発止した。アタチュルクというのは〝トルコの父〟という意味で本名はムスターファ・ケマル・パシャ（Mustafa Kemal Paṣa）

**コルデヴァイ**（Robert Yohann Koldewey　一八五五〜一九二五）

ドイツの建築家にして古考学者。特にバビロンの発掘（一八九九—一九一七年）にさいして大いなる功績があった。

**コンマゲーネ朝**（Commagenus）

コンマゲーネはシリアの西北端を占める地方。シリア王国の一部であったが、同王国の没落後は独立を保ち、ウェスパシアヌス帝の時代

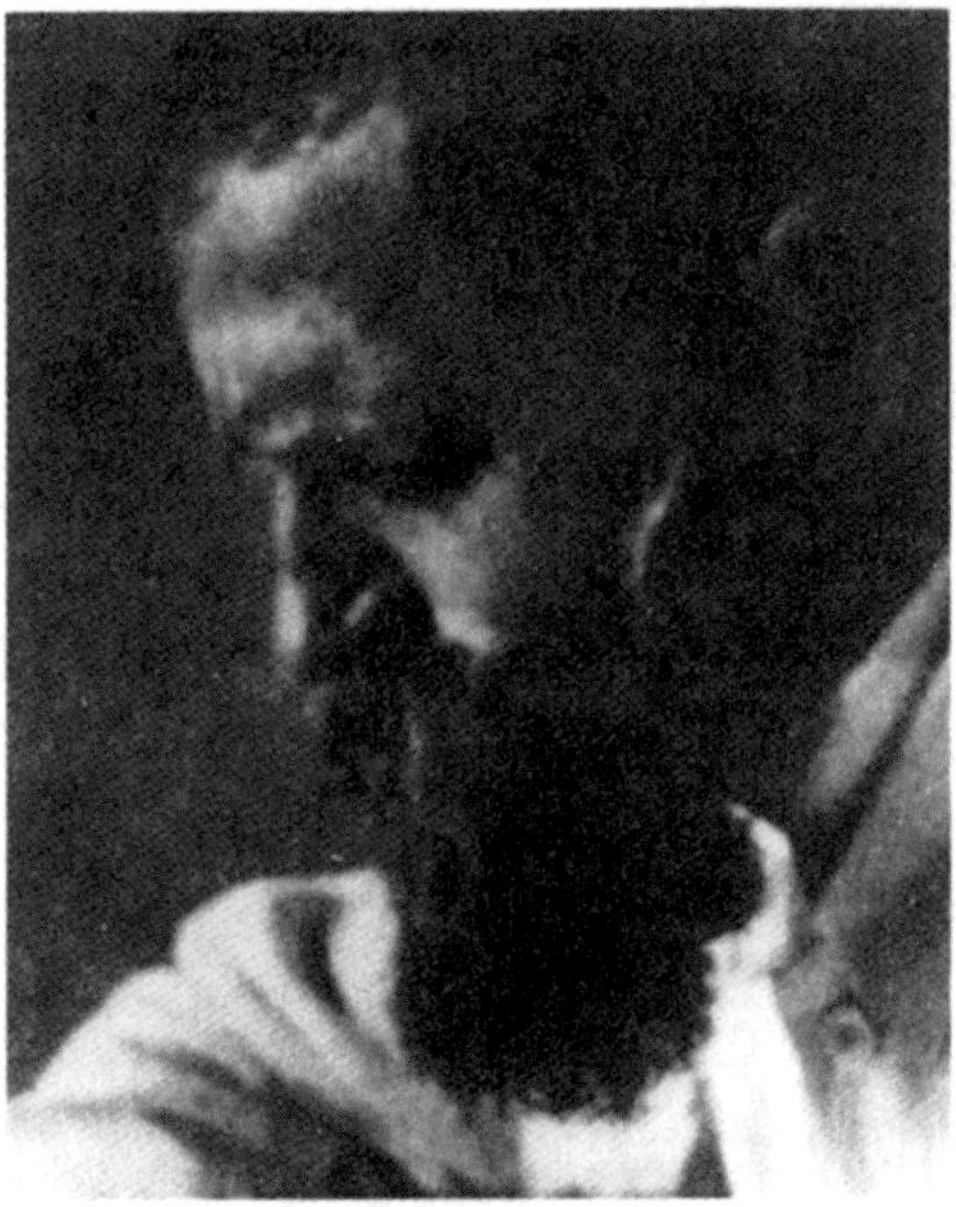

コルデヴァイ肖像写真

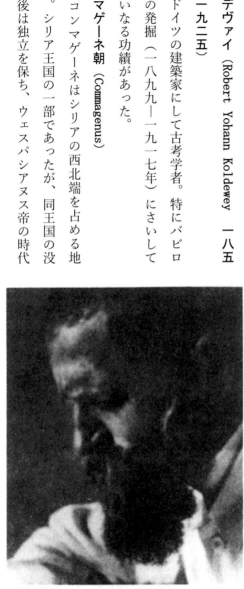

（七二年）になってローマ帝国に併呑された。

〈さ行〉

### 彩文壺

ハラフ式土器は北メソポタミア一帯に広く分布している。テル・ハラフ遺跡で最初に発見された。やや赤味かかった胎土の上に、光沢のある彩文を施しているのが特徴である。顔料も後期には赤、白、橙、黒などが用いられ、多彩色土器である。器形も皿、埦、壺、丸底の器、高杯など色々ある。文様も幾何学文のほか牛頭文、矢筈文などの種類がある。

### ササン朝ペルシャ

パルティア王国に代ってイランを統治した王朝である。ホスロー二世のとき、その版図はシリアからインダス河に至る膨大なものとなった。古代アケメネス朝の中世的再興であり、その美術感覚は特に装飾性においてすぐれていて、日本の飛鳥・奈良時代における工芸品の西方要素の源流とされている。最後はアラブ民族のサラセン帝国の興隆によって滅んだ。紀元二二六年～六五〇年。

**サナトルク二世立像**

この像はイラク北部ハトラ遺跡で発見されたヘラクレス立像の近くの市の門の一つにあり、完全な像として発見された珍しい像である。

サナトルク二世は西暦一九八年、ローマ皇帝セプティミオス・セビロスが、この都市を占領しようと軍を送り包囲したときハトラの王だった。王はローマ軍がハトラに着く前に市の城壁を修理し、まわりに濠をめぐらせた。サナトク二世は非常に賢明な軍司令官でもあった。ローマ軍は数ヶ所で壁を破壊したが、ハトラ市民たちはその都度王の指揮に従って、あいた穴を夜の間に埋めてしまった。このためローマ皇帝もついにハトラの占領を諦め、軍を引き揚げねばならなかった。

**サマラ**（Samarra）

バグダートの北、チグリス左岸にある。アバシッド朝時代約六十年間一時首都として栄えたが、のち放棄された。遺跡としては一九一四年ヘルツフェルトが発掘、メソポタミア原史時代の一段階が明らかになった。

**サムエル記**

旧約聖書中、イスラエル王国成立時代の物語。前後二書にわかれる。

**サラセン**

サラセンというのはもともとシリア附近のアラビア族の名称であったが、のちにはアラブ・イスラム教徒の総称となった。中国では音転して大食（ターシー）と言う。七世紀中頃からマホメットの後継者であるカリフが、西アジアを中心にヨーロッパ、アフリカにもまたがる大帝国を樹立、以後各地に分裂しながらも十五世紀末まで存続したが、その勢力範囲に興隆した文化をサラセン文化と呼びならわしている。建築・工芸・医学・天文などに他の追随を許さない独自の才と感覚を所有し、またギリシア・ローマの古典文化を後のヨーロッパに伝える重要な役割りを果たしたといえよう。

**サラディーン**（Saladin　一一三八〜一一九三）

正しくはサラーフ　アディーン（Salāh al-Dīn）と呼ぶ。アイユーブ朝第一代の君主。クルド人の出で、イラクに生れたが、一一六九年エジプトのファティーマ朝の宰相となり、七一年自ら新王朝を起す。七八年エルサレムを占領、九二年十字軍と和議を結んだ。その博愛と公平によって知られ、ヨーロッパの文芸作品にもサラディンの名で屢々登場する。

**サルゴン二世**（Sargon Šarrukin Ⅱ）

アッシリア王。義兄シャルマネセル五世から王位を奪う。前七二一年バビロン王の反乱戦に破れたが、一方シリアの反乱を撃破、サマリアを占領、またイスラエルを征服して西方の安定をはかる。前七〇九年バビロニアに進攻、前七〇七年新都ドゥルシャルーキン（現ホルサバード）に移ったが戦死した。

**三人の泣き女**

別名〝ヴェールを被った女たち〟。一世紀の作品。パルミュラの原位置にある。

**シーア派**（Shiah）

イスラム教の小数筆頭宗派。いわゆるイマーム派で、初代イマーム（マホメットの叔父アブー・タリーブの子アリーを言う）以降十二代のイマームをマホメットの正統後継者とし、イラン人の間に信者が多い。

**死海の書**（Dead Sea Scroll）

一九四七年ベドゥイン人たちによって死海ほとりのクムラン洞穴から発見された壺入りの古

サルゴン２世の浮彫。

解きほぐし途中の「死海の書」

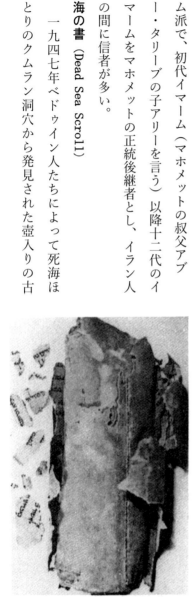

文書。キリスト誕生以前のものとされ、この地にあったエッセネ派修道院所蔵のものと鑑定された。聖書学界に画期的な影響を与えた事件である。

**ジッグラト**（**Ziggurat**）

古代メソポタミアの宗教建築の特色である数層の塔を言う。聖書の創世紀第十一章〈バベルの塔〉の物語はこのジッグラトのことを述べたものである。ウルのジッグラトをはじめ、各地にさまざまな形のジッグラトが掘りおこされ、復元された。

**シャット・アル・アラブ**

Shatt al-Arab。ユーフラテス川とティグリス川がアル・クルナで合流し、ペルシャ湾に注ぐまでの河の名称。

沿岸は沼沢地が多くナツメ椰子が繁茂する。全長約一九〇キロ、ほぼ中央部の西岸に港湾都市バスラがある。なおアル・クルナ附近は伝説的にエデンの園の跡とされ、〝アダムの樹〟と称する記念物もある。

**シャプール一世**（**Sapor Ⅰ**）

ササン朝の王。在位二四一～二七二年。シャプーレとは中期ペルシャ語で王子の意。偉大な指揮者で、一大帝国を築き上げた。探究心も旺盛で、外国の書物を数多く翻訳させた。またマニ教に強い関心を抱いた。

**ジャルモ**（Jarmo）
原史時代の村落あと。ブレイドウッド調査団によって発掘された。最近のテストでは前約九〇〇〇年〜七〇〇〇年に存在したという結果が出ている。

**シュピルリウマ**（Suppiluliuma I）
新王国のヒッタイト王。その領土と権力を最大にした大王。シリアに侵入、エジプトと相対し、のちのカデシュの戦いの誘因をつくった。ペストで死んだといわれる。在位前一三七五〜一三三五。

**シュメール**（Sumer）
南部メソポタミアの地方を指し、キシュの南、土としてニップルからエリドゥまでの地域をいう。その住民は大部分がシュメール人で、彼らは前四千年期の半ば（おそらくはウルク期）に現われた非セム族である。

**小アジア**（Asia Minor）
地中海と黒海とに狭まれた西アジアの半島部分。現トルコ共和国の大部分を占める。面積約五十万平方キロメートル。

**シリアは一九四六年の独立以来……**
広義のシリアは聖書にあるアラムの地、すなわちアラビア北方、ユーフラテス河両方の地域を言う。第一次世界大戦のあとはこの地はイギリスとフランスの委任統治領に分割されたが、第二次大戦後は今度はシリア、レバノン、イスラエル、ヨルダンの四国にわかれて夫々独立した。ここではその中のシリア・アラブ共和国のことを指している。大戦中は一時ヴイシー政府軍下に入ったこともあるが、連合軍によってこれを撤退させたあと、一九四一年の独立宣言を経て一九四六年国民党クワトリー初代大統領を立てて、ようやく完全独立を達成した。大きさは日本の約半分、人口は一九七九年の調べで約八百万人。しかし政権はその後も不安定で、たえず武力による倒閣をくり返し今日に至っている。アラブ連合記会日を参照。

**スエズ紛争**

スエズ運河の権利をめぐる紛争。一九五六年のくれのいわゆる第二次中東戦争を指す。〝パレスチナ戦争〟の項を参照されよ。

**ステップ**

木の生えない草原地帯の謂。ヨーロッパロシアの東南部、シベリア、トルコ高原などに拡がっている。

**スルタンハヌ**（Sultanhanı）

キャラバンサライ参照。

**スレーマン大帝**

スレーマン一世（一四九四〜一五六六）。オスマン帝国第十代のスルタンで、帝国の最盛期をもたらした。法典の集大成者として〝立法者〟の異名をもつ。

**スンニー派**（Sunni）

イスラム教の正統派を言い、全教徒四億数千万のうち九割を占めるといわれる。のこりの一割がシーア派と他の宗派である。スンニーというのはアラブ語の「スンナ（sunnah）の民」すなわち「伝承主義者」を意味し、公認六伝承とアブー・バクル、ウマル、ウスマーン、アリーの四カリフをマホメットの正統者と認める一派。このためスンニー派のモスレムはハナフィー、マーリキー、シャーフィイー、ハンバリーの四法学派のうちのいずれかに属していることになる。

**セヴェルス帝**（Lucius Septimius Severus）

ローマ皇帝。在位一九三〜二一一年。アフリカ生れ。軍隊の支持で皇帝を宣言、独裁権を確立して帝室の財政を強化した。妃ユリアードムナは哲学・文芸を奨励したことで有名。

**セスタ**（sexta）

もともとキリシタン用語で金曜日を意味した。ポルトガル語 Sexta-feira の略。

**セネカ**

Lucius Annaeus Seneca。ローマのストア派の哲人。皇帝ネロを教導したが、のち不興を蒙り、最後は自決した。悲劇九篇の他、多くの著述がある。

**セム語**

北アフリカから西南アジアにまたがる、文化史上最も重要とされる語族の言語。ヘブライ語、フエニキャ語、アラビア語、エチオピア語などがこれに属している。

**セルジューク朝**

トルコ系の回教国家。中央アジアから西南アジアの大部分を領有、サラセンとイラン文化を吸収した。宗家を大セルジューク朝（一〇三七〜一一五七）といい、これに対して各地の分家を地名に応じて、（1）ケルマン・セルジューク朝、（2）ルーム・セルジューク朝、（3）シリア・セルジューク朝、（4）イラク・セルジューク朝と呼ぶ。トルコのコニア市を中心とするのは（2）のルーム・セルジューク朝である。

**セレウコス**

Seleukos。アレキサンダー大王の東征に従い、その死後バビロニア以東の地を得てセレウコス朝シリア王国を建設した征服王（ニカトール）セレウコス一世（前三五八―二八〇）のこと。その称号にそむかず戦をいどんで連戦連勝、西は小アジアまで版図をひろげたが、前二八〇年マケドニアを遠征中に暗殺されておわった。

**箭眼・狭間**

城中の兵士が矢や鉄砲を放ったり、城外の様子を見るために城壁にあけられた孔と空間のこと。やざま

（矢狭間）とも言う。

**センナケリブ**（Sennachérib）

アッシリアの王。在位前七〇一〜六八一年。英国博物館にあるラキシュ包囲の図に姿が見える。ニネヴェの北、ゴメルの谷にあるヒネス村には、センナケリブ王の浮彫のある巨大な水門が現存する。

センナケリブ王の浮彫のある水門。

**全日空機の事故**

一九六六年二月四日、ボーイング727ジェット機が羽田沖で墜落、死者一三三名を出した。

**一二二九年二月エルサレムは再び……**

十一世紀末から十三世紀末にかけて前後八回（一説によると七回）にわたり、キリスト教徒が回教徒に対して仕掛けた聖地パレスチナへの遠征は、特にイエスの墓のあるエルサレム奪回が最終目標であったが、第一次十字軍以来、一二二九年には久々にフリードリヒ二世によっておこされた第六次の軍隊がエルサレムの奪回に成功した。その事実を言う。

**千夜一夜物語**

〝アラビアンナイトの物語〟参照。

**洗礼者ヨハネ**（Johannes Baptista）

バプチスマのヨハネ。ナザレ人。罪に対する激烈な戒めと徹底した悔い改めを説き、ユダヤ人が待ち望んでいた神の国の到来の近いことを告げて、全ユダヤに熱狂をまき起した。イエスにも洗礼をほどこしたいわばイエスの先駆的存在である。大守ヘロデス＝アンティパスの不倫を諫めて斬首された。

**創世記**

旧約聖書の開巻第一をかざるモーゼによる記述で、世界の創造、人類の誕生とその原罪、神の約束とヘブライ人に関することが語られている。第十章第十九行に「カナンびとの境はシドンからゲラルを経てガサに至り、ソドム、ゴモラ、アデマ、ゼボイムを経てレシャに及んだ」とある。

**ソドムやゴモラ**（Sodom and Gomorrah）

もともと二つともパレスチナにあった五つの主要都市のうちの名称。共に住民に義人なく、その淫乱罪悪が極端だったため、天上からの火によって滅ぼされたという。旧約聖書の中でしばしば言及されている。

**ソロモン**（Solomon）

ダビデの子。イスラエル王。理財の才を有し、莫大な利を得て〝ソロモンの栄華〟とうたわれたが、民は重税に苦しんだという。在位前九七一年頃～九三二年。

**〈た行〉**

**タウルス山脈**

英語ではトーラス山脈（Taurus）と言う。もともとトロス、すなわち〝牛〟という意味から来た。トルコのアナトリア高原の南縁をふちどる山系で、長さ約八〇〇キロに及ぶ。山林資源、鉱物資源に富み、このため紀元前メソポタミア諸国の遠征の対象となった。

**ダビデ**（David）

イスラエル王。前十一世紀のおわり初代の王サウルのあとをうけて近隣諸国を併合、イスラエル最盛期を作った。ソロモンに譲位。

**チャタル・ヒュユーク（Çatal Höyük）**

コニア市の東南三十五キロにある古代遺跡。イギリス人ジェームス・メラートらの手によって一九六一年以来発掘が試みられている、アナトリア高原中最も重要な先史時代のテペのひとつ。その規模は長さ五〇〇メートル、巾三〇〇メートルを下らない広大なもので、上から数えて一層から十層まで時代別の区分が見られた。そのうち火災に逢っていないのは九層と七層だけで、六層、四層、三層、二層に特に豊穣な痕跡が見られた。

**中央条約機構**

CENTO（セントー）とも呼ばれ、一九五五年のバグダッド条約の後身として結ばれた反共軍事同盟。北大西洋条約機構（NATO）と、東南アジア条約機構（SEATO）との中間に位置するためにこの名が出来た。現在は事実上消滅してトルコはNATO加盟国となっている。〝バグダッド条約〟の項を参照。

**沖積層（Alluvium）**

沖積世に生成した地層、すなわち地質学上はもっとも新しい地層で、砂礫・粘土・泥炭などから成る。沖積とは〝流水のために生じた〟の意で、沖積世（Alluvial epoch）は新生代第四紀完新世とも言い、現代まで続いている。

**Tライン**

シリアの親ソ政策とイラン・イラク戦争のあおりで、かってトリポリ（T）へ通じていたこのラインは現在Hラインと共に働かず、トルコ経由の最新ラインだけが作動している。ただしその送油能力は一日七〇万バーレル。

**テティスと魚（Thetis snd the fishes）**

テティスはオケアノスの妻。オケアニデスと呼ばれる三千人の美しい海のニンフたちの母でもあった。

**ドイツオリエント学会（Deutsche Orient-Gesellschaft）**

一八九八年ベルリンに創立され、一九二七年まで継続的に東方の発掘に力をそそいだ。

**東京大学イラク・イラン遺跡調査団**

考古学界の権威江上波夫教授を団長とし、西アジアのイラク及びイラン両国の各地古代遺跡発掘調査を目的とし、昭和三十一年（一九五六）に発足した。同年九月より翌年七月にわたる第一次調査（イラン国タル・イ・バクーン、及びイラク国テル・サラサートの発掘、トルコを除く西アジア一帯のジュネラル・サーベイ）以来数次にわたる調査探検を敢行、一般にも広く話題を呼んだ。参加団員も新規矩男（美術史）、高井冬二（古生物）池田次郎（人類学）、曽野寿彦（考古学）、深井晋司（美術史）、堀内清治（建築史）、増田精一（考古学）、坂口豊（地質）、杉山二郎（美術史）など各界にわたる強力な顔ぶれがみられ報告書の出版、展覧会の開催など学界に貢献するところ少なからぬものがあった。

**トウズ湖**（Tuz Gölü）

トルコ中部アンカラ南方にあるトルコ第二の大湖。塩湖で多量の塩を産出する。長さ約八〇キロ、巾約五〇キロ、湖面の標高はほぼ九〇〇メートルである。

**ドーム**

円屋根、円天井をあらわすと同時に、寺院や高桜などの大建築を意味する言葉でもある。アメリカのスラングでは人間の頭をさす。

**トラヤヌス帝**（Marcus Ulpius Crinitus Trajanus　五三～一一七）

在位九八～一一七年。つねに国家の僕として元老院と協調、人民への寛大を心がけた。対外政策も発展し、パルテイアを破り、アルメニア、メソポタミアに進出して、帝国最大の版図を現出させた。ローマ帝国五賢帝の一とされる。東征の帰途キリキアで病死した。

**トリトン**

半人半魚の海の王子。

**トルコ・コーヒーとアラブ・コーヒー**

トルコーコーヒーとはその調合飲み方の謂で、コーヒー豆をひいた粉を冷水に入れ、煮立ない程度にまで温度を上げたものを別のカップに移し、その上澄みをするように飲む。アラブ・コーヒーも結局は同じ方法の俗称であるが、別のカップに移しかえない場合は煮出したままのドロドロを口にすることになる。

**トロイ戦争**（Troy）

ホメロスの詩にあるギリシア古代の伝説的戦争。スパルタの王妃ヘレネがトロイの王子パレスに誘惑されたことに原因し、ギリシアの王侯が十万人をもって十年間トロイを攻国してこれを占領したという。トロイは小アジア（現トルコ）の西北隅にある。

## 〈な行〉

**ナバタイ人**

アラブ族の一系。アッシリア系の書物ではナバイトゥの名で呼ばれているが、ニネヴェの凋落後、前六四〇年にアッシュールバニパルの羈絆を脱したとある。しかしギリシア・ローマの世界にも知られ歴史に登場するようになるのはもう少し下って前三一二年まで待たねばならない。アラブ化したアラム語（ナバタエ語）を話した。

**ニップル（Nippur）**

シュメールの都市の一。エンリル神の住いとされている。一八八九年から一九〇〇年までペンシルヴァニア大学主催の調査団が発掘をはじめ、戦後の一九四八年から新らしくシカゴ・オリエント研究所とペンシルヴァニア大学博物館との合同による調査団が研究・発掘に従事した。バビロン東南方一〇〇キロの地点にある。

**ニネヴエ（Ninive）**

現代のキュンジグ（Quyundjiq）。チグリス河の左岸にあって、モスル市と向いあっている。アッシリア王国の首都だったところで、センナケリブ王やアッシュルバニパル王の宮殿で特に名高い。遺跡は一八四二年、モスルのフランス領事であったボッタが手をつけたあと、一八四五年から五一年にかけてイギリス人のレイヤード、ローリンソン、また一八五二年からは再びフランスのプラースらによって発掘された。現在はイラク政府自らが探究にあたっている。

**ニムフェウム神殿**

ニンフ（海・川・森などに住む少女姿の半神半人。小妖精）たちを祀った神殿。ギリシア語のニンフはもともと〝花嫁〟を意味した。

**ニムルド** (Nimrud)

古代名カラク。ニネヴエの南にあり、アッシリア王朝の首都のひとつ。一八四五年から五一年にかけてまずイギリス人レイヤードが、また第二次大戦後の一九四五年以後もマローワン博士の指揮によっていずれもイギリス探検隊がこの地の発掘に従事した。

**ニムルド・ダーイ**

ダーイはダーク、ダーハとも発音され、山の意。古代のコンマーゲーネ地方（北シリア）にある山のことで、この地方の王アンティオコス一世がここに自分の巨大な境墓をきずかせた。

**ネブカドネザル二世** (Nebuchadnezzar II)

新バビロニア王朝の王。在位前六〇五～五六二年。シリアに数回もの遠征軍を送り、エルサレムを破壊して多数のユダヤ人を連れ去った。国内ではアッシリアにならって諸制度をととのえ、バビロン市を改修再興して、古典期のハムラビ時代に並ぶ黄金時代を創り出した。

ニムルド出土《人面有翼牡牛》。

〈は行〉

**バイバルス**

Baybars。マムルーク朝第五代のスルタンであったバイバルス一世（在位一二六〇―七七）を指す。トルコ人で南ロシアの草原に生れ、各地を転々としたのちエジプトへ来て親衛隊長となった。スルタンとなってからはシリアで、モンゴール軍及び十字軍と戦ってそれぞれ壊滅逃走させたことで有名であり、その武勇は「バイバルス物語」として伝わっている。

**パウラ・マウラヤ夫妻**

パルミュラ基域の地下墓室から出土した作品。高浮彫りで、クッションに横臥し、半身をおこして盃をとるリラックスした酒宴の光景を表している。風俗衣装の造形にローマ彫刻の肖像表現そのままをとり、衣文ひだの翻波式彫法も興味をそそる。夫妻の豪華な装身具もパルミュラ都市の繁栄を示し、とくに手をとるカットグラスは、正倉院白瑠璃椀を思わせ、シルクロードでカットクラスが運ばれてきたことを推察させるものである。

**バグダッド条約**

一九五五年二月二十四日バグダッドで調印された中東条約機構（ＭＥＴＯ―Middle East Treaty

Orgnization）のことで、最初はイラクとトルコの軍事同盟から始まった。その後これにイギリス、パキスタン、イランが加わって五ケ国の反共軍事同盟となる。しかしイラクは五八年七月のカセムによる革命で脱退、残った4ケ国は条約の名を中央条約機構と改め、本部もバグダッドからトルコのアンカラに移った。

**バクダッド鉄道**

いわゆるドイツの3B政策の一環として着手されたことで有名。はじめイスタンブールからバグダッドを経てバスラ↓クェートまでを目論んだが、第一次大戦で結局三〇〇キロを残してドイツはその利権を失った。現在この鉄道はトルコ、シリア、イラク、クエート四国で分有されている。

**ハシミテ王国**

ハシム家はアラビアの聖都であるメッカを支配した部族の一系で、始祖をハーシムといった。その孫の一人アブドゥッラーはマホメットの父であり、また第四代カリフ、アリーはマホメットの叔父アブー・タ一リブの子にあたるという由緒ある家系である。ところで八世紀以後のアバシッド朝は代々このハシム家に属し、その子孫がイラク、ヨルダン、イエーメン、モロッコにおいて夫々近代国家を支配した。これらの王制国家をハシミテ王国と呼ぶ。

**バッカス**（Bacchus）

ローマ神話で酒の神。ギリシア神話ではディオニソス。

**ハッジ**

Hajī。本来イスラム教徒の重要なつとめの一つで、メッカの大祭に参加する行事を言うが、ここではアラビア半島にまで出向いてその義務を果したモスレムがテル・サラサートに一人しかいなかったのでこの名で彼を呼んだ。

**ハッテイ族**（Hatti）

ふつう原ヒッタイト人、すなわちインド・ヨーロッパ語族に属さない中部小アジアの先住民族を呼ぶ。その後ヒッタイト人が侵入支配して、両者が混融、独自の文明を発達させた。

**ハトウシャ一世**（Hattušiliš I）

ボアズキヨイに都を定めたヒッタイト王。シリアに進出、ユーフラテス川を越えてメソポタミア征服を考えた。ラバルナ二世のこと。ハトゥシリシュ一世とも呼ぶ。前一六五〇年ごろに存位。

**ハトウシャシュ**

ボアズキヨイの古代名。ヒッタイト王国の首都地。〝ボアズキョイ〟参照のこと。

**ハトラ**

シリア砂漠の東端近くにあるパルチア時代の都。ローマの力の東漸を防ぐ目的で建築され、その武勇と富を誇った。パルチァがササン朝ペルシャによって滅んだあと、なおしばらく独立を保ったが、二四〇年ごろついに屈して廃墟となった。その遺跡は今世紀はじめドイツのW・アンドレーらによって手をつけられたが、一九五一年以後はイラク考古総局が本格的に発掘を開始、独自なパルチァ様式の好資料が続々と発見された。

**ハドリアン帝**（Publius Aelius Hadrianus）

ローマ皇帝で五賢帝のひとりとされる。在位一一七年～一三八年。法律・行政を整備し、文芸・美術を奨励したが、エルサレムにローマの植民地をおこそうとしてユダヤ人の暴動を招いた。

**ハバクク書註釈**

ハバクク書は予言者ハバククによる旧約聖書中の小予言書の一つ。全文は三章で予言者と神々との対話の形式で書かれている。前七世紀ごろの作。クムランからはこのハバクク書一～二章の本文に注釈をほどこした巻物が出た。

**バビロン**（Babylon）

ハムラビ王朝（前十八世紀）と新バビロニア王朝（前七～六世紀）のもとで特に繁栄したメソポタミア

の中心に位置する大都市。その記録は前二十四世紀にさかのぼる。この地に最初に手をつけたのはフランスのF・フレネルだったが、不幸にもその発掘品は一八五五年チグリス河に飲み込まれ消滅してしまった。そのあと世紀末から今世紀にかけてコルデヴァイによるドイツの発掘隊が綿密な探究をつゞけ、主たる発掘を完成させたのであった。

**ハーフェズ前革命評議会議長**

モハメッド・アミーン・アル・ハーフェズ。一九六三年三月八日のクーデターで実権をにぎったグループのひとりで、国家の最高機関である評議会の議長と、立法政府たる大統領会議のメンバーとして内閣首班をも兼ねていた。

**ハムラビ王**（Hammurabi）

バビロン第一王朝、第六代の王。在位前一七九二～一七五〇年。統治期の大部分は戦争に明け暮れ、全メソポタミアの覇権を握った。治世四〇年のころ法典を発布した。ハムラピとも呼ばれる。

**パルチア王国**

イラン系遊牧民族が、カスピ海の南に建てた

ハムラビ王像。

国。中国史料に見える。〈安息〉はこの王朝の始祖アルサケスを音写したもの。彼は前二三八年ころ、セレウコスがシリアに引き返した機に乗じ大王の宣言をした。三代後のミトリダテス一世のころは、西はメティア、バビロニア、東はガンジス川に至る広大な地域を配下におさめた。

**パルミュラの三神**

アグリボル、バーシャミン、マラクベル三神が並んだ有名な石像レリーフは、現在持ち去られてルーブル博物館に展示されている。

パルティア王国君主の像。（現地の切手から）

パルミュラの三神。

## パレスチナ紛争

第二次大戦中鳴りをひそめていたパレスチナ問題は、一九四五年連合国側の勝利が決定するや、たちまち勢いを得て、聖書以来のゆかりの地カナンは俄然世界的紛争の一大中心地となった。アラブ対ユダヤ対立の根元は、よく数行の解説のなし得るところではないが、近年はまず〝マクマホン宣言〟と〝バルフォア宣言〟の矛盾撞着にその起を求めたい。前者は一九一五年、第一次大戦中にイギリスの高等弁務官マクマホンが、トルコ治下のアラビア人を離反させる目的で、この地に戦後の独立を約束したもの。後者は同じくイギリスの外相バルフォアが一九一七年、ユダヤ人の民族的ホーム建設に対する援助を確認したものだが、両者は明らかに両立し得ないまま、パレスチナ問題をこじらせるもととなった。一方ユダヤ人のこの地への移住は、ナチ政権のユダヤ人排斥運動と相俟って年々増加の一途をたどり、三十九年五月には、イギリス政府は十年以内に独立国家パレスチナを作り、ユダヤ、アラビア両民族共同所有に帰する旨発表したが、両民族は満足しなかった。

第二次大戦がおわるとアラブ民族運動が急激に高まり、両者の対立は決定的なものになったので国連は調査委員会を設定、四十七年十一月にはイギリス委任統治の廃止とパレスチナ地方をアラブ・ユダヤの二国に分割し、一方エルサレムを永久国際管理下におこうと決定した。ところが四十八年五月イギリス軍の撤退開始と共に早くもユダヤ人によってイスラエル共和国の成立が宣言され、同時にアラブ諸国がこの地へ攻め入って火蓋が切って落された。四十九年休戦案が実現したが、平和条約は結ばれず、おまけに多数のアラブ難民を生み出して、その後の半永久的ドロ沼抗争の決定的な要因を作り出してしまった。

**パンテオン形式**

パンテオンは万神殿の意。ローマにある神殿で前二七年アグリッパが創建したが、後に焼失して紀元後ハドリアヌス帝によって再建された。パリにある同名の寺院もこれにならっている。ローマ時代を代表する建築様式で、円形平面祠堂の形をとっている。

**ビザンチン風様式**（Byzantine Style）

東ローマ帝国の首都ビザンチウム（コンスタンチノープル、今のイスタンブール）を中心として、四世紀ごろに盛んだった芸術様式と感覚を言う。建築は円蓋を用いて垂直軸を重んじた集中方式で、一般に荘厳で絢爛としている半面、立体性や風景を無視したモザイク、聖画像、写本彩色画、レリーフとくに牙彫・金工・エマイユ・織物などにすぐれた作例を残している。

**ビザンチン領帝国**

四世紀末、東西に分裂したローマ市内のうち、東方の帝国をビザンチン帝国（又は東ローマ帝国）と呼ぶ。一四五三年トルコ人に滅ぼされるまで約千年の歴史をもつが、七世紀以後の中期に入ると、マホメットの教えを奉するアラブ人によって各地を掠奪された。九世紀以後はマケドニア朝が、十一世紀以後の後期はコムメノス朝が帝国を支配した。

**ピジョン・ロック**

Pigeon Rocks。文字通り訳して〝鳩の岩〟。ベイルートの西海岸に向い合って浮んだ二つの岩の名称だが、その美観ゆえにちょうど日本の伊勢の二見ヶ浦のようにちょっとした街の名物になっている。附近には高層ビルやレストランが多い。

**ヒッタイト**（Hittite）

前二〇〇〇年から前一二〇〇年にかけて小アジアを中心に活躍した民族のこと。旧約聖書にはヘテ人とあり、アッシリア・バビロニア人はハッティ族と呼んだ。ハッティ王国と新王国時代とに分けて考えられている。古王国時代にはムルシリシュ一世が長駆バビロンを攻略してその第一王朝を滅ぼしたこと、新王国時代では、前一二八六年エジプトとの間で交わされたカデシュの戦いが一般に有名。

**ヒッタイト象形文字**（Hittite hieroglyph）

物の形にかたどって作られた文字を象形文字と呼ぶが、これに属するものとしては中国の漢字、古代エジプトの聖刻文字、原始インド文字、クレタ文字、それにヒッタイト象形文字などがある。最後者はヒッタイト文字のひとつで前一八〇〇年ころから前八世紀の年代に属し、帝国時代に公用文書に使用されていた。この象形文字はカラテペやカルケミシュから出土し、凸型に石柱に彫刻されている。一方ボアスキョイから出たヒッタイト文字は楔形文字に属している。

**ヒッタイト人**

アナトリアを主たる居住地とした民族で、前二千年紀の始めに出現した。王国の首都はボアズキョイ。

**ヒトコブラクダ**

西南アジアや北アフリカ産のラクダは一ケ、中部アジア産のラクダは二ケの肉瘤をもつ。コブの中味は脂肪。

**ファラオの宝庫**

ファラオは古代エジプトの王の称号。神殿がこの名で呼ばれるのは、富の象徴であるエジプトを意味すると共に、宝物の保存、課税を旨とした隊商都市ペトラの性格をよくあらわしている。

**フェニキヤ人**

セム族の一派。前十五世紀から前十一世紀まで地中海沿岸の都市国家を本拠地とし、商業民族と

**ヒトコブラクダの写真。**

して大活躍した。すなわち航海にすぐれ、西は地中海から大西洋、東はペルシャ、セーロンにまで進出したが、ギリシアの抬頭とともに勢力を失い、最後はマケドニアに敗れて前六三年ローマの属領となった。

**武州鉄道汚職**

一九六六年二月五日、東京地裁は武州鉄道設立をめぐる汚職事件の被告、楢橋元運輸相に収賄罪による懲役3年の実刑、追徴金二千四百五十万円の支払を命じた。

**フセイン国王**（bn Talāl Husayn　一九三五〜　）

ハシム王家の長男。アブダラ王の孫にあたる。アブダラが暗殺された一九五一年、その長男である父があとをついだが、病弱のためすぐ退位、五三年若冠十八才で即位、休まるヒマのない激動に憎まされながらも、そのすぐれた国際感覚と手腕で王国を守りつゞけている。

**フラグ**（**旭烈兀 Hulagu　一二一八〜一二六五**）

イル汗国の祖。成吉思汗の子ツルイ〈拖雷〉の六番目の子。一二五三年、憲宗の命令で西へ軍を進めシリアに侵入、さらにエジプトに達せんとし

フラグの画像。

たが憲宗の死のため中止し、タブリズに主都をおいてイル汗国を建設した。バグダッドを占領したのは一二五八年のことである。ついでダマスカスをも降した。元の世祖フビライの弟にあたる。

**フリギア**

今日のトルコ共和国の中央部にあたる地方。フリジアとも言う。前二千年期の末にヨーロッパからフリギア人が多数侵入して先住民を征服し王国を作った。首都はコルティオン。その後リュテイア王国が興って独立を失った。

**フルリ人（Hurrians）**

メソポタミア北部地方に定住した種族。カッシート、ミタンニ、ヒッタイトの各王朝を建てたと考えられている。

**フレスコ画**

Fresco。壁画技法の一。漆喰を塗って乾き切らないうちに水彩絵具でその上から画く方法。

**ブロンズの牡鹿**

青銅製品は古ブロンズ期（前二六〇〇～二〇〇〇）の間栄えたと思われるが、小王国の首都アラジア・ヒュユークから出たいわゆるヒッタイト期以前のものが多い。中でもこの牡鹿像は入口右室のガラスケースに展示され、この博物館のトレードマーク乃至いわゆるスタンダード器物の代表作品として引用されることが多い。第八章末巻（上部）の写真参照。

**ヘカテ（Hecate）**

ヘカテは中世の魔女たちの集会のさい、庇護者としてかつぎ出され、その秘儀のなかで礼拝された。

**ベトウィン族（Bedouin Arabs）**

アラビア半島に住むアラブ人のうち、内陸砂漠に住む遊牧民。人種的にはもっとも純粋のアラブ人である。オアシスを渡り歩き、その生活に高い誇りをもつ。

**ヘブライ語**

セム語系に属する中央セム語の一。旧約聖書及び外典の大部分はこの言語で書かれ、ユダヤ人の間では二世紀の頃まで用いられた。ヘブル語とも呼ぶ。

**ヘルメス**

ギリシア神話の神。四方に神の命を伝え、道路・商業・発明・盗賊などの保護神、また幸福と富裕をつかさどる。ローマではマーキュリーと同一視された。

**ベルリーニ（Giovanni Lorenzo Bernini　一五九八〜一六八〇）**

イタリアバロックの彫刻家・建築家。

**ヘロデ王**（Herod）

キリストが生れたころ、ユダヤを支配していた王。残忍で暴政を布き、重税を課した。前四〇～後四年在位。

**ボアズキョイ**（Bogazköy）

アンカラの東方約一五〇キロにある寒村だが、ヒッタイト時代にはハットゥシャシュと呼ばれ王国の首都だったところである。一九〇五～〇七年にかけてドイツ・オリエント学会のヴィンクラー（H. Winckler）らが発掘して全容を明らかにした。南市には三つの旧王宮と神殿があり、北市の新王宮からヒッタイト語など楔形文字による多くの古文書が発見された。

この発掘でヒッタイトの歴史が明らかにされただけでなく、オリエント史全体が大きく書きあらためられるようになった。

**ボアズキョイへの道**

首都アンカラからボアズキョイへのルートは二つある。ひとつはヨズガード（Yozgat）経由でシヴアス（Sivas）へ向う道をとり、ヨズガートを左折して到達する経路。もうひとつはここにのべられているよう

ボアズキョイ発掘址。

にアンカラから一三〇キロのところで、チヨルム（Çorum）、サムスン（samsun）方向への道へと左折し、五〇キロほど行ったところにあるスングルル（Sungurlu）の少し先から右折してたずねるルートである。距離は後者の方がやや近いが、道は前者の方が良好のようである。

**ポセイドン**

海神でクロノスとレアの息子。オリュンポスの神々のなかでも、もっとも恐れられ、人間たちは彼のことを〝大地を揺るがすもの〟と呼んだ。ネプチューンともいう。

**ボッタ（Paul-Emile Botta　一八〇二～一八七〇）**

モスル駐在のフランス領事だった人。ホルサバードを発見したことで有名。

**ホルサバード（Khorsabad）**

モスルから北々東十六キロの地点にある。サルゴン二世の宮殿が一八四三年ボッタによって発見された。コルサバードとも呼ぶ。

**ポンペイオ・ポリス（Pompeio-police）**

土地の起元は遠く前三千年期にさかのぼる

ボッタの肖像。

が、アレキサンダー大王がこゝに駐屯部隊をおき、ペルシャ風の影響を一掃したこと、そしてその後アルメニアの支配下から脱して、前一世紀の中頃にローマの将軍政治家ポンペイウスがこゝを再建したことが知られており、彼の名を記念してポンペイオ・ポリスなる名称が与えられたという。ギリシア時代の名はソレス（soles）であった。

## 〈ま行〉

**マケドニア朝（Macedonia）**

ビザンチン帝国（東ローマ帝国）の中期は、アラブ族の侵略にさらされた暗黒の時代であったが、九世期の半ばマケドニア生れのバシレイオス一世（Basilius I）はコンスタンチノープルに上り、ミカエル三世の側近にのし上った末、ついに同帝を殺害、マケドニア朝の開祖となった。この王朝は、一〇五六年テオドラ女帝の死に至る十一代、約二百年の歴史を誇り、アラブ勢力をしりぞけて東ローマ帝国におけるキリスト教文化の再興をもたらす。

**マフジャールの宮殿**

八世紀の前半、オマイヤッド朝のカリフ、ヒシャム・イブン・アブド・アル・マリクによって建造された宮殿。モスク、前庭、大浴場などがあったが、七四七年の大地震で廃墟となった。浴場床のモザイク装飾はイスラム独自の幾何文様で見事である。

**マムルーク朝**

バフリー・マムルーク朝（一二五〇―一三九〇）とブルジー・マムルーク朝（一三八二―一五一七）とがあり、十三世紀以後エジプト及びシリアを支配したイスラム王朝である。マムルークとはアラブ語で〝白人奴隷〟を意味し、この五朝の名君が奴隷の出であるところからこの名が出来たという。

**マルジャーン・マドラサ**（Marjan Madrasa）

バグダッド市の中央ラシッド通りのセンターにある遺跡。マドラサとは学校を意味し、一三五六年に完成したが、今はモスクの入口をかざるレンガ造りの装飾だけが美しい。

**マルドゥク**（Marduk）

バビロンの神。エアの息子。エサギラと呼ぶ神殿で崇拝された。

**マローワン**（Max Edgar Lucien Mallowan）

イギリスの考古学者。一九〇四年生れ。ニネヴェ、アルパチヤ、ブラク、ニムルドなどの発掘者。メソポタミアとアッシリアの土器、陶器の権威。

**ミタンニ族**

チグリスとカブル両河の間に住んでいた民族で、前二千年紀、とくに前十四世紀までミタンニ王国をつくってオリエントに勢力をふるった。その正体は前十八世紀ごろに民族大移動をして来たフルリ人でないかとされているが明らかでない。

**ミナレット**

回教寺院（モスク）の外側に設けた細長い尖塔のこと。役僧がここから宣礼を行い、祝祭日には火を点ずる。ミナラーはもともとアラビア語で〝灯火〟の意。

**ミネルヴァ祭**

ミネルヴァはアテナのローマ名。ゼウスの頭蓋から生れて来たとされる。ギリシアの都市アテナイの守護神として格別の敬意が払われ、学者は啓示を、発明家は霊感を、裁判官は明晰を、軍人は戦術を求めてみな彼女に祈った。そうして同時に自分たちの知慧才覚を披露する博覧会形式の催しがアテナイで定期的に開かれたという。

**ミヒラーブ**

礼拝堂内でメッカに面した壁に造られる凹みをいい、礼拝の方向をあらわしている。

**ミンバル**

ミヒラーブの向って右側におかれた木製の説教壇をいう。公式礼拝のときは、必ずここから説教が行われる。

**六日戦争**

いわゆる第三次中東戦争。〝パレスチナ戦争〟参照。

**ムスターファ・ケマル・パシャ**

〝ケマル・アタチュルク〟参照。

**ムスタンシリヤ（Mustansiriya）**

一二三二年カリフ、アル・ムスタンシリヤによっておこされた大学。バグダッド市マムーン橋の南、バザールのまん中にある。現在は中世アラビアの写本を展示する記念館で、内部に方形の庭を擁する立派な建造物だ。

**ムルシリシュ一世（Mursilis I）**

ヒッタイト王。在位前一六二四～一五九四年ころ。ハットゥシリシュ（ハトゥシャ）一世の子。ミタンニとの同盟のもとにバビロンを攻略、破壊して凱旋した。義弟に暗殺され生を終る。ムルシリ一世ともいう。

**メウラーナ・ジェラレッディン・ルミ（Mevlâna Celaleddin Rumi 一二〇七〜一二七三）**

アフガニスタンのバルフに生れた。ニシャプール、バグダッド、メッカなどを漂泊したあと、セルジューク朝のコニアに定住。コマのように旋回して神人合一の境地への到達を試みる〝踊るデルヴィシュ教団〟を設立したことで有名。神秘主義詩人であり、同時に音楽家であった。詩集「精神的マスナヴィー」は、ペルシャ語で書かれたコーランと称せられる。青春期はカラマン候國のエミール（首長）に寵愛されてカラマンですごし、土地のトルコ女性と結婚したとある。そのため精神的にはむしろトルコの文化人芸術家と考えられている。

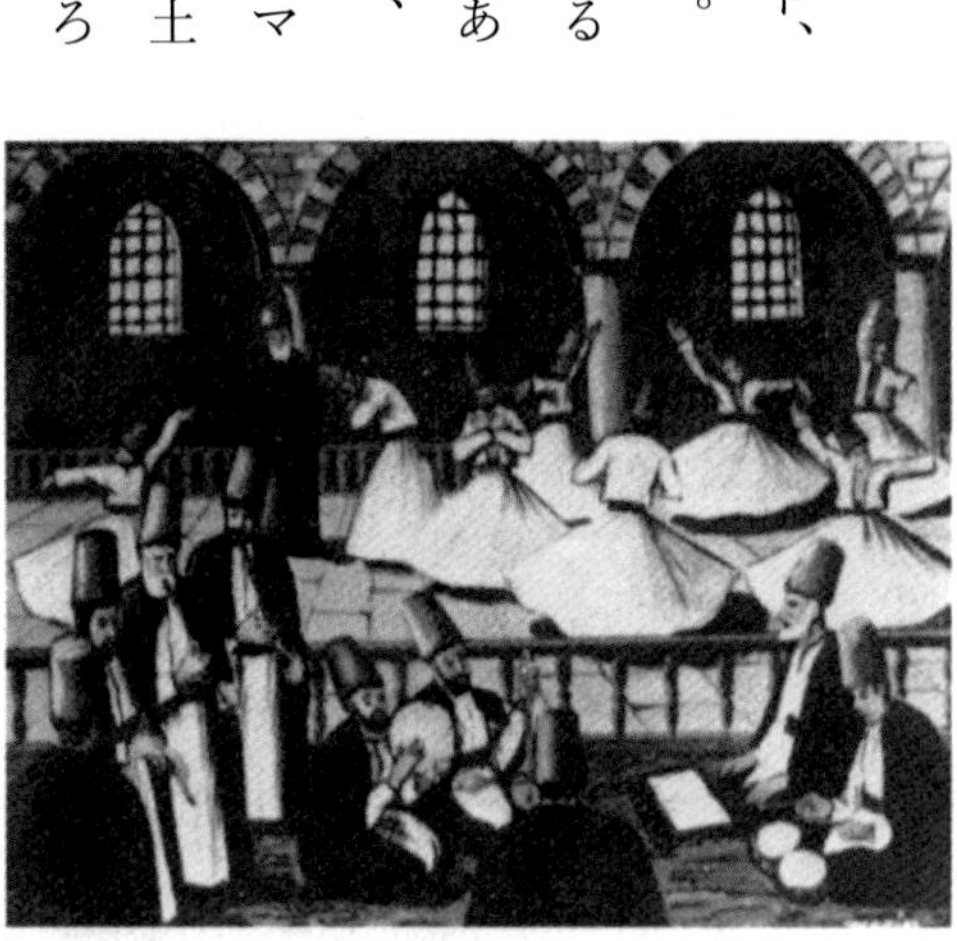

踊るデルヴィシュ教団の図。

**メディア生れの美妃**

正確にはネブカドネサル王の妃アスチュアゲスの娘アミュイティスをさす。彼女のために空中庭園は造られた。

## メディア国（Media）

カスピ海の西南方にあったインド・ヨーロッパ語族最初の王国。今のイラン東北部にあたる。その騎兵は有名であった。前五五〇年ごろアケメネス朝ペルシャによって併合された。

## メドウサ

蛇の頭髪をもった怪女で、その姿を見るものを石に化した。

## モスルの斜塔

ヌル・エディン（一一四六〜一一七四）が建てた大モスクがこわされたあとに、今でもその名残りとして残っているミナレットだが、長年一定方向から吹く風の影響で、レンガのつぎ目が少しずつ膨張して傾いた。ピサの斜塔ほどではないがちょっとした街の名

モスルの斜塔

物になっている。

**モスル博物館**

一九五〇年に建てられた。イラクの北部、とくにアッシリア三角地帯(アッシリアを中心としてチグリス河と支流が作る流域)とハトラ関係の発掘品が多い。《司令官の制服をまとった戦士》《ハトラ王ウタル》(以上ハトラ)、ウル第一王朝のシュメール様式宝石、アラバスターを用いた青い大理石のミヒラブ、壁龕など。

ハトラ王ウタル部分。
(モスル博物館蔵)

**モーゼ五書**

創世記、出エジプト記、レビ記、民数紀略、申命記の五書を言う。その主たる著者がモーゼとされている。

〈や行〉

**ヤズルカヤ**（Yazılıkaya）

ボアズキョイの近郊2キロのところにある祭祀所。ムワッタリッシュの弟ハトゥシャシュ三世がつくった。岩崖に神像の行列を彫った浮彫がある。

**有髯男子立像**

異様に大きい眼を象嵌し、胸前に両手でコップをもっている。手は身体の他の部分に比して細い。下部は円錐形で、ふさ飾りのある縁をつけたスカートで覆っている。両脚は大きく、単純な形をしている。底部は丸みをおびた形で、正面に頭部を欠く鷲、両側面にかもしかを飾っている。数片に割れたものを継いで復原している。

**ユミューク・テペ**（Yümüktepe）

メルシンの北三キロの地点にある重要なヒッタイト遺跡。一九三七年から一九三九年にかけてガースタンクひきいるネイルソン探検隊によって発掘され、新石器時代から各時代と照合する十二層を掘りおこした。その後探索は三十二層に達し古いものでは紀元前六〇〇〇年の文書や三千五〇〇年ころの要塞があらわれ、またハッテイ（ヒッタイト）王国（前一七五〇〜一四六〇年）及び新王国時代（一四六〇年〜一二〇〇年）の発掘品や痕跡に関しても多大の収穫をもたらしている。

**ヨシュア記**

旧約聖書中の歴史書。モーゼの後継者であるヨシュアにひきいられたイスラエルの民が、カナーンの地に入って土地の分配にあずかったことをはじめ、ヨシュアの死までが記述されている。

**ヨルダン断層**

ヨルダン川、死海、ワディ、アカバ湾をつなぐ低地帯の構造名称。巾一五～四〇キロメートル、延長六五〇キロメートル。ヨルダン地溝帯ともいう。

**〈ら行〉**

**ラシッド**（Hārūn al-Rashid　七六四～八〇九）

アバシッド朝第五代のカリフ。在位七八六～八〇九年。イランのライで生れた。長身でハンサム、雄弁であり、最も傑出した君主といわれる。正統派（スンニー）の信仰にあつく、また詩作を好み、歌手を保護した。

**ラバルナ二世**（Labarna II）

〝ハトゥシャ一世〟参照。

**ラマダン**

イスラム暦の第九月（ラマザーン）のことだが、転じてこの月のあいだ課せられるイスラムの戒律行事をも意味する。この間ほぼ三〇日近く、毎朝、暁に物の識別がつく時間から、はっきりと日が没するまでの間は、一切の飲食、嗜好、性行為などを断たねばならない。但しこれに服するのは健全な成年男女に限られ、病人、老人、妊婦、乳児の母、旅中の人などは免ぜられる。

**レイヤード**（Sir Austen Henry Layard　一八一七～一八九四）

イギリスの考古学者。ニネヴェ、ニムルド、アッシュル、バビロン、キシュの発掘者。生涯外交官であった。

**レバノン山脈**

中東の地中海岸に沿って北々東から南南西に

レイヤードの肖像写真

約一六〇キロメートルにわたって走る山塊。東側に並行してアンチ・レバノン山脈が連なりその中間地帯が中東紛争前線のベカ盆地である。

**レーン（Eduard William Lane　一八〇一～一八七六）**

イギリスの東洋学者。アラビア語を学び、エジプトに長期滞在、一八三六年「現代エジプト人の風俗習慣」を著わし、次で三九―四一年「千夜一夜物語」および四三年「コーラン」の英訳を行った。

**露土戦争**

ふつうは十八世紀後半から十九世紀後半にかけて行われたトルコとロシア内の六次にわたる戦争を指すが、しかし黒海への出口であるアゾフをめぐる両国間の紛争は、十七世紀前半からすでに始まっており、しかも右に述べた期間トルコは、イギリス、フランスの参戦を招いた第五次の、いわゆるクリミヤ戦役以外はことごとにロシアに大敗を喫して、次々とその領土や既得の権利を失って行った。この事実からみてもトルコのロシアに対する怨嗟とコンプレックスの度合はまことに根深いものがあると言えよう。

**ローリンソン（Sir Henry Creswicke Rawlinson　一八一〇～一八九五）**

《アッシリア学の父》とイギリス人たちによって親しまれている考古学者。アッシリア・バビロニアの発掘にあたり、一八四三年以後十有余年の長きにわたって監督をつとめ、大きな役割りを演じた。

バビロンの遺跡

牡牛を表わす彩釉煉瓦
（新バビロニア時代）

ウルのジッグラト（復元）

# 西アジア年表〈先史時代〉

| | | | | |
|---|---|---|---|---|
| 絶対年代 | —∞ | | 前五〇〇〇 | 前四五〇〇 |
| 年代呼称 | 旧石器時代 | | 中石器時代 | 時代 |
| 小アジア | | | | メルシン |
| メソポタミア 北 | バルダ・バルカ期<br>ハゼル・メルド期 | ザルジ期 | パレガウラ期 | カリム・シャヒル期<br>ジャルモ期<br>ハッスナ期<br>サラサート（十六・十五層） |
| メソポタミア 南 | | | | エリドゥ期 |
| シリア・パレスチナ | | ピジョン・ロック（ベイルート） | | エリコ前（十七層）<br>エリコ（十七層） |
| c・f | | | | 農業の初まり（メソポタミア） |
| 中国 | | | | |
| 日本 | | | | |

ヒッタイト文字

アッシリアの壁面レリーフ

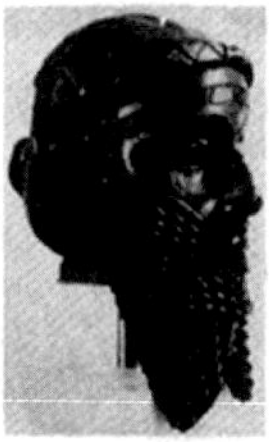
※貴人像頭部（アッカド王朝時代）

前四〇〇〇　前三〇〇〇

新石器　銅器時代

（ニネヴエ1）ハラフ期　（ニネヴエ2）　（ニネヴエ3）　（ニネヴエ4）　ジェムデッド・ナスル期（ニネヴエ5）

ウバイド期　ウルク期　楔形文字始まる

ラスシャムラ（九層）　（五層）　（四層）　（三層）　（三層）

村落の成立（メソポタミア）　神殿の成立（メソポタミア）　職業身分の分化（メソポタミア）　初期ミノア（クレタ）

ペルシアのリュトン

ペルセポリス王宮壁

緑釉両耳壺
（パルミュラ2C）

## 〈歴史時代　BC区分〉

| 絶対年代 | | 前二五〇〇 | 前二〇〇〇 | 前一五〇〇 |
| --- | --- | --- | --- | --- |
| 時代呼称 | 青銅器時代 | | | |
| 小アジア | | トロヤ市おこる | キュル・テペを中心とするアッシリア植民地<br>ヒッタイト古王国 | |
| メソポタミア　北 | | | アッシリア<br>シャムシアダドI（一八一三―一七九一）<br>マリ王国 | |
| メソポタミア　南 | | ウル王朝<br>第一王朝<br>アッカド時代サルゴン（二三四二―二二八六）<br>第三王朝 | バビロン第一王朝<br>ハムラビ（一七九二―一七五〇）<br>ハムラビ法典 | |
| シリア・パレスチナ | | | ビブロス<br>オベリスク神殿<br>カデシュの戦い | |
| c・f | エジプト古王国 | エーゲ文文<br>古代インダス文明（インド） | エジプト中王朝 | |
| 中国 | | | | |
| 日本 | 無土器時代 | | | |

バールベック神殿

ハトラの王の立像

アレキサンダー大王

| | | |
|---|---|---|
| 前五〇〇 | 前一〇〇〇 | |
| 鉄器時代 | 鉄器時代 | |
| ペルシア帝国時代<br>キュロスII（五五九—五二九）<br>ダレイオスI（五二一—四八六）<br>ダレイオスIII（三三五—三三〇）<br>アレキサンダー大王（三三六—三二三）<br>ポントス<br>カッパドキア<br>ペルガモン<br>ローマ時代始まる<br>セレウコス王朝<br>アルメニア<br>パルチア時代<br>クテシフォン<br>ハトラ<br>キリスト誕生 | フリギア時代<br>ギリシア植民地の繁栄 | ヒッタイト新王国 |
| | アッシュルナジルパルII（八八三—八五九）<br>サルゴンII（七二一—七〇五）<br>センナケリブ（七〇四—六八一）<br>アッシュルバニパル（六六八—六二六） | ティグラトピレセルI（一一一二—一〇七四）<br>ミタンニ王国<br>フルリ王国 |
| | 新バビロニア<br>ネブカドネザルII（六〇四—五六二） | バビロニア諸王朝<br>カッシュ王朝 |
| | イスラエル王国時代<br>ソロモン（九六一—九二二） | トトナス三世 |
| | エジプト王朝晩期（二十一王朝以後）<br>カースト制（インド） | 十八王朝（エジプト） |
| | | 殷周時代 |
| 弥生式文化 | | 縄文式文化 |

イスラム寺院のドームとミナレット

サマラの円型ミナレット

ウルギュップの奇岩

## 〈歴史時代　AD区分〉

| 区分 | |
|---|---|
| 絶対年代 | 五〇〇 / 一〇〇〇 |
| 小アジア | ローマ帝国 / ビザンチン帝国 / セルジューク朝（一〇七七〜一三〇〇） |
| メソポタミア | パルチア時代 / ササン朝ペルシァ　アルダシールⅠ（二二六〜二四一）　シャプールⅠ（二四一〜二七二）　ホスローⅠ（五三一〜五七九） / 正統カリフ時代（六三二〜六六一）　オマヤッド朝（六六一〜七五〇） / アバシッド朝（七五〇〜一二五八） |
| シリア・パレスチナ | ローマ帝国 / ビザンチン帝国 / 十字軍 |
| C・f | 西ローマ帝国の滅亡（四七六） / チャールス大王（イギリス） |
| 中国 | 後漢（二一一〜二二〇） / 三国 / 西晋 / 東晋 / 隋 / （六一八〜九〇七） / 北宋（九六〇〜一一二七） |
| 日本 | 弥生式文化 / 卑弥呼　邪馬台国 / 大化の改新（六九五） / 奈良時代 / 平安時代 |

ニネヴェの遺跡発掘現場

メソポタミアの村落風景

マフジャールの宮殿

現在　一五〇〇

トルコ共和国（一九二三～）　オスマントルコ（一二八九～一九二三）　アミール諸政権

ハシム王朝　イラク共和国（一九五八～）　英仏委任統治時代　モンゴール禍　イル汗国チムール朝　イスラム諸政権

シリア、レバノン　ヨルダン、イスラエル　マムルーク朝　アイユーブ朝

フランス大革命（一七八九）　アメリカ大陸の発見　百年戦争　マグナカルタ（一二一五）

中華人民共和国　清（一六一六～一九〇九）　明（一三六八～一六七三）　元　南宋（一一二七～一二七九）

明治　大正　昭和　江戸時代　室町時代　鎌倉時代

# あとがき

本書ははじめ二部形式で考古美術史家の杉山二郎氏との合同著作という構想で計画された。一方がドキュメンタリーベースの現地体験を提供、他方が専門家の見地からそれを学問的に詳説するといういわば二面作戦をとって、今日ようやく日本人の関心をあつめつつある西アジアに迫ってみたいというのが当初のねらいだった。「太陽と砂との対話」というタイトルはそのころ編集側をまじえ三者の間で検討が行われたとき、ごく自然な会話の流れの中から誰が言い出すともなく浮び上ったフレーズだった。

その後諸般の事情から杉山氏の参加が不可能となり、このような単独著作で完成したが、題名だけはその時のメモからそのまま使わせてもらうことにした。アカデミーサイドのアプローチが欠ける以上、少し大仰でもったいぶっているとか、対話という言葉はこの風土に似つかわしくないなどの声もあったが、この地域の本質を総体として把握するとき、これほど恰好でピタリの比喩もまたとないのではなかろうか。この場合こゝで太陽は太古から永劫不変の、苛酷にして豊穣な〝自然＝男性的側面〟をあらわし、砂は時代と共にその形姿を曲折させながら生滅する〝文化＝女性的側面〟を象徴する。そうして不断にくり返される生から無、無から有への回帰こそ両者の間にかわされる対話の内容に他ならないと言えるだろう。それはどんな種類の研究であれ、どんな形式の接近であっても必ず帰趨する同心円の中軸のようなものであって、古代から現代を眺めようと、現代から古代を照射しようと結果はやはり同じだ。あたかも男対女の対話が、遠く神話の時代にはじまり、一見不毛に見えながら絶えることなく今日まで継続され、しかも永久に新鮮と未知の領域であることを已めないのに似ているとも言えようか。

もちろん筆者は本書の内容が各行ごとにそのような深い省察と哲学に満たされているなどと断言するつもりは更々ない。基本的に本書はシルクロードの西域にあたるこの地方に関心を持つ一般の人々のために差し出された入門書であり案内書である。進んで記録とメモを詰め込んだ部分は大いに現地のガイドブック又はその代替として利用していただきたい。各章の冒頭に地図や見取図を附した意図もそこにある。今なおこの地に関する信頼の出来る案内書はほとんど見られないし、読書子の関心が歴史と考古、そして美術の範疇にとどまる限り、十数年のタイム・ラグはほゞ0に等しいと断言してもさしつかえないからだ。いやそれはまた現地の人間たちについても言える。従って文中に散在する日本人論も今なお不変であることを著者自らも信じたい。

とまれ本稿は如上の経緯を経てようやく陽の目を見ることになった。今日拙文をこのような形で敢て採択にふみ切られた里文社安藤秀幸氏の決断と炯眼に深い敬意を表し、同時に出版にあたって身にあまる序文を頂戴した斯界の大先輩江上波夫先生に心から御礼を申し上げる次第である。なおカラー及び年表欄に使用した写真の一部は、杉山二郎氏提供のものであることを附記して筆を擱く。

鵜飼宏明

一九八三年十月十五日

# 著者略歴

鵜飼　宏明（うかい・ひろあき）

１９３０年　京都市に生まれる

１９４８年　旧制第三高等学校文科丙（フランス語科）を修了

１９５３年　新制東京大学第１期生として文学部ドイツ文学科を卒業

経歴:放送　JOKR（ラジオ）からTBSテレビで番組制作　~１９７９年

舞台　DANCE THEATER CUBICで創作活動　台本&演出　~１９９１年

教職　淑徳短期大学／日本女子体育大学の非常勤講師　１９９７年~２０００年

評論　現代舞踊を中心とする創作作品の批評と審査　~２０１３年

但し以下に著すダンス関係の仕事にはペンネーム日下四郎（くさかしろう）を用いた。

【主な著作と作品】

●鵜飼宏明名の著作
『太陽と砂との対話：西アジアのシルクロード』（1983　里文出版）
『東京大学・学生演劇七十五年史：岡田嘉子から野田秀樹まで』（1997　清水書院）
『さすが舞踊、されど舞踊』（2005　文芸社）
『ナナとジャン：昭和20年代が生んだ青春の譜 上下巻』（2016　青風舎）

●日下四郎名の著作
『モダンダンス出航』（1976　木耳社）
『竹久夢二の淡き女たち』（1994　近代文芸社）
『現代舞踊がみえてくる』（1997　沖積舎）
シリーズ『ダンスの窓から』（2003－2012全3冊　安楽城出版）
翻訳本『ルドルフ・ラバン』（2007　大修館書店）　その他

●ビデオ制作（全6巻　各1時間　台本・演出および解説パンフレット）
『第1巻　開拓期の人々』～『第6巻　戦後世代の展開』（1988-2005CDAJ）

# 西アジア・シルクロード サーベイ紀行

——かつて東京大学イラン・イラク遺跡調査団と共に中近東一帯を走破したときジャーナリストが残した当時の映像と記録

2023年2月28日発行

著　者　鵜飼宏明

発行者　向田翔一

発行所　株式会社 22 世紀アート
〒103-0007
東京都中央区日本橋浜町 3-23-1-5F
電話　03-5941-9774
Email: info@22art.net　ホームページ：www.22art.net

発売元　株式会社日興企画
〒104-0032
東京都中央区八丁堀 4-11-10 第 2SS ビル 6F
電話　03-6262-8127
Email: support@nikko-kikaku.com
ホームページ：https://nikko-kikaku.com/

印刷
製本　株式会社 PUBFUN

ISBN：978-4-88877-165-8